LES RICHESSES D'ART DE LA VILLE DE PARIS

JEAN BAYET

LES EDIFICES RELIGIEUX

XVIIe, XVIIIe & XIXe SIÈCLES

H. LAURENS PARIS

LES

ÉDIFICES RELIGIEUX

XVIIᵉ, XVIIIᵉ, XIXᵉ SIÈCLES

LES RICHESSES D'ART DE LA VILLE DE PARIS

COLLECTION DE VOLUMES IN-8° ILLUSTRÉS

PUBLIÉE SOUS LA DIRECTION DE

M. Maurice QUENTIN-BAUCHART

Conseiller municipal de Paris.

DÉJA PARUS :

LA VOIE PUBLIQUE ET SON DÉCOR, par Fernand BOURNON.

L'HOTEL DE VILLE DE PARIS, par Lucien LAMBEAU, archiviste du Conseil Municipal.

LES ÉDIFICES RELIGIEUX. Moyen Age.— Renaissance, par Amédée BOINET, sous-bibliothécaire à la bibliothèque Sainte-Geneviève.

SOUS PRESSE :

Les Jardins et les Squares, par Robert HÉNARD.

EN PRÉPARATION :

Les Musées Municipaux, par Maurice QUENTIN-BAUCHART.

Les Mairies, par Lucien LAMBEAU.

LES RICHESSES D'ART DE LA VILLE DE PARIS

LES

ÉDIFICES RELIGIEUX

XVIIᵉ, XVIIIᵉ, XIXᵉ SIÈCLES

PAR

JEAN BAYET

Ouvrage illustré de 64 Planches hors texte.

PARIS

LIBRAIRIE RENOUARD, H. LAURENS, ÉDITEUR

6, RUE DE TOURNON, 6

—

1910

LES ÉDIFICES RELIGIEUX

XVIIᵉ, XVIIIᵉ ET XIXᵉ SIÈCLES

PREMIÈRE PARTIE

XVIIᵉ SIÈCLE

INTRODUCTION

Les églises construites à Paris depuis le commencement du
xviiᵉ siècle se distribuent naturellement en trois groupes qui
correspondent assez bien à la division par siècles : xviiᵉ, xviiiᵉ,
xixᵉ siècles.

Le premier groupe comprend les nombreuses églises bâties
pendant la renaissance catholique qui suivit le Concile de
Trente et la lutte contre la Réforme. De nouveaux ordres se
fondèrent ; d'anciennes congrégations se rajeunirent et, comme
il arrive toujours, une renaissance architectonique fut la con-
séquence de ce mouvement religieux.

L'ordre qui dominait alors tous les autres fut celui des
Jésuites. Ils propageaient au loin la volonté de la Rome pontificale ; ils n'apportaient pas seulement une doctrine religieuse,
mais aussi un art original, le style dit « jésuite » qui venait de
se former à Rome. C'est un des membres de cet ordre, le

père Martel-Ange, qui, pendant toute la première moitié du xviiᵉ siècle, fut le maître de notre architecture religieuse.

L'architecture jésuite a été l'objet de critiques vives et passionnées. Depuis que les styles du moyen âge et particulièrement l'art gothique sont en pleine faveur, nos historiens de l'art témoignent aux églises du grand siècle un mépris au moins égal à celui que professaient, pour la barbarie gothique, les classiques du temps de Louis XIV.

Une même absence de sens historique rend ainsi exclusifs et injustes les gens de goût. Les Français du xviiᵉ siècle ne pouvaient plus construire de cathédrales gothiques. La Renaissance, c'est-à-dire le mélange de la pensée moderne et de la pensée antique, venait de transformer la société. Il y eut alors un compromis entre l'esprit philosophique et artistique des anciens et la tradition religieuse du moyen âge. Il se fit comme deux parts dans l'existence de tout homme cultivé : il restait chrétien dans ses actes ; par l'imagination, il était païen. L'éducation des jésuites s'efforça de concilier ces deux tendances qui ne pouvaient plus désormais être exclusives l'une de l'autre. Leur architecture fut comme leur discipline. L'église « jésuite » conserve le plan traditionnel de l'église gothique ; elle satisfait aux mêmes besoins ; mais le visiteur n'y trouve guère que des motifs empruntés à l'art antique.

Cette transformation n'a pas été sans altérer profondément la physionomie des édifices religieux. On a dit souvent que les églises construites sur le type de la Sorbonne, de Saint-Paul-Saint-Louis, du Val-de-Grâce, n'ont pas l'âme religieuse. Il serait plus exact d'y voir la marque d'un autre esprit religieux. Le catholicisme du xviiᵉ siècle ne pouvait pas être le christianisme du xiiiᵉ. Autrefois les voûtes et les flèches des cathédrales s'élançaient vers le ciel, comme une prière. Une foi

naïve, instinctive, retenait les chrétiens aux pieds des autels : la religion enfermait la vie humaine tout entière.

Au xvii⁽ᵉ⁾ siècle, le culte est pénétré de rationalisme. Les fidèles vont à l'église, non plus pour se donner l'illusion qu'ils entrent dans la Cité de Dieu, mais pour écouter un sermon bien construit, d'un orateur disert, sur un point de philosophie ou de dogme.

L'église, sans doute, reste la maison de Dieu ; ses voûtes, ses coupoles s'élèvent encore à une belle hauteur, dominant toutes les autres constructions de la ville. Mais l'œil ne se perd plus dans l'immensité des nefs : la lumière se répand librement dans les galeries et dans les chapelles qu'enveloppait autrefois une pénombre discrète. L'architecture religieuse est, comme le catholicisme des classiques, plus propre à satisfaire la raison qu'à provoquer l'effusion mystique.

En parcourant ces monuments nouveaux, on ne peut d'ailleurs résister à la beauté grave des œuvres d'art que les peintres et les sculpteurs y ont prodigués. Les nombreux tombeaux qu'ils renferment présentent ce mélange de sincérité et d'ostentation qui caractérise l'éloquence des oraisons funèbres du temps.

C'est aussi pour ces églises « jésuites » que nos grands peintres classiques ont eu à déployer, en de vastes tableaux décoratifs, leur talent tout imprégné des réminiscences de l'antiquité. L'art du vitrail avait disparu avec le style gothique et, maintenant que le jour pénétrait à pleines fenêtres, il fallait orner les autels de peintures.

Ces innombrables « saintetés » ont été dispersées ; les plus remarquables ont été recueillies au Musée du Louvre. Beaucoup ont disparu. Celles qui ont retrouvé un asile dans les églises du temps, si elles ne suscitent pas de vives admirations, commandent presque toujours l'estime. Nos artistes ne furent

pas des techniciens d'une adresse ni d'une verve éblouissantes ; mais presque tous, comme Le Sueur, Poussin ou Philippe de Champaigne, sans chercher à plaire, nous font participer à la gravité de leurs méditations et à la tendresse de leurs senti-ments.

SAINT-JOSEPH DES CARMES

La petite église des Carmes et le monastère qui l'entoure sont peu connus des Parisiens, oublieux des souvenirs dramati-ques qu'évoque l'histoire de ce monument.

Certes, le cloître avec ses façades moroses, ses couloirs étroits, ses cellules incommodes, n'attire guère le regard. Il y règne une austère simplicité, bien digne d'un ordre qui eut pour fon-dateurs quelques religieux, réfugiés sur les hauteurs du Mont-Carmel, pour se soustraire aux coups des Sarrasins. Mais la chapelle est élégante et bien disposée. Dans cet édifice, qui date des premières années du règne de Louis XIII, l'harmonie et le goût qui marqueront les conceptions architectoniques du grand siècle se sont heureusement alliés à la fantaisie et à la richesse décoratives que le style de la Renaissance avait mises en hon-neur.

L'ordre des Carmes venait d'être réformé par sainte Thérèse, quand deux religieux de la congrégation, envoyés à Henri IV par le pape Paul V, décidèrent de lui ouvrir à Paris un nouvel établissement. Ils s'installèrent d'abord dans une salle de la rue de Vaugirard qui avait servi jadis au prêche des calvinistes.

Ces premiers locaux furent bientôt insuffisants, car une foule nombreuse se pressait aux sermons des religieux. En 1613, ils entreprirent la construction d'un monastère plus vaste ; les murailles du couvent furent recouvertes de cet enduit, brillant comme le marbre, qui est connu sous le nom de blanc des Carmes.

De vastes et beaux jardins, agrémentés de parterres à la française, attenaient aux bâtiments monastiques : c'est dans ces enclos, prétendait-on, que les pères cultivaient les herbes avec lesquelles ils fabriquaient leur eau de mélisse qui eut tant de vogue. Les jardins ont été fort entamés depuis, par des constructions d'immeubles et par le percement de la rue de Rennes. Pourtant, ils forment encore aujourd'hui un cadre fort pittoresque aux murailles grises du couvent. On y retrouve la belle allée de tilleuls qui fut la promenade favorite des anciens religieux.

La reine Marie de Médicis posa, en 1613, la première pierre de l'église qui fut achevée en 1620. On ignore le nom de l'architecte ; mais il est à présumer que la chapelle fut construite par un des religieux récemment venus d'Italie. Tout, en effet, dans les dispositions de l'édifice, atteste l'influence italienne : la situation même de l'église, qui s'ouvre au fond d'une cour, au milieu des bâtiments monastiques ; la profusion des marbres et des peintures ; enfin ce dôme qui était une nouveauté dans Paris et qui copiait les dômes de Saint-Pierre à Rome et de Sainte-Marie des Fleurs à Florence. Sans doute, les habitants de la capitale avaient déjà vu une coupole, dans la chapelle des Petits-Augustins, et la foule s'était portée vers cet édifice pour admirer cette curiosité. Mais la coupole des Augustins était très exiguë, tandis que le dôme des Carmes dominait le quartier avoisinant et se profilait hardiment au-dessus des masses de verdure du parc du Luxembourg.

Aux souvenirs que l'art de Louis XIII a laissés dans cette

église, la Révolution joignit la vision sanglante d'un des épisodes les plus terribles qui marquèrent les massacres de septembre. Les Carmes servaient alors de prison pour les prêtres coupables d'avoir refusé le serment à la Constitution. Le 2 septembre 1792, des bandes, armées de piques et de sabres, envahissaient les jardins et massacraient les prêtres, jusqu'aux pieds des autels. Bientôt une justice sommaire s'improvisait. Les détenus, après avoir comparu devant un juge, étaient tués par la foule, sur le perron de la porte de l'église. La crypte, où sont conservés les ossements des victimes, renferme diverses reliques commémoratives de cette journée meurtrière. Pendant les années qui suivirent, le registre d'écrou mentionne indistinctement des nobles et des prêtres, les noms du général Hoche, de la duchesse d'Aiguillon, de Joséphine de Beauharnais, qui y fut enfermée avec le général Beauharnais, et celui du directeur des marionnettes des Champs-Élysées, accusé d'avoir fait conspirer ses pantins contre la Révolution. Peu après, par un de ces contrastes fréquents dans ces temps troublés, des entrepreneurs de fêtes ouvraient un bal des Zéphirs dans les allées des jardins. L'hiver, on dansait dans l'église, au son des violons.

En 1845, le couvent des Carmes devint une école de hautes études ecclésiastiques, où l'on entreprit de former des prédicateurs dignes de soutenir la gloire d'une chaire illustrée par Bossuet, Massillon, Bourdaloue. Depuis 1875, il est affecté aux services de l'Institut catholique.

L'église, à l'extérieur, offre peu d'intérêt. Le portail est moderne et d'un style tout classique, avec ses deux étages d'ordre dorique. On ne remarque guère que le dôme, d'une courbe heureuse, et un clocher assez élancé, qui se détachent d'une façon pittoresque à l'arrière de l'église.

Rien de plus simple d'ailleurs que ce dôme, qui eut son heure

Pl. 1.

NEF INTÉRIEUR.

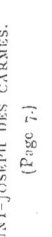

SAINT-JOSEPH DES CARMES.

(Page 7.)

ABSIDE.

Pl. 2.

PORTE DU CHŒUR

BOISERIES LOUIS XIII

ANGES MUSICIENS DE LA CHAPELLE SAINT JOSEPH

SAINT-JOSEPH DES CARMES.

(Page 7)

de célébrité, mais qu'on ne saurait comparer aux savantes coupoles des Invalides ou du Val-de-Grâce. Sa structure, toute en bois et en plâtre, est très rudimentaire et ne s'agrémente d'aucune ornementation. Pourtant, sa charpente est solide et n'a pas souffert des atteintes du temps.

A l'intérieur, l'église, quoique petite, offre des dispositions ingénieuses (Pl. 1).

A la croisée des transepts, s'élève la coupole, revêtue d'une large peinture murale où Bartholet Flamaël, peintre liégeois du XVIIᵉ siècle, évoqua le prophète Élie transporté dans les cieux. On sait que les Carmes considéraient ce prophète comme le fondateur de leur ordre. Cette composition est malheureusement recouverte d'une couche épaisse de poussière qui n'en laisse apercevoir qu'avec peine les contours à demi effacés, sur l'ossature de la charpente qui apparaît par endroits.

Mais l'édifice offre un intérêt tout particulier par la belle ornementation de quelques petites chapelles, tapissées de boiseries, de sculptures et de peintures, d'un travail délicat et d'un effet fort élégant.

Les chapelles de Saint-Joseph et du Sacré-Cœur, à droite et à gauche de la nef, sont revêtues de hauts lambris rehaussés de moulures dorées et de fines sculptures où s'encadrent des peintures du temps.

Parmi les nombreux motifs qui enrichissent les panneaux boisés, on remarquera les anges qui ornent les murs de la chapelle de Saint-Joseph et qu'on a attribués à Simon Vouet (Pl. 2).

De belles boiseries, sculptées avec beaucoup de goût, complètent l'ornementation du monument. On s'arrêtera devant les tambours de la grande porte d'entrée, intéressant travail de menuiserie du XVIIIᵉ siècle, et devant les jolies portes à

deux vantaux qui s'ouvrent sur les côtés du chœur (Pl. 2).

Ces portes, qui donnaient accès jadis au chœur des religieux, sont ciselées avec une grande richesse et une extrême profusion de motifs sculptés dans le style Louis XIII.

Le maître-autel, en marbre, a été construit aux frais du chancelier Séguier. Il renferme un tabernacle, tout en bronze doré, délicatement ouvragé, un beau bas-relief en albâtre figurant la Cène ; au-dessus, se détache un grand retable, richement décoré, porté par des colonnes corinthiennes en marbre de Dinan qui encadrent une vaste toile où François Lagrenée a évoqué la mort de saint Joseph ; composition d'un dessin correct, mais d'une inspiration froide.

La chapelle gauche du transept renfermait autrefois une statue de la Vierge, exécutée par Antonio Raggi, d'après un dessin du Bernin. Cette œuvre, d'une grâce maniérée, avait été offerte aux Carmes déchaux par le cardinal Barberini. Elle leur fut enlevée, sous la Révolution, et fut recueillie dans la cathédrale de Paris. L'église des Carmes ne possède aujourd'hui qu'une reproduction en plâtre de l'original.

Quelques bâtiments annexes sont également dignes d'attention.

En franchissant la porte ménagée à droite du chœur, on pénètre dans la petite chapelle d'Hinisdal qui offre une décoration des plus curieuses et fort bien conservée. Les murs et le plafond sont entièrement tapissés de peintures. Un simple bandeau, orné d'une guirlande de fruits, sépare le lambris de la voûte en berceau.

Au premier étage de l'ancien monastère, on trouve une salle capitulaire, dont les lambris ont malheureusement été dépouillés des toiles qui les garnissaient autrefois, et le petit oratoire où le chancelier Séguier suivait les offices qu'on célébrait dans l'église.

Cette pièce offre une décoration plus amusante qu'artistique, avec ses panneaux minuscules, où des scènes de la vie de saint Jean-Baptiste alternent avec des gerbes de fleurs.

Tous les détails de cette ornementation élégante, agencée avec beaucoup de goût, donnent une physionomie très particulière à ce petit édifice.

ORATOIRE

Ce monument évoque le nom du cardinal de Bérulle et le souvenir de l'ordre de l'Oratoire qu'il institua. Au commencement du xviie siècle, le père de Bérulle, choqué de la licence et du désordre qui s'étaient introduits dans les mœurs ecclésiastiques et qui discréditaient le clergé dans l'opinion, eut la pensée d'ouvrir un couvent où les prêtres se fortifieraient dans leur vocation par l'étude et par l'exercice de la piété.

En 1616, on vit cette nouvelle congrégation d'ecclésiastiques de bonne volonté émigrer des hauteurs du faubourg Saint-Jacques, où ils avaient d'abord cherché un asile, en plein centre de la capitale, à deux pas du Louvre. Ils achetèrent, dans le quartier Saint-Honoré, un hôtel que Henri IV avait loué autrefois pour Gabrielle d'Estrées. C'est en cet endroit que le roi fut assailli par Jean Châtel, un jour qu'il venait rendre visite à la favorite.

Sur l'emplacement de l'hôtel démoli et des terrains avoisi-

nants, s'élevèrent les bâtiments conventuels et la chapelle de l'Oratoire. Dans sa hâte de voir achever cette fondation, le père de Bérulle animait les ouvriers par son exemple et portait la hotte sur ses épaules. Tous ses disciples mirent aussi la main à l'ouvrage.

Une église plus vaste ne tarda pas à remplacer cet édifice trop exigu. Commencée en 1621, d'après les plans de Clément Métézeau, continuée sur les dessins de Jacques Lemercier, elle fut terminée en 1630. Il ne lui manquait plus qu'un portail, qui fut édifié beaucoup plus tard, en 1745, par Pierre Caqué.

Encouragés par la faveur royale et bientôt célèbres par leurs savants travaux et leur zèle religieux, les Oratoriens virent les gens de la cour affluer à leurs offices. On se pressait à leurs sermons ; on appréciait leur éloquence dont la vigoureuse simplicité contrastait avec le langage emphatique ou grossier, émaillé de citations latines, auquel s'abandonnaient alors la plupart des prédicateurs. Ils ne dédaignaient pas d'ailleurs de sacrifier à l'agréable, afin de retenir les gens du monde. Ils cultivèrent la musique et le chant ; ils mirent les psaumes et quelques cantiques sur des airs qui étaient à la mode ; bientôt les disciples de Bérulle furent connus dans tout Paris sous le nom de « Pères au beau chant ».

Pendant deux siècles, l'ordre de l'Oratoire exerça dans le monde religieux une influence considérable. Il peupla la France de séminaires et de collèges, il compta parmi ses membres des philosophes et des orateurs illustres, dont Malebranche et Massillon. Malebranche y médita ; Bossuet, Mascaron y prêchèrent. Bossuet vantait cette institution, où, disait-il, « tout le monde obéit et où personne ne commande ». La supériorité des sujets qu'on y formait n'alla pas sans éveiller les susceptibilités des Jésuites et les Oratoriens eurent à compter plus

d'une fois avec cet ordre tout-puissant et jaloux de son pouvoir.

Quand vint la Révolution, l'Oratoire fut dispersé. La Bibliothèque Nationale et la Bibliothèque Mazarine s'enrichirent des collections réunies par les Pères, qui renfermaient des manuscrits précieux achetés dans le Levant par Harlay de Sancy, lors de son ambassade à Constantinople.

Au début de la Révolution, l'Oratoire fut occupé par des prêtres assermentés. Ce fut dans son sanctuaire que les premiers évêques constitutionnels reçurent la consécration épiscopale, des mains de Talleyrand, évêque d'Autun.

Puis l'église fut destinée, par décret de la Convention, à « servir de magasin pour les effets d'équipement des armées, et convertie en un lieu profane, par la destruction entière des autels et de tous les monuments et tombeaux qui s'y trouvaient ». L'édifice même fut épargné; il fut affecté, en 1811, au culte protestant.

Quant aux bâtiments conventuels, ils abritèrent diverses administrations publiques ; puis ils disparurent, sous le second Empire, lors du percement de la rue de Rivoli.

Edifié à l'angle de la rue de l'Oratoire et de la rue Saint-Honoré, le temple s'ouvre de biais sur cette dernière rue. Cette disposition n'altère d'ailleurs nullement le caractère de cette architecture. Il est seulement regrettable que la vue de l'aile droite de l'édifice soit complètement masquée par les constructions voisines dans lesquelles elle est engagée.

Le monument s'annonce par une façade de style classique, d'un dessin correct sinon original. Elle comporte deux ordres de colonnes doriques et corinthiennes que couronne un fronton. Deux petites portes s'ouvrent dans des arrière-corps, encadrées de pilastres doriques. Cette façade était ornée jadis de quelques

médaillons et de quelques trophées : ces sculptures sont aujourd'hui effacées.

La façade de gauche et l'abside forment un ensemble moins sévère et plus élégant, avec leurs contreforts, surmontés de pinacles et de tourelles, d'un dessin gracieux. L'abside surtout se détache d'une façon pittoresque, avec ses clochetons d'une forme curieuse, avec ses combles hardiment indiqués (Pl. 3). Elle encadre, de ses teintes grises, les masses blanches et vigoureuses du beau monument qui a été élevé par Crauk à la mémoire de Coligny.

A l'intérieur règne un ordre corinthien, de belles proportions. L'élégante rotonde qui ferme le chœur est d'une exécution aussi habile que délicate. Malheureusement les dispositions de l'église se sont trouvées modifiées d'une manière fâcheuse, lors de son aménagement en temple protestant. C'est ainsi que les bas côtés et plusieurs des baies de la galerie ont été aveuglés.

Comme tous les temples protestants, l'édifice ne renferme aucune décoration artistique. Il est aujourd'hui dépouillé de tous les monuments et des œuvres d'art qui l'ornaient avant la Révolution. On y admirait, à l'époque, avec des tableaux de Philippe de Champaigne et de Simon Vouet, un très beau retable, enrichi d'un bas-relief en bronze de Girardon, don de Mme de Montespan, le monument funéraire du cardinal de Bérulle, un des meilleurs ouvrages de François Anguier. L'église renfermait d'autres tombeaux, parmi lesquels celui d'Antoine Aubray, père de la fameuse marquise de Brinvilliers et qui mourut empoisonné par elle.

Pl. **3.**

ORATOIRES ABSIDE.
(Page 12.)

Pl. 4.

BOISERIES DU CHŒUR (XVIIIᵉ SIÈCLE).

SAINT FRANÇOIS D'ASSISE EN PRIÈRE,
PAR GERMAIN PILON.

SAINT DENIS,
PAR JACQUES SARRAZIN.

SAINT-JEAN-SAINT-FRANÇOIS.
(Pages 14 et 15.)

SAINT-JEAN-SAINT-FRANÇOIS

———

Cette église était, au XVIIe siècle, la chapelle d'un couvent des Capucins du Marais qui fut fondé, en 1622, par le religieux Athanase Molé, frère du célèbre garde des sceaux. Dédiée à l'Immaculée-Conception, elle ne put être achevée que grâce aux libéralités et à la protection de d'Argenson, alors lieutenant général de police. Parmi les fidèles qui fréquentaient la chapelle, on comptait Mme de Sévigné dont l'hôtel était voisin.

La Révolution comprit d'abord cet édifice parmi les nouvelles paroisses de Paris, sous le nom de Saint François d'Assise. On y transporta les fonts baptismaux, les stalles et divers ornements qui décoraient l'ancienne église de Saint-Jean en Grève.

C'est dans la nouvelle paroisse qu'on vint chercher, le 20 janvier 1793, les objets du culte, pour dire la messe qui fut célébrée au Temple, le lendemain matin, en présence de Louis XVI.

Bientôt l'église fut fermée et vendue. Rendue au culte après la Concordat, elle a été rachetée par la Ville pour 60.000 francs. Elle eut pour premiers desservants les derniers prêtres de l'église Saint-Jean en Grève qui ajoutèrent le titre de Saint-Jean au vocable de la paroisse. Parmi les marguilliers de l'époque se trouvait de Sèze, le courageux défenseur de Louis XVI devant la Convention.

Depuis cette époque, on a modifié, à plusieurs reprises, le plan de cette église, afin de lui donner des dimensions plus vastes.

En 1828, l'architecte Godde construisit le chœur actuel ;

en 1832, il fit aménager une chapelle des catéchismes, dans le prolongement du bas côté. En 1855 enfin, Victor Baltard édifia le petit porche qui s'ouvre sur la façade principale. Ces diverses transformations n'ont pu donner un caractère architectural à cette petite église, d'aspect fort modeste, qui est dénuée de toute ornementation, aussi bien à l'intérieur qu'à l'extérieur.

L'édifice s'ouvre, à l'angle de la rue du Perche et de la rue Charlot, par un porche exigu, qu'encadrent des pilastres doriques.

Au chevet, se dresse une petite tour circulaire, coiffée d'un campanile en bois et en plomb que surmonte un dôme.

L'église présente, à l'intérieur, une nef voûtée en cintre surbaissé, que termine un chœur dont la voûte est beaucoup plus élevée. Un seul bas côté règne à gauche : on sait que cette disposition est de règle dans les églises franciscaines.

Le monument n'a d'intérêt que par les œuvres d'art qu'il renferme ; quelques-unes sont fort remarquables.

Deux belles statues attirent d'abord l'attention, à l'entrée du chœur (Pl. 4). D'un côté, un *Saint François d'Assise en prière*, sculpté par Germain Pilon. Le saint agenouillé, étend ses mains, les yeux levés au ciel. L'œuvre est élégante et d'une belle inspiration. Elle fait face à un *Saint Denis*, que Jacques Sarrazin a sculpté avec une grande largeur de style.

De nombreuses peintures ornent les murs de la nef, le chœur, les chapelles de la Vierge et de Saint-François qui s'ouvrent sur le bas côté.

On remarquera un tableau, plein de vigueur, d'Ary Scheffer : *Saint Louis visitant ses soldats atteint de la peste ;* un *Saint François de Sales*, et un *Saint Charles*, de l'école de Philippe de Champaigne ; une assez bonne composition de Hugues Taraval, représentant le *Sacrifice de Noé :* deux tableaux attribués à Natoire : la *Mise au tombeau*, et le *Vœu de Jephté ;*

une *Vision de saint Dominique*, d'une belle ordonnance, qu'on attribue à Claude Vignon.

Signalons également une toile, d'un riche coloris, de l'école flamande du xviiᵉ siècle : *Les saintes femmes au pied de la croix ;* deux tableaux espagnols, de la même époque : *la Communion de sainte Thérèse*, et *le Christ appliquant des stigmates à la sainte ;* un *Saint Benoît* et un *Saint François en prière*, de l'école italienne du xviiᵉ siècle ; deux toiles françaises du xviiᵉ représentant *Saint Pierre dans sa prison éveillé par l'ange* et *Saint Charles communiant les pestiférés ;* enfin un *Saint Dominique en prière*, du xviiiᵉ siècle.

Quatre tableaux du xviiᵉ siècle, qu'on attribue au frère Luc, de l'ordre des Dominicains, sont consacrés à saint François d'Assise.

Le chœur est revêtu d'une très belle boiserie, de style xviiiᵉ siècle, dont les panneaux s'encadrent de pilastres et s'agrémentent de moulures, de coquilles, de fleurs délicatement sculptées. La décoration en est gracieuse, autant que discrète ; on remarquera particulièrement l'élégante ornementation des portes et les jolis motifs dorés qui rehaussent les premiers panneaux (Pl. 4).

Huit sujets de tapisserie, disposés le long de la nef, évoquent le miracle de la sainte Hostie, auquel l'ancienne église des Billettes dut sa fondation.

SAINT-PAUL-SAINT-LOUIS

La fameuse association fondée par Ignace de Loyola et ses compagnons n'avait pas encore, à Paris, de maison professe,

lorsqu'en 1580, le cardinal de Bourbon lui fit don d'un grand hôtel situé dans la rue Saint-Antoine. L'institution prit un développement tel que les religieux ne tardèrent pas à se trouver à l'étroit dans les bâtiments qu'ils occupaient. Le roi Louis XIII leur céda gratuitement les anciens murs et les fossés de la ville, pour y élever un édifice plus important.

L'ancienne chapelle dédiée à saint Louis a fait place, en 1627, à une vaste église, dont les plans avaient été dressés par le jésuite François Derrand. Richelieu fit édifier à ses frais le grand portail qui fut construit par le père Martel-Ange. Il célébra lui-même la première messe qui fut dite dans la nouvelle église, en 1641, en présence de Louis XIII, de la reine et de Gaston d'Orléans.

On sait l'influence considérable qu'exercèrent les Jésuites, jusque dans les conseils du gouvernement. C'est dans leur compagnie que nos rois choisissaient leurs directeurs de conscience. Ceux-ci résidaient dans la maison professe, lorsqu'ils ne suivaient pas la cour. La maison de la rue Saint-Antoine compta parmi ses hôtes le père Cotton, confesseur d'Henri IV, le père La Chaise et le père Tellier, confesseurs de Louis XIV.

La maison des Jésuites renfermait de grandes richesses. Elle possédait de belles collections de livres, réunies par le savant Ménage, par Huet, l'érudit évêque d'Avranches : elle avait aussi un cabinet de médailles, formé par les pères La Chaise et Chamillart qui avaient un goût très vif pour les antiquités.

La dispersion de la Compagnie de Jésus, en 1764, et la disgrâce des Jésuites laissèrent le couvent aux mains des créanciers de ces religieux. Les locaux furent ensuite occupés pendant quelque temps par les chanoines réguliers de Sainte-Catherine ; on en fit, sous la Révolution, un dépôt de livres.

L'église a été rendue au culte, après le Concordat ; on joi-

gnit alors à son vocable celui de Saint-Paul, en souvenir d'une église fort ancienne qui s'élevait, dans ce quartier, avant la Révolution. Cette église avait été la paroisse des rois de France, lorsqu'ils habitaient l'hôtel Saint-Paul. On voit encore, dans le passage Saint-Pierre, la base de l'ancien clocher et quelques vestiges du charnier qui entourait l'édifice.

La paroisse Saint-Paul renfermait de riches tombeaux, parmi lesquels ceux de Quélus et de Saint-Mégrin, favoris de Henri III : œuvres de Germain Pilon. Ses vitraux étaient fort renommés et l'on y voyait le portrait le plus authentique que l'on connût de Jeanne d'Arc. Sa cuve baptismale avait servi au baptême de Charles VI et de Charles VII. C'est dans les charniers de Saint-Paul que furent inhumés Rabelais, l'architecte Jules-Hardouin Mansart et Nicot qui importa le tabac en France.

Saint-Paul-Saint-Louis offre l'exemple le plus classique, en même temps que le plus brillant, du style « jésuite » qui a marqué d'une si forte empreinte l'architecture religieuse du XVIIe siècle. Ce style, venu d'Italie, emprunte des modèles au Gesu et à Saint-Ignace de Rome. Aux inventions hardies de l'imagination gothique, il substitue un plan uniforme, méthodique ; il se répandra facilement, car tout y est calcul et raisonnement et l'on ne laisse guère d'initiative à la fantaisie de l'architecte . Dans cette ordonnance froide et symétrique , on transpose, sans modification sensible, mais en les adaptant aux exigences du culte, les principes architectoniques de l'art antique, auquel les artistes s'efforceront de dérober l'élégance et la noblesse des ordres classiques.

Tout l'effort décoratif portera sur la façade. Deux ordres se retrouveront, invariablement, dans les portails inspirés de ce style. Le premier donne accès à l'édifice, qu'il embrasse dans toute sa largeur. Le second prend naissance à la hauteur des

voûtes des bas côtés et des chapelles et ne correspond qu'à la
voûte centrale. Un troisième ordre, comme à Saint-Paul-
Saint-Louis, domine parfois cet ensemble que couronne toujours un fronton triangulaire ou hémisphérique. Style mono-
tone, mais d'une imitation aisée ; il se répétera dans toutes les
églises du temps, avec ses accouplements réguliers de pilastres et de colonnes espacées sur une ou plusieurs rangées.

L'intérieur de l'édifice « jésuite » est spacieux, bien ordonné,
mais on n'y relève la trace d'aucune audace architecturale. De
larges nefs, portées par d'amples arceaux à pilastres, des voûtes
agrémentées de caissons, un autel élevé qui apparaît, au fond
du chœur, dans un isolement pittoresque.

Le contraste entre notre ancienne architecture et cet art
« jésuite » frappera le visiteur, lorsqu'il contemplera successivement ces deux églises si voisines : Saint-Gervais et Saint-Paul-
Saint-Louis. Trois ordres se superposent sur chacune des deux
façades. Et cette analogie même semble accuser l'émulation de
l'architecte de Saint-Paul-Saint-Louis qui voulut rivaliser en
grandeur et en majesté avec le modèle tout proche qui s'offrait à
ses yeux. Mais Saint-Gervais, dont les réminiscences italiennes
ont seulement enjolivé la forme gothique, porte un immense
vaisseau qui justifie, jusqu'à un certain point, cet amoncellement
de portails. La nef de Saint-Paul-Saint-Louis, de structure
moderne, d'élévation bien moindre, ne commandait pas un
pareil effort architectonique ; dès lors, la façade paraît moins un
élément de décoration qu'une addition arbitraire. Ce sera le
défaut de presque toutes les façades inspirées de ce style : les
plus heureusement conçues auront l'air de morceaux plaqués,
sans lien avec le monument.

Cette architecture nouvelle, dans ses compositions froides et
bien ordonnées, eût sans doute été d'une sévérité déplaisante,

Pl. 5.

SAINT-PAUL-SAINT-LOUIS. FAÇADE.

(Page 19.)

Pl. 6.

NEF ET CHŒUR.

LE CHRIST SORTANT DU TOMBEAU,
PAR GERMAIN PILON.

LA VIERGE
DE GERMAIN PILON.

SAINT-PAUL-SAINT-LOUIS.
(Pages 20 à 22.)

si toute l'imagination, toute la fantaisie, qu'excluait la monotonie du plan, ne s'étaient réfugiées dans les détails.

Mais l'influence italienne est venue corriger l'austérité première de la conception. On prodigua les ornements autour des
arceaux et des pilastres; on modifia les anciens motifs décoratifs; on créa des formes nouvelles, pour satisfaire aux goûts de
luxe et d'ostentation qui s'emparaient des artistes.

On tortura l'ornementation, afin d'éblouir les regards des
visiteurs que ne pouvaient retenir les lignes sévères de l'édifice.
Si bien qu'en fin de compte le style « jésuite » s'est surtout
manifesté, aux yeux du grand public, par une décoration abondante, luxueuse, capricieuse, surchargée de festons, de volutes,
de guirlandes qui se croisent et s'entremêlent, sans souci de
l'ordonnance générale dont elles rompent l'équilibre et déran-
gent l'harmonie.

On peut ne ressentir qu'une admiration médiocre pour une
formule artistique dont les défauts s'accusent d'autant plus
qu'ils visent à l'effet et forcent l'attention. Mais il est difficile
de résister, surtout dans l'église Saint-Paul-Saint-Louis, à l'attrait qui se dégage de cet art facile, agréable et séduisant.

La façade de Saint-Paul-Saint-Louis est d'aspect monumental (Pl. 5). Elle comporte deux ordres corinthiens que couronne un ordre composite. Au centre du premier étage, se
détache un cadran d'horloge, entouré de rayons en bronze doré.
Des statues modernes, placées dans des niches, présentent les
figures de *Sainte Catherine*, par Préault, de *Sainte Anne*, par
Etex, de *Saint Louis*, par Lequesne.

Cet ensemble est décoratif. Il l'est peut-être trop. Et cette
architecture, alourdie de colonnes, de frontons, de sculptures,
d'enroulements et de tables saillantes, laissera sans doute au
visiteur une impression un peu confuse.

L'œil se reposera sur les lignes sévères du dôme qui surplombe l'église à la hauteur des transepts. C'est une construction octogonale, peu élevée, mais d'un dessin assez heureux, qui rappelle la correcte et rudimentaire ordonnance du dôme des Carmes. Elle est couronnée par les volutes d'un petit campanile.

L'intérieur a la forme d'une croix latine, avec, au centre de la croisée, un dôme sur pendentifs (Pl. 6).

La nef, voûtée en berceau, présente une rangée de tribunes, closes par des balustrades en pierre ajourée, au-dessus desquelles court une frise élégante. Sur les arcs doubleaux de la voûte, se détachent des rosaces et des têtes de chérubins.

Les chapelles latérales s'ouvrent sur la nef par de grandes arcades en plein cintre qu'encadrent des pilastres corinthiens. Les transepts, de forme rectangulaire, sont recouverts d'une voûte d'arête, ornée de motifs décoratifs.

Au centre s'élève une haute coupole, de belles proportions. Sur une première corniche dont la saillie forme un balcon, se détachent seize pilastres qui dessinent des baies cintrées, ornées en partie de peintures murales.

Ce premier étage est couronné d'un entablement qui reçoit une coupole circulaire, sillonnée d'arcs doubleaux correspondant aux pilastres et que décorent des médaillons rectangulaires, d'où tombent des guirlandes de fruits.

Dans le chœur, qui s'ouvre par un arc triomphal, se dresse un beau maître-autel en marbre blanc ; il a été construit, en 1856, avec les fragments des blocs qui servirent à l'érection du tombeau de Napoléon Ier, dans l'église des Invalides.

L'ensemble de cette architecture est élégant, ingénieusement ordonné. On n'avait rien épargné, à l'époque, pour rehausser la décoration de l'édifice, où brillaient partout l'or, l'argent, le bronze, les marbres précieux. Des œuvres d'art d'un grand

prix y avaient été accumulées et faisaient de cette église un véritable musée que les étrangers ne manquaient pas de visiter, au cours de leurs séjours à Paris. Entre toutes les curiosités qui sollicitaient les regards, on admirait surtout les anges en argent, vêtus de draperies en vermeil, qui portaient les cœurs de Louis XIII et de Louis XIV, enfermés dans de riches reliquaires d'orfèvrerie. Ces sculptures remarquables avaient été exécutées par Jacques Sarrazin et Coustou le jeune. Le magnifique monument élevé par Louis XV à la mémoire de Louis XIV, n'avait pas coûté moins de 600.000 livres ; il attirait l'attention par le luxe et l'éclat de son ornementation.

L'église possédait aussi le superbe monument funéraire de Henri, prince de Condé. Ce mausolée, modelé par Sarrazin et jeté en bronze par Perlan, décore aujourd'hui la chapelle du château de Chantilly. Dans le sanctuaire où s'élevait cette œuvre d'art, on avait déposé le cœur du grand Condé, devant lequel Bourdaloue, dans une éloquente oraison funèbre, consacra la mémoire du vainqueur de Rocroi. Et, comme pour unir en un même souvenir de gloire deux maisons également illustres et deux renommées rivales, plusieurs monuments, érigés dans une autre chapelle, évoquaient le nom des princes de la maison de Bouillon.

Les bâtiments monastiques renfermaient une riche collection de peintures des écoles française et italienne, où l'on admirait des chefs-d'œuvre de Vouet, de Le Sueur, de Philippe de Champaigne, de Quentin Matsys.

De cette riche décoration, l'église Saint-Paul-Saint-Louis n'a conservé que des vestiges. On s'arrêtera, dans la chapelle des fonts, devant une statue, d'un beau mouvement, qui représente *Le Christ sortant du tombeau* (Pl. 6). Cette œuvre, pleine d'expression et d'une grande habileté d'exécution, a été

sculptée par Germain Pilon : elle formait, à l'origine, un groupe, avec deux statues de soldats qui sont aujourd'hui au Musée du Louvre.

Dans le transept gauche, une composition de Delacroix, d'une couleur orageuse et tragique, évoque, en une vision pathétique, la scène du Christ au jardin des Oliviers.

Le transept droit renferme une intéressante peinture de Simon Vouet, qui montre Louis XIII offrant à saint Louis le modèle de la nouvelle église. On voit, dans la dernière chapelle de gauche, une *Vierge* sculptée par Germain Pilon, dans une touchante attitude de tristesse et d'abandon (Pl. 6). Une autre *Vierge* d'Antoine Coysevox, d'une grâce tendre et jolie, décore la sacristie.

Pour compléter cet heureux ensemble artistique, il faut mentionner encore un remarquable bas-relief en bronze doré, sculpté par Michel Anguier, derrière le tabernacle du maître-autel, et qui figure *Les Pèlerins d'Emmaüs ;* un *Baptême du Christ* peint par d'Aligny (1842) ; une *Sainte Famille*, de l'école espagnole du xviie siècle ; *L'Apothéose de saint François*, par Michel Corneille ; un groupe sculpté par Nicolas-Sébastien Adam, qui symbolise *La Religion instruisant un Américain ;* un autre, de Vinache, qui personnifie *L'Ange de la Religion foudroyant l'Idolâtrie.*

Les cadres tracés dans les pendentifs de la coupole portent quatre bas-reliefs du xviie où apparaissent les figures des Évangélistes. Un bas-relief de la même époque, qui est placé dans le chœur, représente le Père Éternel.

Il faut s'arrêter quelques instants dans la sacristie que meublent de beaux buffets en chêne, de style xviie siècle. Le plus grand de ces buffets, dont certaines parties datent des premières années du règne de Louis XV, est décoré de trois peintures, la première sur bois, les deux autres sur cuivre. Ces

œuvres d'art, exécutées au XVIIIᵉ siècle, représentent le *Christ en croix*, *Jésus au jardin des Oliviers* et *Jésus tombant sous la croix*. La salle est ornée d'une série de portraits des curés de l'église, pendant ces trois derniers siècles. On y remarque encore un *Christ en croix*, peint au XVIIIᵉ siècle, qui ornait autrefois la chapelle de la Bastille.

De belles coquilles, placées à l'entrée de l'église, servent de bénitiers ; elles furent offertes par Victor Hugo, lors du baptême de son premier enfant.

Des inscriptions, scellées dans les murailles de l'église, ont consacré la mémoire des personnages du temps, illustres par leur nom ou leurs travaux.

Mais combien d'autres souvenirs évoque cette chapelle de la maison professe des Jésuites, où tant de religieux, célèbres par leur science et par leur piété, vinrent chercher un refuge contre les occupations frivoles et mondaines de la cour. Que de périodes éloquentes, que de sermons passionnés ont retenti sous les voûtes de l'église. C'est dans la chaire de Saint-Paul-Saint-Louis que Bourdaloue prêchait, lorsque la faveur royale l'appela aux Tuileries. Et, lorsqu'il parlait, il y avait une « presse » dont Mᵐᵉ de Sévigné s'effrayait, malgré son admiration pour l'orateur. C'est du haut de cette tribune que le père La Rue prononça l'oraison funèbre du maréchal de Luxembourg, quelques jours après Steinkerque et Nerwinden. Un autre prêcheur, plus proche du siècle et des intrigues de cour, y prenait la parole : c'était le fougueux coadjuteur Paul de Gondi, futur cardinal de Retz. On l'entendit faire, en 1648, devant le Roi et la Reine, un panégyrique édifiant des vertus de saint Louis. Mais, le lendemain même, les troubles de la Fronde arrachaient le belliqueux abbé à ses préoccupations austères et l'entraînaient dans les luttes politiques.

SAINTE-ÉLISABETH

L'église Sainte-Élisabeth, qui s'ouvre sur la rue du Temple, dépendait, à l'origine, d'un couvent fondé par les religieuses du Tiers Ordre de saint François et placé sous les auspices du père Vincent Mussart, qui avait introduit en France la réforme de cet ordre. La reine Marie de Médicis les prit sous sa protection et posa, en 1628, la première pierre de leur monastère.

L'église, achevée en 1646, fut placée sous l'invocation de sainte Élisabeth de Hongrie et sous le titre de Notre-Dame de Pitié.

Transformée sous la Révolution en entrepôt de farine, elle fut rendue au culte en 1802. Les bâtiments du monastère ont été démolis, pour l'ouverture de la rue Sainte-Élisabeth, puis lors du percement de la rue Turbigo.

Cette dernière opération a entraîné le dégagement du chevet et la destruction d'une longue chapelle, consacrée à la Vierge.

L'édifice présente une façade assez élégante, avec ses deux étages, décorés de pilastres ioniques et doriques, entre lesquels se dressent des statues de saints et de saintes. Le premier étage se relie aux parties latérales du rez-de-chaussée par deux grands ailerons qui viennent buter contre deux piédestaux, surmontés de vases à flammes.

L'intérieur comprend une nef voûtée en plein cintre, un chœur en hémicycle, contourné par des bas côtés. Il n'offre rien de remarquable, sinon une très belle suite de bas-reliefs,

Pl. 7.

SCÈNES DE L'ANCIEN ET DU NOUVEAU TESTAMENT (POURTOUR DU CHŒUR).

(BOISERIES FLAMANDES DE LA FIN DU XVᵉ SIÈCLE).

SAINTE-ÉLISABETH.

(Page 25)

Pl. 8.

TEMPLE SAINTE-MARIE.

encastrés dans une boiserie qui se développe le long des bas
côtés du chœur (Pl. 7). Ces bas-reliefs, dont les sujets sont
empruntés aux principales scènes de l'Ancien et du Nouveau
Testament, sont d'un travail très fin et très délicat. Ils ont été
exécutés, avec une grande habileté, par des artistes flamands de
la fin du xv⁰ siècle, et proviennent de l'ancienne abbaye de Saint-
Waast, à Arras. Il est malheureusement difficile d'en saisir les
détails, dans la pénombre qui les enveloppe.

Quelques œuvres d'art méritent encore d'être signalées :
Le Sermon sur la montagne, d'Auguste Hesse, dans la chapelle
des catéchismes ; *Sainte Fébronie et sainte Domna*, peintures
sur bois, du xvii⁰ siècle, qui ornent la chapelle de Sainte-Élisabeth.

L'autel de cette chapelle est décoré de peintures exécutées
sur lave de Volvic, par Abel de Pujol, qui a symbolisé la Charité, la Foi et l'Espérance. C'est la première fois qu'on utilisait,
pour la décoration des églises, la lave de Volvic, extraite des
carrières du Puy-de-Dôme.

Deux statues se dressent dans des niches, ménagées sur les
côtés de l'autel : un *Saint François d'Assise*, de Duseigneur, et
une *Sainte Élisabeth de Hongrie*, par Caillouette.

Dans la demi-coupole qui domine le sanctuaire, se détache
une peinture murale sur fond d'or, dans laquelle Jean Alaux a
figuré *L'apothéose de sainte Élisabeth*.

La sacristie des messes renferme une toile flamande du
xvii⁰ siècle représentant *Le sacrifice d'Abraham*.

On remarque, dans la chapelle des fonts baptimaux, à l'entrée
du bas côté droit, une belle cuve en marbre blanc qui date
de 1654.

TEMPLE SAINTE-MARIE

Ce temple était, au xviie siècle, la chapelle du couvent de la Visitation Sainte-Marie que Jeanne de Chantal, l'aïeule de Mme de Sévigné, avait fondé, en 1619, à Paris, à la demande de saint François de Sales. Ces religieuses, qui devaient leur nom aux visites qu'elles faisaient aux malades, s'intallèrent d'abord dans le faubourg Saint-Marcel ; puis elles occupèrent, dans les rues du Petit-Musc et de la Cerisaie, l'hôtel du Petit-Bourbon qu'elles agrandirent bientôt, en achetant l'hôtel de Cossé.

Le commandeur de Sillery, qui soutint la communauté de ses libéralités, donna une somme importante pour la construction de l'église dont la première pierre fut posée en 1632. Deux ans plus tard, l'édifice, bâti sur les plans de François Mansart, était consacré sous le titre de Notre-Dame des Anges.

Le couvent, avec les jardins qui l'entouraient, disparut sous la Révolution. L'église fut préservée et servit de dépôt de livres.

Rendue au culte, elle fut affectée en l'an XI à la religion réformée. Elle subit pendant le siège, en 1871, des dégâts importants. Il fallut entreprendre une restauration générale qui fut confiée à l'architecte Varcollier. On démolit à ce moment, à l'angle de la rue Castex, une maison qui menaçait ruine, pour élever, sur son emplacement, un logement destiné au concierge. On édifia en même temps un bâtiment annexe, derrière le chevet de l'église.

L'architecture de ce petit édifice rappelle celle de Notre-Dame de la Rotonde, à Rome, dont François Mansart s'est

visiblement inspiré (Pl. 8). On y trouve l'idée première du dôme des Invalides, idée que Jules-Hardouin Mansart devait reprendre et porter à un plus haut degré de perfection, quarante ans plus tard.

Le porche, assez élégant, qu'on voit de la rue Saint-Antoine, présente une baie rectangulaire, encadrée par un arc plein cintre. Elle est flanquée de deux colonnes, d'ordre corinthien, qui soutiennent un fronton triangulaire, décoré d'une draperie en festons.

Au second plan, sur quatre arcs, s'élève une rotonde gracieuse, épaulée de huit contreforts ; la frise est sculptée de guirlandes de fruits et d'aigles aux ailes éployées. La coupole supporte un campanile ajouré de baies que couronne un dôme, terminé par une flèche.

Cette ordonnance, un peu massive, pour un édifice de dimensions aussi restreintes, ne manque pourtant pas d'un certain cachet. On n'y trouve pas toutefois cette harmonie, cette unité et cette sûreté de goût qui s'affirment dans d'autres œuvres du grand architecte.

L'intérieur forme une vaste salle circulaire sur laquelle s'ouvrent quatre bâtiments annexes, disposés en forme de croix.

Il est dépourvu de toute décoration artistique, comme tous les temples protestants. On y voyait autrefois diverses inscriptions, à la mémoire d'André Frémiot, archevêque de Bourges et frère de Mme de Chantal, qui fut inhumé dans l'église, de François Fouquet et de Nicolas Fouquet, son fils, le célèbre surintendant des finances, aussi fameux par son faste et ses générosités que par la disgrâce brutale qu'il encourut.

ÉGLISE DE LA SORBONNE

Les origines de la Sorbonne sont fort lointaines. C'est en 1250 que Robert de Sorbon fondait, dans le quartier de l'Université, ses collèges pour les étudiants pauvres. Il fit construire en même temps, dans l'enceinte de ces bâtiments, une chapelle, à l'usage des membres de la communauté. On y célébrait les anniversaires de la Société, ainsi que les solennités doctorales.

La chapelle, dédiée d'abord à la Vierge, fut placée, lors de sa reconstruction, en 1338, sous le patronage de sainte Ursule. L'une de ses curiosités était sa cloche où, dit Sauval « il y a tant d'alliage d'argent qu'on l'entend de tout Paris. » Cette particularité fut sans doute l'origine d'une légende qui veut que cette cloche ait donné le signal des massacres de la Saint-Barthélémy.

Jusqu'au xvii⁰ siècle, la Sorbonne ne fut connue que par l'éclat de l'enseignement qu'on y donnait. A cette époque, le cardinal de Richelieu voulut en faire un monument qui, par ses belles dispositions, contribuât à la gloire de l'institution. Il entreprit, à ses frais, la restauration du collège dont il s'était déclaré proviseur et s'adressa, pour l'établissement des plans, à Jacques Lemercier qui avait déjà bâti le Palais-Royal.

Pour donner à la nouvelle église toute l'ampleur qu'il souhaitait, il fit abattre le collège de Calvy, situé à proximité et qu'on appelait la Petite Sorbonne. Il posa lui-même, en 1635, la première pierre de l'édifice. Sous cette pierre fut scellée une

médaille commémorative de la fondation, ornée du portrait du cardinal.

Quand Richelieu mourut, ses cendres furent déposées dans l'église. Les membres de la famille du grand ministre acquirent le droit, qu'ils ont conservé, d'avoir leur sépulture dans l'édifice. Une transaction intervint à cet effet entre la duchesse d'Aiguillon et les représentants du collège de la Sorbonne; elle fut homologuée, en 1648, par un arrêt du Parlement.

L'architecture intérieure du monument, remarquable par la richesse de sa décoration, eut beaucoup à souffrir à l'époque de la Révolution. La tombe du cardinal fut profanée. Un décret du 18 août 1792 supprima l'institution et l'église fut livrée à l'abandon. A ce moment, on étudia divers projets qui avaient pour but de donner une affectation nouvelle aux locaux abandonnés par les Sorbonnistes. On songea à y placer l'École normale et l'église, dont on voulait faire un amphithéâtre, fut bouleversée. On démolit la pierre, les marbres qui décoraient le pavement et les deux autels érigés en face de chaque portail, pour y substituer des gradins de charpente. Enfin l'édifice religieux, dépouillé de tous les objets d'art qu'il renfermait, fut abandonné aux artistes qui s'établirent, avec leurs familles, dans les bâtiments de la Sorbonne. Ils ménagèrent un peu partout, à leur convenance, des ateliers qui ne disparurent qu'en 1821, à la demande du duc de Richelieu, l'ancien ministre de Louis XVIII. Quelques années plus tard, en 1825, l'église était officiellement rendue au culte.

Le portail de la façade principale, de style classique, offre une ordonnance correcte, assez majestueuse, avec deux ordres superposés, l'un d'ordre corinthien, l'autre d'ordre composite, que couronne un fronton triangulaire.

Dans les entrecolonnements des deux étages, sont creusées des niches, ornées de statues, parmi lesquelles il faut mentionner une fort belle statue de Bossuet, exécutée par Barrias, et deux statues de Moïse et d'Elie, par Dubray (1876).

La façade de gauche s'ouvre sur la cour de la Sorbonne, par un porche, élevé sur un grand perron (Pl. 9). Le portail, qui présente quelque analogie avec le portique du Panthéon à Rome, comprend un seul ordre de dix colonnes de style corinthien, dont six de face, et quatre en retrait ; il est couronné par un fronton triangulaire, flanqué d'acrotères qui supportent des statues symboliques, parmi lesquelles *L'Eloquence*, par Allard (1876), et *La Théologie*, par Cabet (1875). Le tympan du fronton est décoré d'un écusson entouré de guirlandes, qui renfermait, à l'origine, les armes du cardinal de Richelieu.

On lit encore, sur l'entablement, une inscription rappelant la fondation de la Sorbonne.

Ce portail est décoratif. Il serait véritablement majestueux, si l'inégal espacement des colonnes ne nuisait à l'harmonie de l'ensemble. On a peine à comprendre les raisons d'ordre ou de structure qui ont pu pousser l'architecte à grouper les colonnes aux extrémités, en laissant le centre dégarni. Et pourtant ce portique fut très admiré en son temps. C'était presque une innovation, à une époque où le style « jésuite » avait imposé la mode des façades en bas-relief.

Un large dôme, d'un dessin correct et élégant, complète heureusement l'ordonnance de l'édifice. C'est le premier dôme qui ait été élevé à Paris, sur un plan un peu vaste : car les coupoles des Carmes et de Saint-Paul-Saint-Louis n'étaient encore que des essais timides. Dès l'achèvement de la grande basilique romaine, tous les architectes se laissèrent aller à imiter la coupole de Saint-Pierre qui passait pour un chef-

Pl. 9.

Photo Neurdein.

ÉGLISE DE LA SORBONNE. FAÇADE SEPTENTRIONALE.

(Page 30.)

Pl. 10.

NEF ET CHŒUR.

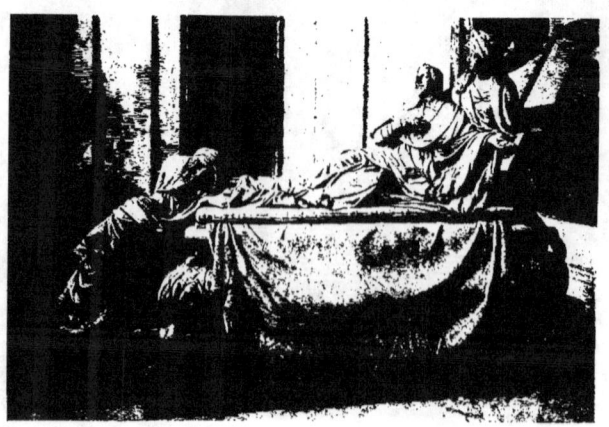

Photos, Neurdein.

TOMBEAU DE RICHELIEU, PAR GIRARDON.

ÉGLISE DE LA SORBONNE.

(Page 31.)

d'œuvre d'architecture. Le dôme de la Sorbonne, avec ses larges baies, ses pilastres corinthiens ornés de statues, est une des meilleures imitations qu'on connaisse ; il fait honneur au talent de Lemercier qui, d'ailleurs, avait beaucoup étudié à Rome.

L'église, à l'intérieur, est spacieuse ; elle présente une distribution assez originale (Pl. 10). Les transepts la partagent en deux parties égales. La nef comprend trois travées, encadrées de pilastres corinthiens, dont les deux premières communiquent avec des chapelles latérales.

Au centre, au-dessus d'un balcon circulaire fermé par une balustrade en fer, s'élève une gracieuse coupole, ornée de pilastres et chargée de rosaces.

Mais le principal attrait de l'église de la Sorbonne est le magnifique mausolée du cardinal de Richelieu qui occupe le transept droit (Pl. 10).

Ce monument, élevé en 1694 par les héritiers du cardinal, est l'œuvre de Girardon qui s'inspira, dit-on, d'un dessin de Le Brun.

Richelieu, à demi couché, lève les yeux au ciel ; il est soutenu par une jeune femme qui symbolise la Religion. Aux pieds du tombeau, drapée et voilée, la Science se lamente.

Cette composition est justement célèbre. On y reconnaît le style brillant et facile de cet artiste, une élégance oratoire qui fait songer à une oraison funèbre de Massillon. La tête du cardinal a beaucoup d'expression et de caractère : les génies ailés qui portent les armoiries du premier ministre sont sculptés dans un mouvement plein de grâce et de noblesse.

Une inscription, gravée sur le mur de droite, rappelle la mutilation dont le mausolée eut à souffrir sous la Révolution. La tête de la statue du cardinal fut arrachée et vendue. Elle ne put être replacée qu'en 1866.

Sur les pendentifs qui supportent la coupole, Philippe de Champaigne a représenté saint Jérôme, saint Ambroise, saint Léon et saint Augustin. Il a peint aussi les anges ailés et les têtes de chérubins qui se détachent, sur fond d'or, entre les arcs doubleaux de la voûte.

Un second mausolée, en marbre blanc, a été élevé, dans la chapelle de droite, à la mémoire du duc de Richelieu, ministre des Affaires étrangères de Louis XVIII. Ce monument, d'une belle exécution, est l'œuvre de Ramey. Il est décoré de deux groupes symboliques : l'un représente le duc soutenu par la Religion, comme son ancêtre; l'autre personnifie la France et la Ville de Paris : hommage rendu au libérateur du territoire.

Dans le côté gauche de l'église, une vaste composition murale d'Auguste Hesse figure *Robert de Sorbon présentant à saint Louis les étudiants de théologie.*

ÉGLISE DU VAL-DE-GRACE

Les Bénédictines du Val-de-Grâce, comme les Carmélites, les Feuillantines, les Ursulines et les Visitandines, durent leur établissement à la grande piété de la reine Anne d'Autriche qui peupla le quartier Saint-Jacques de communautés religieuses. Avant de trouver un asile dans les murs de la capitale, les Bénédictines étaient demeurées, pendant plusieurs siècles, à Bièvre, en un endroit qu'on appelait le Val-Profond. Elles s'y trouvaient éloignées et peu en sûreté. Aussi n'eurent-elles pas de peine à toucher le cœur de la reine qui les installa dans

l'hôtel du Petit-Bourbon, ancienne résidence des prêtres de l'Oratoire.

La reine, qui cherchait dans la religion des consolations aux tristesses de sa vie privée, se retirait souvent dans cet asile : au cours des retraites qu'elle y faisait, elle s'engagea à élever à Dieu un temple magnifique, s'il lui donnait un fils qu'elle désirait depuis longtemps.

Après la naissance du dauphin, en 1638, bientôt suivie de la mort de Louis XIII, elle ne pensa plus qu'à accomplir son vœu.

Une cérémonie solennelle eut lieu, en 1645, pour la pose de la première pierre, en présence de la reine-mère, du jeune roi, alors âgé de sept ans, et de toute la cour. Une médaille, frappée à l'occasion de cette solennité, et qui représentait, d'un côté, la façade du monument, de l'autre, la reine et son fils, fut encastrée dans la pierre.

La construction de l'édifice avança lentement : on rencontra de grandes difficultés pour établir les fondations et les troubles de la Fronde vinrent interrompre les travaux, pendant plusieurs années.

A cette œuvre, plusieurs architectes ont attaché leur nom. Le premier, François Mansart, fournit les plans du monument : mais il ne conduisit l'exécution que jusqu'à une faible hauteur. Ses projets parurent trop grandioses et son intransigeance déplut à la reine. Il fut remplacé, dans la direction des travaux, par Jacques Lemercier. François Mansart se vengea de cette disgrâce en faisant exécuter, dans la chapelle du château de Fresnes, qu'il construisait, le modèle exact du dôme qu'il se proposait d'élever au Val-de-Grâce.

Les dispositions générales du plan qu'il avait tracées pour l'église furent d'ailleurs respectées par ses successeurs, aussi

bien par Jacques Lemercier, qui édifia le monument jusqu'à la hauteur de la corniche du premier ordre, que par Pierre Lemuet et Gabriel Le Duc qui achevèrent les travaux, en 1665. L'église ne fut pourtant consacrée qu'en 1710. En même temps, on avait poursuivi la construction du monastère, dans lequel Anne d'Autriche se réserva un logement. Elle s'y retirait fréquemment et y recevait les plus grands personnages. C'est là qu'elle traita secrètement du mariage de Louis XIV avec l'infante d'Espagne.

L'abbaye du Val-de-Grâce obtint de la reine, entre autres faveurs, le privilège de conserver, dans l'église, les cœurs des princes et princesses du sang, dont les corps étaient recueillis dans l'abbaye de Saint-Denis. Le cœur d'Anne d'Autriche fut transféré dans l'église, en 1666. C'est également au Val-de-Grâce que fut inhumée Henriette de France, sœur de Louis XIII, épouse de Charles Ier d'Angleterre.

Ces restes précieux étaient d'abord exposés sur une riche estrade dressée dans la chapelle Sainte-Anne, qui fut tendue de velours noir; puis ils étaient descendus dans un caveau creusé en dessous de la chapelle. Sous la Révolution, ces dépouilles furent jetées au vent.

L'église ne souffrit d'ailleurs pas beaucoup des troubles révolutionnaires. Le couvent fut aménagé en hôpital militaire, par ordre de la Convention. L'église fut transformée en magasin central des hôpitaux. De là furent expédiés des milliers de ballots de linge et de charpie, destinés aux armées de la République. Pendant de longues années, on vit, suspendu à la coupole de l'église, le ballon qui avait servi à suivre les mouvements de l'ennemi, pendant la bataille de Fleurus.

Des précautions avaient été prises pour préserver les parements en marbre et les sculptures de l'église. Aussi le monu-

ment était-il intact lorsqu'il fut rendu au culte, en 1827.

Par contre, il fut sérieusement endommagé, au cours de la guerre de 1870. Bien qu'on eût hissé au sommet du dôme le drapeau des ambulances, il fut le point de mire des ennemis, pendant le siège de Paris. De nombreux obus vinrent frapper les bâtiments de l'hôpital ainsi que l'église : un projectile atteignit la lanterne du dôme et brisa la cloche qu'elle contenait.

L'église du Val-de-Grâce est une des plus belles églises de Paris et l'une des plus régulières. C'est aussi l'un des monuments du XVIIe siècle dans lequel les souvenirs de l'art antique se sont le plus heureusement alliés à une invention originale, à un goût très sûr dans la proportion des ordres et dans le choix des motifs de décoration.

Par son plan général, cet édifice rappelle les dispositions de l'église de Saint-Pierre à Rome, mais réduites à une échelle sensiblement plus petite. Il se recommande par la noblesse de son architecture, par le talent réel qui se retrouve dans les moindres détails de cet ensemble, bien que les changements successifs qui se sont produits dans la direction des travaux n'aient pas permis d'éviter certaines discordances de style et d'ornementation.

L'église, avec son portail imposant et son dôme élevé, forme, dans le prolongement de la rue du Val-de-Grâce, une très belle perspective, heureusement dégagée aujourd'hui par la petite place qui a été dessinée devant le monument (Pl. 11).

Elle s'ouvre, flanquée de bâtiments hospitaliers, au fond d'une cour d'honneur, où a été érigée, en 1849, la statue de Larrey, chirurgien en chef des armées de Napoléon. Cette œuvre vigoureuse est de David d'Angers.

La façade rappelle beaucoup celle de l'église de la Sorbonne : elle comprend deux ordres superposés, de style corin-

thien, que couronne un fronton triangulaire. Au rez-de-chaussée, portée par de grosses colonnes, une partie centrale se
détache et forme saillie : elle est continuée par le second ordre,
encadré de pilastres et percé, au centre, d'une baie cintrée.
Cet ordre se rattache, par deux consoles, aux ailes latérales de
l'étage inférieur.

Ces dispositions sont correctes, mais d'un style tout classique.

Il n'en est pas de même de la façade postérieure de l'édifice
du côté des jardins.

La belle élévation de cette façade, l'ampleur et l'harmonie de
son ordonnance, la sobriété de sa décoration et surtout la fer-
meté et la plénitude de ses lignes font de cette partie du monument un ensemble des plus pittoresques, au-dessus duquel on admire, dans son entier développement, la masse architecturale
du dôme. Sur les angles se dressent deux jolis groupes d'anges
sculptés par Feuchère. Vu de ce côté, l'édifice conserve tout
son intérêt et tout son caractère que la façade principale semble
ne pas mettre assez en valeur.

Une gravure ancienne nous permet d'apprécier le cachet de
cette architecture et la silhouette gracieuse du dôme se décou-
pant sur les verdures de magnifiques jardins, où les parterres
à la française dessinent leurs courbes élégantes et précises.
(Pl. 12).

Le dôme du Val-de-Grâce est d'une belle hardiesse de lignes.
C'était, avant la construction du Panthéon, le dôme le plus
élevé de Paris. Il présente des analogies marquées avec les coupoles de la Sorbonne et des Invalides : il s'en distingue toutefois par des détails caractéristiques.

Tandis que la coupole des Invalides s'élève sur deux étages
superposés, celle du Val-de-Grâce n'est supportée que par un

Pl. 11.

Photo Neurdein.

VAL-DE-GRACE. FAÇADE.

(Page 35.)

Pl. 42.

VAL-DE-GRACE. ABSIDE (D'APRÈS UNE GRAVURE D'ISRAËL SILVESTRE).

(Page 36.)

seul ordre, surmonté d'un attique orné de médaillons. Cette disposition, plus simple, contribue beaucoup à l'effet majestueux de l'architecture. Les baies à plates-bandes, qui s'ouvrent au-dessous de l'attique, ont aussi une sobriété élégante qui ne se retrouve pas dans les églises de la Sorbonne et des Invalides.

Les contreforts puissants, ornés de pilastres corinthiens, qui encadrent les baies, à des intervalles assez rapprochés, semblent également préférables, soit aux contreforts trop espacés et moins accusés de la Sorbonne, soit aux colonnes qui entourent le dôme des Invalides, et dont le groupement inégal semble marquer une certaine indécision de style.

Enfin, tandis que la base du dôme des Invalides se raccorde aux parties inférieures par de grandes lignes horizontales qui laissent des vides dans l'architecture, la coupole du Val-de-Grâce est flanquée de deux lanternes gracieuses, encadrant les toitures de la nef et des chapelles qui s'accusent à l'extérieur de l'édifice.

Par ses dispositions générales, le dôme du Val-de-Grâce se rapproche de celui de Saint-Pierre, à Rome, bien plus que les coupoles de la Sorbonne et des Invalides. Il faut reconnaître, d'ailleurs, qu'il présente, au sommet, un aplatissement fâcheux. La coupole des Invalides, si elle se ressent d'un art peut-être plus compliqué, a une belle élévation, une élégance de formes et une pureté de courbe qui manquent à l'architecture un peu lourde de celle du Val-de-Grâce.

Celle-ci, par contre, offre dans sa partie supérieure, une ornementation riche et originale qui contraste heureusement avec la froide ordonnance de la coupole, toute proche, du Panthéon.

Au-dessus des contreforts, à l'appui des consoles renversées

qui encadrent l'attique, se détachent des statues d'enfants, de grandes dimensions, qui portent des pots-à-feu, d'où s'échappent des flammes. Ce dernier emblème se répète, en de plus vastes proportions, sur la corniche de l'attique.

Dans la calotte du dôme, s'ouvrent des lucarnes en plomb, couronnées de fleurs de lis. La coupole est coiffée d'une lanterne, également ornée de pots-à-feu. Le dôme était autrefois brillant des dorures qui décoraient les plates-bandes de la coupole ainsi que la lanterne. Ces dorures ont entièrement disparu.

On pénètre dans l'église par une très belle porte en bronze, marquée de fleurs de lis et du chiffre royal.

L'intérieur du monument n'attire pas moins l'attention par son heureuse distribution, par le goût et la parfaite exécution des motifs d'architecture qui donnent à cette église un caractère de dignité et de grandeur (Pl. 13).

L'édifice a gardé une grande partie de sa décoration première. On y voit encore un magnifique baldaquin, des grilles en fer forgé qui séparent le chœur et les chapelles de la nef principale : enfin la mosaïque du pavé, faite de marbres de diverses couleurs.

Les frères Anguier ont montré beaucoup de variété et d'indépendance dans les sculptures. Rien n'a été épargné pour rehausser la magnificence du monumemt, où brillent les marbres, les dorures, les peintures. Architectes et artistes s'efforcèrent de seconder les pieuses intentions de la reine qui voulait élever un temple splendide à la gloire de Dieu.

Aussi leur œuvre fut-elle fort admirée en son temps. On y voyait alors l'un des modèles les plus parfaits du style de l'époque, où le goût de l'art antique se conciliait avec toutes les ressources de l'inspiration moderne. Dans un brillant et curieux plaidoyer artistique, Molière célébrait pompeusement

ses beautés, qu'il opposait à l'art médiéval, avec une injustice toute classique.

> « ... Tout s'y voit tiré d'un vaste fond d'esprit,
> Assaisonné du sel de nos grâces antiques
> Et non du fade goût des ornements gothiques,
> Ces monstres odieux des siècles ignorants
> Que de la barbarie ont produit les torrents. »

La nef est courte, et ne comporte que trois travées, sur lesquelles, de chaque côté, s'ouvre une galerie divisée en chapelles.

La voûte et les arcs sont chargés de motifs d'ornementation sculptés avec une habileté extrême, où se révèle une invention fertile. Des médaillons de saints et de saintes, entre lesquels s'encadrent des figures d'anges, sont contournés par des entrelacs décorés de fleurs. Les chapiteaux corinthiens appliqués entre les arcs des bas côtés sont également d'une exécution très soignée.

Il faut louer l'aménagement ingénieux et pittoresque de la coupole, dont les piliers ouvrent sur des passages donnant accès aux chapelles. Cette innovation, dont on a parfois attribué le mérite à Hardouin Mansart, qui construisit le dôme des Invalides, est due en réalité à François Mansart qui en a très heureusement tiré parti au Val-de-Grâce.

Aux angles de la coupole, qui sont ornés de bas-reliefs, sont scellés d'élégants balcons dorés. Les voûtes du dôme sont décorées de belles rosaces sculptées. Les arcs en pénétration des chapelles de Sainte-Anne et de Saint-Louis, qui s'ouvrent à gauche et à droite du dôme, sont enrichis de motifs variés, traités avec beaucoup de fantaisie et de grâce.

On a critiqué quelquefois la position du maître-autel, en regrettant qu'on l'eût si fort enfoncé dans le grand arc où il

paraît trop serré : on s'est étonné également de l'empiétement
que fait sur le chœur la pénétration de la chapelle du Saint-
Sacrement ; cette chapelle que Lemercier ajouta aux plans de
l'église est placée dans l'axe, mais en sens inverse de l'édifice,
et fait saillie dans l'abside. Cette disposition ne doit pourtant
pas surprendre, si l'on songe que les religieuses, cloîtrées dans
la chapelle, venaient recevoir la communion des mains du
prêtre, par un guichet ménagé dans la grille. La destination
de cette chapelle obligeait également l'architecte à placer contre
la grille le maître-autel à deux faces qui devait servir à la fois
aux fidèles et aux religieuses.

La position de l'autel ne fait donc qu'accuser le caractère conventuel du monument et la pensée dans laquelle il fut
édifié.

On ne peut d'ailleurs qu'admirer la forme élégante et la
riche décoration du baldaquin, dessiné par Gabriel Le Duc et
qui rappelle celui de Saint-Pierre de Rome : il a été souvent
imité, par la suite, dans les églises où l'on a recherché le luxe de
l'ornementation.

Il est formé d'un assemblage gracieux de courbes en bois
doré, imitant le bronze, qui dessinent des rinceaux larges et
sveltes. Les consoles supportent une couronne, également en
bois doré, qui est ornée de grenades entr'ouvertes et surmontée d'un globe portant une croix.

Le baldaquin repose sur six magnifiques colonnes torses,
en marbre noir de Brabançon, qui ont coûté chacune dix mille
francs. Ces colonnes, sur lesquelles courent des palmes et des
rinceaux de bronze doré, portent des anges de haute stature
qui lancent en l'air des encensoirs. Elles sont reliées, à la hauteur
des chapiteaux, par des festons de palmes et de branches d'oliviers, auxquels s'accrochent des anges sculptés.

Le maître-autel, édifié lors de la construction de l'église, avait été dessiné par François Anguier qui avait sculpté, pour le décorer, son admirable groupe de la Nativité. Cette sculpture, exécutée à la gloire de la Vierge mère, rappelait la dédicace de l'église et la naissance de Louis XIV ; elle était considérée comme le chef-d'œuvre de l'excellent artiste.

L'autel fut malheureusement détruit sous la Révolution. Il ne fut reconstruit qu'en 1868, sur l'ordre de Napoléon III, à l'instigation de l'archevêque de Paris. Quant au groupe d'Anguier, Napoléon Iᵉʳ en fit don à l'église Saint-Roch qui l'a conservé. L'église du Val-de-Grâce n'en a plus qu'une copie qui date du Second Empire.

La coupole, richement ornée de sculptures, est recouverte d'une vaste gloire, peinte par Pierre Mignard. On y voit le Père Éternel, au milieu d'une cour céleste, au-dessus de laquelle planent des légions d'anges. Les zones inférieures de la fresque sont occupées par une foule de saints personnages où les groupes se distribuent, sans confusion. On distingue les figures de la Vierge, des archanges, des chœurs d'anges et de séraphins, les pères de l'Église, les martyrs, les patriarches et les rois. Au bas de la coupole, Anne d'Autriche, présentée par saint Louis, offre à Dieu la nouvelle église.

Cette peinture colossale, où l'illustre artiste déploya toutes les ressources de son talent et toutes les grâces de son pinceau, fut exécutée, dit-on, en treize mois ; pourtant elle ne contient pas moins de deux cents figures, trois fois grandeur nature.

L'œuvre de Pierre Mignard eut, en son temps, une grande vogue. Molière en profita pour célébrer son ami dans son poème sur « la gloire du Val-de-Grâce ». Si nous ne partageons plus au même point l'enthousiasme qu'avaient les contemporains pour ce style conventionnel, on ne peut cependant

qu'applaudir à la verve, à l'esprit d'invention dont témoigne cet assemblage pittoresque de figures aux attitudes variées, de groupes aux perspectives étudiées. Le dessin est facile, habile ; les tons sont clairs et artistement fondus. Il est seulement regrettable que cette belle composition, qui fut déjà fâcheusement retouchée au pastel par l'auteur lui-même, ait souffert du temps, qui en a dégradé les vives et brillantes colorations.

SAINT-JACQUES DU HAUT-PAS

L'église a reçu le vocable sous lequel elle est placée de l'ancienne congrégation de Saint-Jacques du Haut-Pas qui tenait son nom d'un passage difficile à franchir, sur l'Arno. Cet ordre se rattachait à celui des moines Pontifices, ou constructeurs de ponts et de bacs pour le service des pèlerins et des voyageurs. Ces religieux portaient, insigne de leur vocation, un marteau brodé sur la manche gauche de leur habit.

La congrégation de Saint-Jacques du Haut-Pas se développa en France, au commencement du xive siècle. Elle eut à Paris, dans la rue Saint-Denis, un hospice où elle hébergeait les pèlerins, particulièrement ceux de Saint-Jacques de Compostelle.

La reine Jeanne de France leur bâtit une église, où furent transférées, en grande pompe, les reliques de saint Eustache et de saint Jacques.

La congrégation ne tarda pas à décroître. Il ne restait plus qu'un ou deux religieux dans l'hospice, quand Catherine de

Médicis en fit une abbaye pour les frères de Saint-Magloire. Ceux-ci cédèrent eux-mêmes la place, au xviie siècle, aux prêtres de l'Oratoire qui ouvrirent un séminaire. C'est là que La Fontaine étudia, c'est là que Massillon commença, pour les jeunes clercs, ces conférences où l'élévation des idées se joint à l'élégance et à la perfection de la forme. A la place du séminaire des Oratoriens, s'élève aujourd'hui l'hospice des sourds-muets, fondé sous la Révolution.

Cependant les habitants du quartier Saint-Jacques avaient dû pendant longtemps s'acquitter de leurs devoirs religieux dans des églises éloignées. Ils réclamèrent, en 1566, contre cette situation, et ils obtinrent l'érection d'une chapelle, indépendante des bâtiments monastiques. Édifice modeste, qui dut être bientôt remplacé par un monument plus vaste.

En 1630, Gaston d'Orléans, frère de Louis XIII, posa la première pierre d'une nouvelle église.

Les travaux restèrent d'ailleurs suspendus, faute d'argent, après la construction du chœur. Ils ne reprirent qu'en 1675, grâce aux libéralités de la duchesse de Longueville qui fit élever la tour et le portail, sur les dessins de Gittard.

La duchesse de Longueville dont le nom reste ainsi attaché à l'église Saint-Jacques, avait alors résolu de travailler à son salut et de racheter, par la dévotion, les agitations d'une jeunesse orageuse. Après avoir été, pendant les années troubles de la Fronde, l'âme de la révolte et de la résistance, après avoir armé contre Mazarin les Condé, les Turenne, les Conti, que retenaient le charme de son esprit et le pouvoir de sa beauté, la coquette ligueuse n'aspirait plus qu'au calme et à la solitude. « Elle eût eu peu de défauts, disait d'elle le cardinal de Retz, si la galanterie ne lui en eût donné beaucoup. » C'étaient de légers défauts, en tout cas, et qui se rachetaient

aisément, en un temps où la dévotion était si voisine de la galanterie. L'aimable pécheresse s'en fut donc demander aux Carmélites de la rue Saint-Jacques les moyens d'obtenir son salut qu'elle désespérait de faire à la cour.

Grâce à ses largesses, l'église était achevée en 1684. Entrepreneurs et ouvriers avaient fait preuve d'un sentiment chrétien peu commun, si l'on en croit les contemporains. Les carriers fournirent gratuitement les pierres ; les charpentiers et les maçons donnèrent, sans rétribution, un jour de travail par semaine.

La paroisse Saint-Jacques abritait jadis la sépulture de Duvergier de Hauranne, abbé de Saint-Cyran, qui formula les principes de la doctrine janséniste.

Victime des premières persécutions qui frappèrent les maisons de Port-Royal, cet austère doctrinaire fut arrêté, par ordre de Richelieu, et enfermé au donjon de Vincennes. Il y resta longtemps et mourut, peu après sa sortie de prison.

Son souvenir évoque les débuts du jansénisme, qui se répandit dans toute la paroisse Saint-Jacques, s'emparant des consciences et détournant les esprits de la croyance au libre arbitre. L'église était, comme Saint-Étienne-du-Mont, toute proche de l'abbaye de Port-Royal et servait d'asile aux adeptes de la doctrine nouvelle. Au xviiie siècle, leur influence est encore si forte qu'on voit les paroissiens s'enfuir à l'annonce d'un mandement épiscopal condamnant les « Nouvelles ecclésiastiques » comme entachées de jansénisme.

Le marquis de Sévigné, fils de la célèbre Marie de Rabutin-Chantal, vint souvent, sur les hauteurs de Saint-Jacques, implorer les secours de la religion : la spirituelle Mme de La Fayette y cherchait, après la mort de La Rochefoucauld, un apaisement à sa douleur.

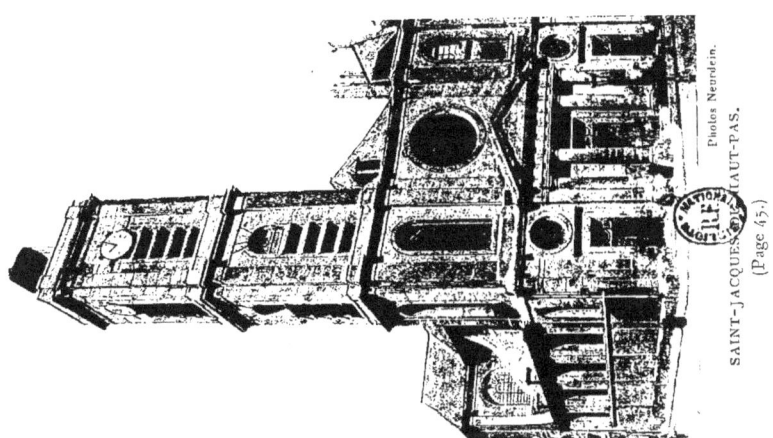

SAINT-JACQUES-DU-HAUT-PAS.
(Page 45.)

Photos Neurdein.

VAL-DE-GRACE. CHŒUR.
(Page 38.)

Pl. 44.

L'ÉGLISE SAINTE-MARGUERITE ET L'ANCIEN CIMETIÈRE OÙ FUT INHUMÉ LOUIS XVII.

(Page 76.)

La Révolution conserva d'abord la paroisse Saint-Jacques ; puis elle la concéda aux Théophilantropes, en la baptisant du nom de Temple de la Bienfaisance. Une inscription, gravée sur un pilier du bas côté droit du chœur, rappelle les dégradations commises dans l'édifice pendant la Terreur. L'église eut également à souffrir, en 1871, de l'explosion de la poudrière du Luxembourg qui fit sauter tous ses vitraux.

L'architecture de l'édifice est fort simple et ne présente qu'un intérêt très médiocre.

Elle comporte une façade, d'apparence modeste, traitée dans le style dorique, et surmontée, dans la partie gauche, d'une tour rectangulaire (Pl. 13). Une seconde tour devait s'élever, pour faire pendant à la première ; mais on négligea de la construire.

L'intérieur comprend une nef, des bas côtés étroits, ouvrant sur des chapelles latérales. Les bas côtés se prolongent au delà du transept, jusqu'à l'abside, qui est occupée par la chapelle de la Vierge.

L'aspect de l'édifice est peu séduisant ; l'ornementation est également des plus pauvres. On ne remarquera guère que le buffet d'orgues et la chaire à prêcher : deux beaux morceaux de sculpture sur bois, de style Louis XIV, qui proviennent de l'ancienne église Saint-Benoît. Mais Saint-Jacques possède quelques tableaux des écoles françaises des xviie et xviiie siècles qui retiendront l'attention des visiteurs.

Le bas côté gauche renferme, dans la chapelle du Purgatoire, une toile du xviiie siècle qui représente *L'Adoration des Mages*, d'après un tableau de l'école italienne ; à la hauteur de la chapelle Saint-Denis, une *Annonciation* de la même époque.

Dans le transept gauche, on voit un *Christ en croix*, du xviie siècle.

La chapelle Saint-Pierre, qui s'ouvre sur le bas côté gauche du chœur, contient une toile peinte par Calvaert en 1600 qui représente *Jésus guérissant la belle-mère de saint Pierre ;* une suite de bas-reliefs en bronze du xviiie siècle figurant : *Saint Matthieu et Saint Marc, Saint Luc et Saint Jean,* une *Descente de croix,* un *Christ en croix ;* et un bas-relief en marbre du xviie siècle consacré à saint Pierre. On voit aussi dans cette chapelle, un *Saint Pierre* de Jean Restout (1728), un curieux tableau de Gérard qui montre Jésus entouré d'enfants, dans un fond d'architecture romaine et de paysage, et quatre peintures intéressantes qui symbolisent la Charité, la Religion, l'Espérance et la Foi. Ces toiles exécutées sur fond d'or, ont été attribuées par leur donateur à Le Sueur : mais elles semblent plutôt porter la marque de J.-B. de Champaigne, le neveu de Philippe.

On remarque encore, dans une des chapelles du bas côté droit du chœur, une toile de Champmartin : *Saint Philippe assistant à la multiplication des pains ;* dans la chapelle des catéchismes, une toile de Sébastien Bourdon : *Le martyre de sainte Félicité ;* un *Christ en croix,* dans le style de Le Brun ; un *Mariage de la Vierge,* du xviie siècle ; et une peinture sur bois, du xve, par Mazzola, qui représente *La Vierge avec l'Enfant Jésus, saint Pierre et sainte Lucie.*

Il faut s'arrêter également dans la sacristie qui renferme des toiles intéressantes. On y voit une *Assomption de la Vierge,* de Jeaurat (1765), quatre Pères de l'église : *Saint Léon, Saint Ambroise, Saint Augustin,* et *Saint Jérôme,* peints, au xviie siècle, dans la manière de Valentin. Sur les panneaux de porte, qui datent de la même époque, des bouquets de fleurs alternent avec des scènes symboliques : *La Présentation au temple, La Visitation, La Fuite en Égypte, Le Buisson ardent.*

Outre la sépulture de l'abbé de Saint-Cyran, dont une

pierre tombale, derrière l'autel, évoque la mémoire, l'église Saint-Jacques renfermait jadis les tombeaux du géomètre Philippe de la Hire et du grand astronome Cassini qui vint s'établir en France, sur les instances de Louis XIV, et fonda l'Observatoire de Paris.

SAINTE-MARGUERITE

En 1625, Antoine Fayet, curé de Saint-Paul, fit bâtir, pour ses paroissiens du faubourg, une humble chapelle qui devint par la suite succursale de l'église Saint-Paul. Cette construction première est restée le noyau des bâtiments qui furent groupés, dans la suite, à des dates différentes, pour satisfaire aux besoins du moment. Si bien que l'église actuelle, après de nombreux remaniements, a bien plutôt l'apparence d'une construction sans caractère que d'un monument élevé sur un plan arrêté.

La chapelle primitive, de dimensions très restreintes, fut d'abord pourvue, en 1637 et 1638, d'une sacristie et d'un presbytère.

Puis, en 1669, on commença des travaux destinés à l'agrandir dans son ensemble. On allongea la nef de sept toises, en lui donnant deux bas côtés. On ignore le nom de l'architecte qui entreprit cette restauration, conduite d'ailleurs avec beaucoup de simplicité et dans un esprit de stricte économie.

Au XVIIIe siècle, on adjoignit d'abord à l'église une chapelle

de la Communion, aménagée dans le transept gauche, et dont la décoration fut confiée à Louis de Boullongne. Puis, Jean-Baptiste Goy, qui fut le premier curé de Sainte-Marguerite, entreprit, en 1724, d'importants travaux d'agrandissement. Il fit bâtir la chapelle de la Vierge, il reconstruisit le chœur, le presbytère et les charniers. Lui-même travailla personnellement à embellir son église. Il avait été sculpteur et peintre avant de se faire prêtre : les décorations profanes qu'il avait exécutées étaient même pour lui une cause de remords.

« Plusieurs pièces de sa façon, disent les *Nouvelles Ecclésiastiques* de 1738, qui sont dans les jardins de Versailles, de Meudon et de Marly, ont été pour lui, depuis que Dieu l'eut touché, un objet continuel de gémissements. »

Sans doute eut-il le désir de sanctifier son talent, en le consacrant à des sujets pieux. Il se souvint de sa vocation première et peignit pour son église plusieurs toiles, aujourd'hui disparues, parmi lesquelles on remarquait une *Cène* et une *Prédication de Jésus au désert*. Alphonse Dufresnoy avait peint aussi, en 1656, une *Sainte Marguerite en prison*, qui est actuellement au Musée du Louvre.

En 1764, l'édifice fut encore augmenté d'une chapelle des Ames du Purgatoire, qui fait saillie sur le côté gauche. Les restes de la chapelle primitive formaient alors à peine la dixième partie de l'ensemble des constructions.

La situation ecclésiastique de l'église Sainte-Marguerite ne souleva pas de moindres difficultés et maints procès s'engagèrent à propos de ce nouvel édifice religieux.

En 1712, on se résolut enfin à faire de cette église une paroisse. Le décret qui ordonne cette création constate l'accroissement considérable de la population du faubourg Saint-Antoine et aussi les considérations pratiques qui exi-

gent que l'ancienne succursale soit détachée de la paroisse
Saint-Paul.

« Les libertins et les nouveaux convertis, qui sont en très
grand nombre dans le faubourg, porte ce document, n'étant pas
veillés de près, se dispensent même du devoir pascal, sans
craindre d'être connus, parce qu'ayant la liberté de satisfaire à
ce devoir à Saint-Paul ou à Sainte-Marguerite, on ne peut
découvrir ceux qui y manquent. »

Cette création était d'autant plus justifiée d'ailleurs que
le faubourg comptait dès lors 40 000 habitants, répandus
sur un très vaste territoire, puisque cinq églises suffisent
à peine aujourd'hui à desservir cette ancienne paroisse, qui
s'étendait jusqu'aux moulins de Ménilmontant et jusqu'au Petit
Bercy.

La paroisse Sainte-Marguerite, d'abord conservée par la
Révolution, fut bientôt transformée en Temple de la Liberté et
de l'Égalité.

C'est dans le cimetière attenant à l'église que fut inhumé,
le 10 juin 1795, le corps du dauphin Louis XVII, mort au
Temple, à l'âge de dix ans. Dès le début de la Restauration, on
rechercha les restes du prince, pour les transférer à Saint-Denis ; mais on ne put les retrouver. En 1846, le hasard fit découvrir un squelette d'enfant dans lequel on voulut voir les ossements du prince.

Cependant on accréditait diverses versions, d'après lesquelles
Louis XVII ne serait pas mort au Temple et aurait survécu à
la Révolution. Une nouvelle exhumation, autorisée en 1894, permit de reconnaître l'inexactitude de l'identification tentée
auparavant. La question reste donc entière pour ceux que tente
cette énigme et qui se plaisent à créer, autour du sort de
ce malheureux prince, des légendes plus ou moins fantaisistes.

Sainte-Marguerite renfermait autrefois quelques statues et quelques peintures qui ont disparu. Mais elle a reçu depuis de nouvelles œuvres d'art, provenant de paroisses supprimées.

Le monument présente un aspect simple et pauvre.

Il affecte, à l'extérieur, la forme d'une croix, qui se termine par un mur droit, sans abside (Pl. 14).

La façade elle-même n'est qu'une haute muraille, qui s'est enrichie, sous la Restauration, de quatre pilastres simulés.

On entrevoit, au chevet de la chapelle de la Vierge, un ancien bas-relief qui figure *La Vierge et l'Enfant Jésus*. Cette sculpture, qui date du xviii° siècle, a été attribuée au curé Jean-Baptiste Goy.

L'intérieur de l'édifice n'offre guère d'intérêt. On remarquera toutefois la décoration assez ingénieuse de la chapelle des Ames du Purgatoire, qui a été construite sur un terrain dépendant de l'ancien cimetière. Cette chapelle a été édifiée par l'architecte Victor Louis, à qui l'on doit le théâtre de Bordeaux et une partie des bâtiments du Palais-Royal. Un ensemble d'ornementation peinte en trompe-l'œil, par Brunetti fils, simule une curieuse ordonnance de colonnes, de statues et de bas-reliefs.

Deux peintures, imitant le bas-relief, occupent toute la longueur de la chapelle : c'est, à droite, *Jacob expirant au milieu des siens*, à gauche, les *Funérailles du Patriarche*. Ces grisailles, fort détériorées, se développent au-dessus d'une sorte de portique formé par un ordre de colonnes ioniques qui jouent le marbre blanc. Dans les entrecolonnements, se détachent des figures allégoriques qui « ont trait à la brièveté de la vie ».

Au fond de la chapelle, une arcade s'ouvre sur une toile qui évoque, en une vision quelque peu désordonnée, le *Passage des âmes du Purgatoire au ciel*. Cette composition, aux tonalités

vives, mais confuses, a été peinte par Gabriel Briard, en 1761 ;
elle est aujourd'hui en fort mauvais état. Sur la muraille, deux
groupes en grisaille, simulant des sculptures, évoquent, à
droite, les *Vertus théologales*, à gauche, les *Vertus cardinales*.

Derrière l'autel, se trouvent les restes du tombeau d'Antoine
Fayet, fondateur de l'église. On voit une table en marbre noir
portée par quatre anges en marbre blanc. C'est une œuvre d'un
travail grossier, qui date du commencement du xviiᵉ siècle. On
conte que ce monument resta longtemps enfoui dans le chœur,
à cause de la nudité des anges dont il était orné.

La voûte de la chapelle est décorée de caissons à rosaces
peintes en grisaille et imitant la pierre sculptée.

L'église Sainte-Marguerite renferme quelques œuvres d'art
intéressantes.

Contre le mur gauche de la nef, on voit une curieuse peinture
sur bois, de Salviati, qui représente le *Christ descendu de la
Croix*. Sur un fond de paysage, au milieu d'une foule de soldats, de disciples et de saintes femmes, apparaît le cadavre du
Christ, soutenu par Joseph d'Arimathie, dans lequel on reconnaît la figure d'Henri II. On retrouve dans cette composition
habile la grâce un peu maniérée du maître italien.

Cette œuvre qu'on avait crue perdue, pendant longtemps, a
été exécutée par Salviati pendant son séjour en France, entre
1554 et 1556. Elle avait été entreprise pour la chapelle d'Orléans, à l'église des Célestins.

Le mur de droite est décoré d'une peinture sur bois, de la
fin du xviiᵉ siècle, qui évoque le *Massacre des Innocents*. On
trouve dans cette composition, qu'on a voulu attribuer à Luca
Giordano, un mélange des procédés de l'école flamande et du
style italien.

La chaire, d'un bon travail dans le style du xviie siècle, est ornée de bas-reliefs en bois.

La chapelle Sainte-Marguerite, qui s'ouvre dans le transept gauche, renferme deux toiles du xviie siècle : l'une représente le *Christ portant sa croix*, sur un fond d'architecture qui rappelle la manière de Poussin ; l'autre, qui semble être une ancienne bannière, représente sainte Marguerite. On y voit également deux toiles du xviiie siècle : le *Christ lavant les pieds des apôtres*, tableau attribué à La Fosse, et l'*Apothéose de saint Vincent de Paul*.

Un tableau, peint par Lagrenée en 1765, figure *Saint Ambroise présentant à Dieu les lettres de Théodose*. C'est à propos de cette composition, d'un style correct, mais bien terne, que Diderot observait, non sans à-propos : « Le sujet est froid, le peintre aussi. » Une toile de Jean Restout montre, au milieu d'une assemblée de religieuses et de grandes dames en costumes Louis XIII, *Saint Vincent de Paul institué par saint François de Sales comme supérieur des dames de la Visitation* (Pl. 15).

La chapelle de la Vierge, qui fait vis-à-vis à la précédente, dans le transept droit, renferme une *Adoration des Bergers* et une *Descente de croix*, du xviie siècle ; un tableau de Louis Galloche (1732) qui évoque l'Institution des enfants assistés ; les costumes, empruntés au grand siècle, ne sont pas toujours d'une parfaite vérité historique. On voit encore, dans cette chapelle, une Visitation de Suvée (1781), un tableau de frère André, qui figure dans un intérieur d'église, *Saint Vincent de Paul prêchant aux pauvres de l'hôpital au nom de Jésus* et un buste de Jean-Pierre Haumet, curé de la paroisse, par Doublemard.

La porte qui donne accès à la chapelle Saint-Joseph, dans le côté gauche du chœur, est ornée d'un *Christ en croix*, peint dans la manière de Le Brun, et d'une toile de frère André qui montre

Pl. 15.

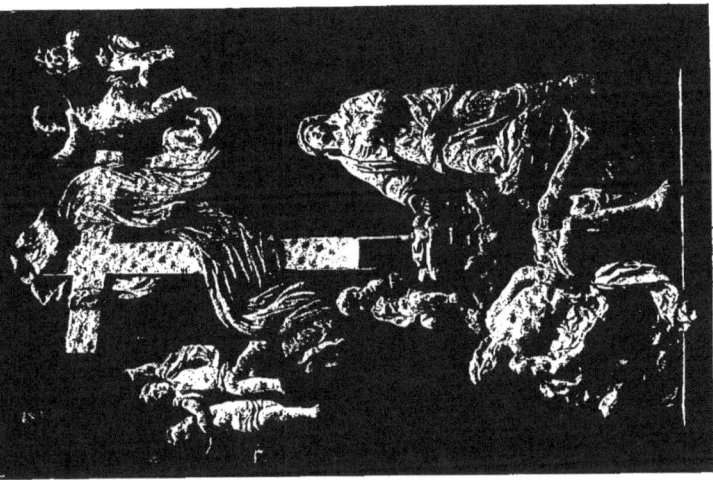

SAINT VINCENT DE P... INSTITUÉ SUPÉRIEUR DES DAMES
DE LA VISITATION, PAR JEAN RESTOUT.

DESCENTE DE CROIX, P... OURRISSON ET LE LORRAIN,
SUR LES DESSINS DE GIRARDON.

SAINTE MARGUERITE.

(Pages 52 et 53.)

Pl. 16.

ASSOMPTION.

(Page 54.)

Saint Vincent de Paul présentant une religieuse à la reine Anne d'Autriche.

Au-dessus de la porte de la sacristie, une peinture de Gleyre représente la Vierge sur un trône, entourée des apôtres.

Contre la muraille qui ferme l'édifice, un beau groupe en marbre blanc : *Le Christ descendu de la croix* (Pl. 15). Cette œuvre, exécutée par Eustache Nourrisson et Robert Le Lorrain, d'après les dessins de Girardon, est un fragment du monument qui décorait, à Saint-Landry, le tombeau de Catherine Duchemin, femme de Girardon, qui peignit des fleurs et des fruits et fut reçue membre de l'Académie royale.

Une inscription, placée au bas du monument, rappelle la restauration accomplie par l'architecte Godde, qui a réuni les fragments épars de ce groupe.

L'ASSOMPTION

Les religieuses des Haudriettes, qui élevèrent cette chapelle, doivent leur nom à un Parisien, Jean Haudri, qui s'en alla, au xive siècle, au pèlerinage de Saint-Jacques-de-Compostelle. Il y demeura si longtemps, dit-on, que sa femme le tint pour mort ; se croyant veuve, elle voulut se consoler dans la compagnie de celles qu'un pareil malheur avait frappées. Lorsque son mari revint, il trouva sa maison convertie en un couvent de veuves. Il n'en fut pas autrement ému, si l'on en croit la tradition, et loin de blâmer sa femme, il approuva la fondation et l'enrichit de ses libéralités.

Trois siècles après, le cardinal François de La Rochefoucauld, désirant soumettre les dames des Haudriettes à une règle plus étroite, leur ouvrit un couvent dans la rue Saint-Honoré. Ces religieuses firent bientôt construire une église, de vastes dimensions, dont les plans furent demandés à Charles Errard le jeune, architecte et peintre, qui fut le premier directeur de l'Académie de France à Rome. Les travaux, commencés en 1670, furent terminés en 1676.

La Révolution dispersa les religieuses. Sur l'emplacement occupé jadis par les bâtiments conventuels, on a ouvert la rue Mondovi, une partie de la rue du Mont-Thabor, et on a prolongé la rue Cambon.

L'église, transformée pendant quelque temps en magasin pour les décors de l'Opéra, fut rendue au culte, après le Concordat, et affectée au service de la paroisse de la Madeleine. Quand cette église fut achevée, on en fit une chapelle des catéchismes. Elle sert également d'église à la colonie polonaise établie à Paris.

En face de cet édifice s'élevait autrefois une maison qui fut habitée par Robespierre : l'immeuble a disparu, lors de l'ouverture de la rue Duphot.

Il était de règle alors qu'une église importante eût un dôme. Le maître entrepreneur Chéret, auquel Charles Errard avait confié l'exécution de son plan, n'a pas manqué de suivre, à cet égard, le goût de son temps, sans trop s'inquiéter des limites que le projet de l'artiste semblait lui imposer (Pl. 16). Aussi cette œuvre fut-elle vivement critiquée. La coupole de l'Assomption fut bientôt connue dans Paris sous le sobriquet de *Sot dôme.*

Il est certain qu'elle paraît beaucoup trop ample et trop élevée pour la petite superficie qu'occupe l'édifice. Chéret, qui

déforma l'œuvre de Charles Errard, n'a même pas ménagé un recul suffisant pour permettre d'apprécier l'effet de cette architecture, et la voûte ne s'aperçoit qu'avec peine.

En lui-même, ce dôme est pourtant d'une structure élégante.

La rotonde s'appuie sur un soubassement que couronne une corniche, décorée de guirlandes de fleurs et de fruits. Au-dessus règne un pourtour, percé de baies rectangulaires, entre lesquelles sont creusées des niches ornées de sculptures. La coupole, recouverte en ardoise, est sillonnée de nervures saillantes, en plomb. Elle est terminée par une lanterne qui repose sur des colonnes renversées et qui porte une boule surmontée d'une croix.

Le portique s'élève au-dessus d'un perron précédé d'une grande cour. Il présente une ordonnance toute classique, avec une rangée de colonnes d'ordre corinthien que couronne un frontontriangulaire.

Ce portail est d'un dessin correct et élégant : il serait d'un bel effet, s'il ne paraissait par trop grêle auprès de la masse du dôme qui le surplombe et qui l'écrase.

L'intérieur de l'église, en forme de rotonde, est partagé en huit travées, séparées par des pilastres corinthiens qui supportent une corniche, décorée de motifs sculptés. Des caissons à moulures dorées agrémentent la coupole.

Mais le même vice de construction qui nuit, à l'extérieur, à l'aspect du dôme et du portique, a détruit l'harmonie de l'ordonnance intérieure. L'élévation de la voûte, que ne dégagent pas les amples arcades d'une nef et de transepts, oppresse le visiteur ; il aperçoit difficilement la vaste peinture qui figure, sur la coupole, l'*Assomption de la Vierge*. Et cela est fort regrettable, car cette composition, d'une exécution aisée et brillante, est une des meilleures œuvres de Charles de La Fosse.

L'église renferme en outre quelques toiles intéressantes. Au-dessus de la porte d'entrée, on voit un bon tableau de Louis de Boullongne : *Saint Germain donnant une médaille à sainte Geneviève.*

Le retable de l'autel, qu'encadrent des colonnes cannelées d'ordre corinthien, est décoré d'une *Annonciation* peinte par Vien, en 1763.

Dans l'arcade de gauche, on voit une toile de Suvée (1779) : la *Nativité de la Vierge*; au-dessus, une *Adoration des Bergers*, œuvre de l'école italienne du XVIII° siècle.

La chapelle de la Vierge, disposée dans l'arcade de droite, renferme une composition de Van Loo, d'une belle ordonnance, qui figure l'*Adoration des mages*.

NOTRE-DAME DES BLANCS-MANTEAUX

Cette église doit son nom et son existence à un très ancien monastère fondé, en 1258, par les serfs de la Vierge qu'on surnomma les Blancs-Manteaux, à cause de la couleur de leur costume.

Cette congrégation n'eut qu'une existence éphémère; elle se dispersa, quand Grégoire X décréta la dissolution des ordres mendiants. Elle fut alors remplacée par les Guillemites, ou Ermites de saint Guillaume, qui se réunirent, en 1618, aux Bénédictins réformés et jurèrent obéissance à la règle de saint Benoît. Bien que ces religieux fussent vêtus de noir,

leur couvent conserva le nom qu'il tenait de ses premiers hôtes.

C'est dans l'église monastique des Blancs-Manteaux qu'on apporta le corps du duc d'Orléans, qui fut assassiné dans la rue Vieille-du-Temple, comme il sortait de l'hôtel Barbette, situé à proximité. Le meurtrier, Jean Sans-Peur, affectant une grande douleur, vint s'agenouiller près du corps de sa victime, en maudissant hautement les assassins.

L'église tombait en ruines, ainsi que le couvent, lorsqu'on entreprit, au xviie siècle, la construction d'un nouvel édifice. La première pierre fut posée, en 1685, par le chancelier Le Tellier. Les travaux se poursuivirent sous la conduite de Charles Duval, architecte et maître maçon.

Ce monastère a été, depuis le xviie siècle jusqu'à la Révolution, un centre d'érudition bénédictine presque aussi important que celui de Saint-Germain des Prés. C'est là que furent entreprises les recherches historiques qui ont illustré le nom de cette compagnie : parmi les ouvrages qui y furent composés, il faut citer deux recueils importants : l'*Art de vérifier les dates* et la *Nouvelle Diplomatique*.

Les religieux avaient réuni une bibliothèque fort riche qui contenait plus de vingt milles volumes. Dom Brial, dom Clément et dom Labbat, membres de la congrégation, protestèrent hautement, au nom de leur communauté, quand les commissaires délégués par l'Assemblée Constituante vinrent apposer les scellés sur les bâtiments conventuels. Ils obtinrent l'autorisation d'emporter avec eux les livres qui leur étaient nécessaires pour leurs travaux.

Par la suite, le monastère a été utilisé pour l'installation du Mont-de-Piété. On a également ouvert, sur une partie de l'emplacement de l'ancien couvent, la rue des Guillemites dont le

nom évoque le souvenir de l'ordre hospitalisé jadis en cet endroit.

L'église, rendue au culte après le Concordat, est devenue paroissiale. On y célébrait officiellement, sous la Restauration, le 21 janvier et le 6 octobre, les services anniversaires de Louis XVI et de Marie-Antoinette. A l'évangile, l'officiant montait en chaire et donnait lecture du testament de Louis XVI, tandis que les troupes présentaient les armes.

Au cours du xixᵉ siècle, l'édifice a subi diverses modifications qui ont sensiblement altéré sa physionomie primitive.

L'église, lors de sa construction, était restée dépourvue de façade. On lui en donna une quand on démolit, en 1863, à l'occasion du percement du boulevard Saint-Michel, l'ancienne église des Barnabites, qui occupait, dans la Cité, l'emplacement où s'élève aujourd'hui le tribunal de Commerce. On conserva le portail de ce monument qu'on transporta, pierre par pierre, et qu'on appliqua contre la façade des Blancs-Manteaux.

En même temps, on agrandit l'église, en lui ajoutant une travée du côté de la porte d'entrée. La chapelle dédiée à sainte Geneviève, qui s'ouvre sur le bas côté droit est également de construction moderne. En 1864, l'église s'est plus heureusement enrichie d'une chaire flamande, d'un travail fort curieux, qui est le principal attrait de cet édifice.

L'église des Blancs-Manteaux n'offre guère d'intérêt au point de vue architectonique. Elle se ressent d'abord des divers remaniements qu'elle a subis, ensuite de l'absence de goût et de méthode apportés, dans sa construction, par l'architecte qui en dressa les premiers plans.

La façade, d'un style lourd et conventionnel, comporte deux étages : au rez-de-chaussée, s'ouvrent trois baies encadrant

des portes. La porte centrale est flanquée de pilastres doriques Les portes latérales sont couronnées d'un fronton.

L'étage supérieur comprend une grande fenêtre, ornée de pilastres ioniques et surmontée d'un fronton sur lequel se détache une gloire à rayons.

L'intérieur manque d'élévation et surtout d'ampleur. La nef est beaucoup trop longue, pour la largeur très restreinte qui lui a été donnée. Et ce défaut s'aggrave de la monotonie des pilastres corinthiens qui supportent les arcades, décorées, dans leur partie supérieure, de médaillons sculptés et de guirlandes de fleurs.

La nef est flanquée de bas côtés étroits. Celui de gauche est creusé de petites chapelles latérales. Celui de droite donne accès dans la chapelle Sainte-Geneviève, séparée de l'église par un mur plein et par trois grandes baies vitrées. L'église n'a pas de transept.

L'ornementation générale de l'édifice est assez pauvre. Mais l'édifice renferme quelques morceaux de décoration fort intéressants.

Le buffet d'orgues, avec la tribune qui le supporte, forme une riche boiserie exécutée, en 1863, sur les dessins de l'architecte Varcollier. Dans le bas, entre trois grandes portes cintrées, on remarque six colonnes cannelées, à chapiteaux ioniques, d'un beau travail. Ces colonnes, sculptées au xviie siècle, proviennent, ainsi que la galerie supérieure, de l'orgue de Saint-Germain des Prés.

On trouve également à l'entrée deux beaux bénitiers en marbre blanc, du xviiie siècle.

Mais les regards du visiteur s'attarderont sur la chaire à prêcher, toute brillante de dorures et rehaussée de sculptures et de moulures du goût le plus délicat (Pl. 17). C'est un chef-

d'œuvre de décoration et un bijou d'orfèvrerie. On ne saurait trop admirer l'ingéniosité et la grâce de cette ornementation du xviiie siècle où d'élégants médaillons en marqueterie, qui symbolisent des scènes de l'Écriture, enchâssent leurs fines ciselures dans des cadres d'une éclatante richesse. Les sujets allégoriques qui s'encastrent dans les cartouches de la balustrade et du corps de la chaire dessinent de véritables mosaïques, composées avec une habileté extrême. Les figures et les mains des personnages sont en ivoire, les vêtements en bois, les chapiteaux des colonnes en étain. Les scènes bibliques se développent dans un encadrement en bois clair, du plus pur style rocaille, où se détache un médaillon en étain sur lequel est gravée l'explication de la scène.

Les délicates arabesques de ces gracieux cartouches s'inscrivent dans de riches bordures chantournées, en bois doré, qu'interrompent les saillies des consoles renversées.

L'abat-voix, sculpté de dorures et d'ornements en mosaïque, est décoré des statuettes peintes des *Évangélistes*. Au sommet se dresse un groupe qui montre l'*Archange saint Michel terrassant le Démon*.

Ce magnifique travail flamand date de 1749.

Le chœur est séparé de la nef par une belle balustrade en chêne, de la fin du règne de Louis XIV, qui provient d'un château des environs de Paris (Pl. 17). C'est un travail de sculpture fort remarquable. La partie centrale est garnie de balustres renflés, à chapiteaux corinthiens, que décorent des coquilles et des rinceaux.

On remarque aussi les hauts panneaux boisés du chœur, ornés de guirlandes de fleurs et d'attributs symboliques, et de belles stalles sculptées de têtes de chérubins ailés. Sur le panneau qui ferme le premier rang, à gauche, se détache en demi-

Pl. 17.

 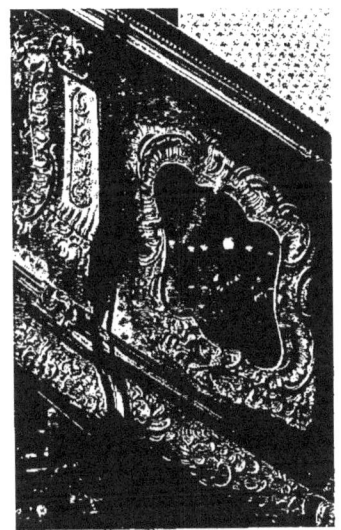

CHAIRE FLAMANDE DU XVIII° SIÈCLE (ENSEMBLE ET DÉTAIL).

BALUSTRADE DU CHŒUR DE LA FIN DU XVII° SIÈCLE.

NOTRE-DAME DES BLANCS-MANTEAUX.

(Pages 59 et 60.)

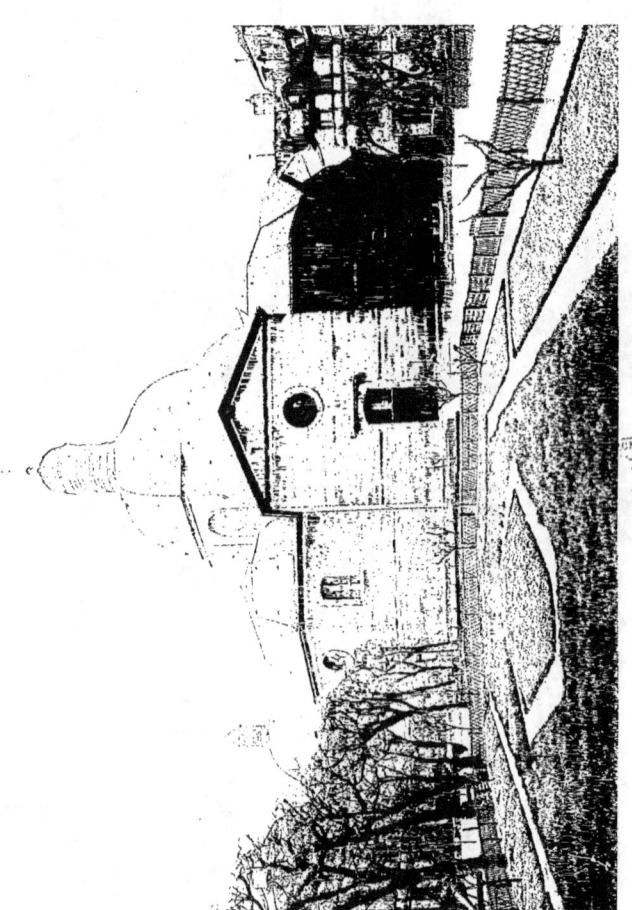

Pl. 48.

CHAPELLE DE LA SALPÊTRIÈRE, ABSIDE.

(Page 62.)

relief le profil d'un abbé en camail, agenouillé devant un crucifix.

L'église des Blancs-Manteaux renferme aussi des peintures intéressantes.

Dans la chapelle du Sacré-Cœur, qui ouvre sur le bas côté gauche, on voit une *Assomption de la Vierge*, de la fin du XVIIIe siècle.

La chapelle Sainte-Anne est décorée d'une toile, peinte par Claude Audran en 1683, qui évoque la *Multiplication des pains*.

Le bas côté droit est orné d'une *Assomption*, du XVIIe siècle, qu'on attribue à François Perrier, et d'une *Adoration de Jésus*, de la même époque, où l'on retrouve la manière de Mignard.

La chapelle Sainte-Geneviève renferme une toile exécutée par Champmartin en 1848, qui montre la sainte gardant ses troupeaux, ainsi que deux toiles du XVIIe siècle : une *Annonciation* et le *Songe de saint Joseph*.

Dans la même chapelle se trouve une chaire du XVIIIe siècle qui présente, dans des cadres finement ciselés, les figures des quatre Évangélistes.

CHAPELLE DE LA SALPÊTRIÈRE

L'hospice de la Salpêtrière fut édifié sous Louis XIII qui, peu satisfait des bâtiments de l'Arsenal, voulait élever une grande construction, de l'autre côté de l'eau. Ce monument

s'appela d'abord le Petit Arsenal ; il reçut ensuite le nom de la Salpêtrière, à cause des poudres qu'on y fabriquait. Louis XIV en fit don à l'Hôpital général, lors de la fondation de cet établissement.

En 1756, les bâtiments furent considérablement agrandis : on construisit la seconde moitié de l'immense façade qu'on voit encore aujourd'hui.

Cet édifice imposant est d'une belle ordonnance et d'une grande sobriété de style. Au milieu, et faisant corps avec les bâtiments, s'élève la chapelle, édifiée en 1687 par Libéral Bruant.

L'extérieur, d'aspect fort simple, n'offre qu'une décoration des plus modestes.

La chapelle s'annonce par trois larges baies, encadrées de colonnes ioniques engagées. Au-dessus règnent deux étages habités dont le premier, décoré de pilastres, est couronné d'un fronton circulaire.

En arrière de cette façade, se dresse une large coupole, couverte en ardoises. Ce dôme, sans ornementation et de forme assez lourde, est surmonté d'un petit campanile, d'un effet peu gracieux.

On voit, sous le porche, deux groupes, sculptés par Etex, qui représentent *Caïn* et *le Choléra de* 1832. L'entrée de l'église est fermée par une belle porte à deux vantaux, décorée de vases d'où tombent des guirlandes de fleurs.

La vue est plus pittoresque et plus intéressante, lorsqu'on contemple l'arrière de l'édifice, du côté des jardins. Le dôme surplombe un ensemble de bâtiments qui se coupent avec une heureuse symétrie et une certaine harmonie de lignes (Pl. 18).

L'intérieur accuse l'ingéniosité de ce plan et les entre-croisements curieux de cette architecture où trois nefs et cinq chapelles rayonnent autour du chœur, avec lequel elles communi-

quent par de larges et hautes arcades. C'est comme une esquisse de l'église des Invalides qui fut construite sur un dessin analogue, mais avec une ampleur et une richesse de style dont la chapelle de la Salpêtrière est tout à fait dénuée.

Cette distribution avait d'ailleurs, à l'origine, sa raison d'être : on voulait séparer les enfants, les hommes et les femmes qui étaient hospitalisés dans l'asile.

Les différentes parties de l'édifice communiquent entre elles par des arcades, au-dessus desquelles on a ménagé des baies ouvertes ou aveugles. Les chapelles affectent une forme polygonale. Les nefs sont creusées de baies aveugles renfermant des statues ou des autels.

Au centre de l'édifice, s'élève la coupole, au milieu de laquelle est placé le maître-autel qui paraît un peu grêle auprès de cette architecture massive. Les piles qui portent les arcs communiquant avec les chapelles et les nefs sont décorées de toiles aux couleurs vives.

Au reste, l'édifice n'a reçu aucune ornementation, si l'on excepte toutefois un buffet d'orgues, d'un agréable dessin, de la fin du xviiie siècle. Les murailles nues n'ont pour toute décoration que quelques statues et un certain nombre de tableaux. Ces peintures, pour la plupart anciennes, ne manquent pas d'intérêt.

On remarquera, sur les piliers de gauche de la nef, plusieurs toiles datant du xviie siècle : une *Présentation au temple* de l'école de Simon Vouet ; une *Vierge* assez expressive, de l'école bolonaise ; une *Visitation* ; un *Ecce homo*, de l'école bolonaise ; une *Annonciation* ; un *Sacrifice d'Abraham*. Sur le dernier pilier, un tableau du xvie siècle, inspiré de l'école italienne, figure la *Fuite en Égypte* .

Les travées de droite sont décorées d'une autre *Fuite en Égypte*, de l'école de Poussin, d'une *Sainte*, du xviiie siècle ; d'une

bonne composition du xvii⁰ représentant l'*Adoration des Rois ;* d'un *Saint Pierre*, très endommagé, de l'école bolonaise de la même époque. Sur le troisième pilier, on voit une *Annonciation*, peinte dans la manière de Van Loo, et un sujet allégorique du xviiᵉ siècle, qui porte la trace de fortes retouches.

Les piliers du chœur sont également ornés de tableaux. On remarque deux toiles du xviiiᵉ siècle : le *Martyre d'un saint par la hache* et la *Prédication de saint Vincent de Paul.* Un tableau du xviiᵉ siècle, imité de l'école florentine, figure *Notre-Dame-du-Rosaire ;* une autre composition, de la même époque, évoque l'*Adoration du Bambino.*

Le chœur renferme encore une *Résurrection* du frère André ; un tableau de J.-B. Le Sueur (1778) : *Marthe et Marie ;* et une *Prédication de saint François de Sales*, attribuée à François Verdier. C'est une composition habile qui se détache sur un fond de paysage.

Dans la chapelle Sainte-Geneviève, on rencontre une toile intéressante, dans le genre de Caravage : le *Reniement de saint Pierre* ; un *Baptême du Christ*, de l'école vénitienne du xviᵉ siècle ; une toile du xviiiᵉ : *Judith et Holopherne* et une curieuse composition du xviiᵉ : la *Chute des Anges.*

La chapelle du Sacré-Cœur renferme un tableau, de l'école vénitienne du xviᵉ siècle, qui représente le *Lavement des pieds.*

NOTRE-DAME DES VICTOIRES

En 1609, la reine Marguerite de Valois, voulant accomplir un vœu qu'elle avait formé lorsqu'elle était assiégée à Usson,

décida de fonder un monastère pour l'ordre des Augustins
déchaussés que dirigeait son confesseur, le père Amet. Par un
contrat en bonne et due forme, elle promit aux Pères une
maison contiguë à son palais du faubourg Saint-Germain. La
fondation fut confirmée par le roi de France et autorisée par
un bref du Pape.

Mais les religieux devaient apprendre à leurs dépens que les
engagements les plus solennels ne pouvaient enchaîner l'humeur
inconstante de la reine Marguerite. Fut-elle piquée de la franchise et de la liberté avec laquelle le père Amet s'acquittait de
ses fonctions de confesseur? Ou les religieux encoururent-ils sa
disgrâce, ainsi qu'on l'a prétendu, parce qu'ils se refusaient à
chanter l'office à sa fantaisie? Quoi qu'il en soit, les pères
commençaient à peine à jouir de cet asile, quand ils en furent
expulsés, par la volonté de la souveraine.

Ils durent se borner à protester par-devant notaire, contre le
brusque retrait de la donation, et ils cédèrent la place aux
Augustins chaussés de la Réforme du père Rabache.

Pourtant ils rentrèrent bientôt en France, en 1629.
La Rochelle, cette forteresse suprême du protestantisme, venait
de tomber aux mains du roi. Ce dernier succès consacrait
l'unité de la France. Louis XIII voulut commémorer dignement
cet événement capital de l'histoire de son règne et, désireux
de témoigner sa reconnaissance à la Vierge, il fonda, pour les
Augustins, une nouvelle église qu'il dédia à Notre-Dame
des Victoires.

Il posa lui-même, en 1629, la première pierre de l'édifice
dont les plans avaient été dressés par Galopin, architecte du
roi. Interrompus pendant la Fronde, les travaux furent repris
en 1656, sous la direction de Pierre Lemuet, puis de Libéral

Bruant et de Gabriel Le Duc qui apportèrent de notables
changements au projet primitif.

Au xviiie siècle, l'église menaçait ruine. On dut la rebâtir
presque en entier. Ces nouveaux travaux ne s'achevèrent qu'en
·1740, par la construction de la façade qui fut dessinée par
Cartaud. La dépense s'était élevée à 120000 livres.

La congrégation des Petits-Pères, qui avait dû son nom à
la modestie de ses débuts, finit par être fort riche. Quand vint
la Révolution, elle se trouvait en possession d'une bibliothèque
importante, d'une riche collection de médailles et d'antiquités
et d'une série de portraits de personnages célèbres, parmi
lesquels se trouvait le portrait d'un de leurs religieux, le frère
Fiacre, peint par Rigaud. Les religieux avaient aussi constitué
un musée ethnographique et un cabinet d'histoire naturelle.

Toutes ces richesses furent inventoriées, en 1791, par une
commission de savants qui siégeait au collège Mazarin. L'église
fut érigée en paroisse, sous le titre de Saint-Augustin dont
elle reçut les reliques. Elle ne recouvra sa dénomination première qu'après le Concordat.

Notre-Dame des Victoires n'offre guère d'intérêt que par la
correction et la régularité de son dessin : c'est un des monuments
de l'époque où le style « jésuite » s'affirme dans sa forme la plus
rudimentaire et la plus ingrate.

La façade n'attire pas les regards des visiteurs, avec ses deux
ordres de pilastres ioniques et corinthiens, ses contreforts, en
forme de consoles, qui viennent buter contre deux obélisques,
surmontés d'une sphère (Pl. 19).

A l'intérieur règne une ordonnance ionique, agrémentée de
caissons, de bronzes, de dorures.

Les plans primitifs de l'édifice prévoyaient un dôme. Il ne
fut pas donné suite à ce projet. La voûte s'arrondit seulement,

à l'intersection des transepts, en une coupole sphérique, enrichie de moulures et décorée d'une gloire qu'entourent des rayons et des têtes de chérubins.

La piété des fidèles a laissé des marques nombreuses dans cette église et les murailles disparaissent presque sous les ex-voto qui couvrent leurs parois. L'ancienne affectation monastique de l'édifice s'accuse par ce chœur très profond, où jadis se réunissaient les religieux. Il est revêtu d'une haute boiserie, ciselée de fines sculptures dorées : remarquable travail exécuté, au xviiiᵉ siècle, par Bardou, un menuisier renommé.

Notre-Dame des Victoires était riche autrefois en curiosités et en œuvres d'art. On y admirait le tombeau du marquis de l'Hôpital, sculpté par Poultier, une statue de saint Augustin, due au ciseau de Pigalle. L'église renfermait des toiles intéressantes peintes par Bon de Boullongne et par Lagrenée.

Louis XIV, déférant à un vœu d'Anne d'Autriche, avait décoré avec beaucoup de luxe la chapelle de la Vierge dont les murailles étaient revêtues de marbre.

Aujourd'hui encore, le visiteur s'arrêtera devant quelques œuvres d'art dignes d'intérêt.

Un bas-relief en terre cuite peinte et dorée, sculpté par Bonnassieux, orne la chapelle des fonts baptismaux, dans le bas côté gauche. On voit saint Pierre et saint Paul baptisant leurs geôliers dans la prison Mamertine.

Un beau sarcophage se dresse dans la chapelle Saint-Jean l'Évangéliste : il renferme les cendres du célèbre musicien Lully, qui fut surintendant de la musique de chambre de Louis XIV, et celles du musicien Lambert, son beau-père.

Le monument, en marbre noir, repose sur quatre consoles : de chaque côté sont assises deux *Pleureuses*, sculptées par Michel Cotton (1687) ; au-dessus, sur un socle, deux *Génies* pleu-

rant, du même artiste. Au sommet du mur, une console en
marbre blanc porte un très beau buste en bronze de Lully, par
Antoine Coysevox (Pl. 19).

Dans le bas côté droit, la chapelle de Saint-Joseph renferme
le monument élevé à la mémoire de Jean Vassal, secrétaire de
Louis XIV. Le sarcophage est orné d'un médaillon où se
détache le profil de Vassal. Au-dessus s'élève une pyramide en
marbre noir, surmontée d'une urne.

On voit dans cette chapelle une statue de la *Vérité*, par
Poultier, qui appartenait au tombeau du marquis de l'Hôpital.

Dans le transept gauche, une statue moderne de *Saint
Augustin* sculptée par Duseigneur, a remplacé l'œuvre primitive de Pigalle.

De vastes compositions avaient été commandées à Van Loo
pour la décoration de l'église. C'est encore dans le chœur de
Notre-Dame des Victoires qu'on pourra le mieux étudier la
manière de cet artiste, où la richesse du coloris et l'habileté du
pinceau s'accordent malheureusement à une inspiration froide
et à une exécution un peu molle. Les œuvres qu'il a laissées dans
cette église sont d'une composition brillante et facile, mais
d'une invention peu originale.

Les motifs des six premières toiles sont empruntés à la vie de
saint Augustin. C'est *le Baptême de saint Augustin ; Saint
Augustin prêchant devant Valère, évêque d'Hippone ; Saint
Augustin sacré évêque ; Saint Augustin discutant avec les évêques
donatistes ; la Mort du saint ; la Translation de ses reliques à
Pavie.*

Une septième toile, placée au-dessus du maître-autel, représente *Louis XIII dédiant à la Vierge l'église de Notre-Dame-
des-Victoires.* La Vierge, portée par un nuage, tend une palme
à Louis XIII. Le roi, aux côtés de qui se tient le cardinal de

Pl. 19.

TOMBEAU DE LULLI (APRÈS UN DESSIN
DE LA COLLECTION GAIGNIÈRES).

BUSTE DE LULLI
PAR ANTOINE COYSEVOX.

FAÇADE

Photo Neurdein.

NOTRE-DAME DES VICTOIRES.
(Page 68.)

Pl. 20.

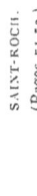

Photos Neurden.

NEUILLY (ŒUR.

FAÇADE.

SAINT-ROCH.

(Pages 71-72.)

Richelieu, lui offre le plan de la nouvelle église, tandis qu'un échevin lui remet, sur un plateau d'argent, les clefs de la ville de La Rochelle.

En parcourant l'église, on s'arrêtera devant le buffet d'orgues et devant les boiseries du chœur : deux travaux de menuiserie de l'époque exécutés avec beaucoup d'habileté et de délicatesse.

SAINT-ROCH

Sur l'emplacement occupé aujourd'hui par l'église Saint-Roch, s'élevaient, au commencement du xvıe siècle, deux oratoires, les chapelles de Gaillon et des Cinq-Plaies. Grâce aux libéralités d'un bourgeois, Étienne Dinocheau, les deux chapelles furent remplacées, en 1577, par une église dédiée à saint Roch, où furent transférées en grande pompe des reliques du saint.

Cette église parut bientôt insuffisante et on résolut de construire un édifice de dimensions plus vastes. Les plans du nouveau monument furent dressés par Jacques Lemercier, l'auteur du Palais-Cardinal et de la Sorbonne ; la première pierre fut posée en 1653, par Louis XIV, en présence de la reine Anne d'Autriche.

Les travaux n'avancèrent que lentement ; l'église resta longtemps dépourvue de voûte, n'ayant qu'un plafond de bois. Ils ne reprirent activement qu'en 1719, grâce à l'intervention du banquier Law qui venait de se convertir au catholicisme et

qui, dans un généreux élan de piété, fournit les sommes nécessaires à l'achèvement de la grande nef.

Les libéralités du roi permirent aussi d'agrandir le plan
primitif de l'édifice et de lui donner, par l'adjonction à son
chevet des chapelles de la Vierge et de la Communion, puis de
la chapelle du Calvaire, ces vastes proportions qui en font une
des églises les plus étendues de Paris.

Il ne lui manquait plus, en 1736, qu'une façade dont les
plans furent confiés à Robert de Cotte, élève de Mansart, premier architecte de Louis XIV et de Louis XV, et dont l'exécution fut poursuivie par Jules-Robert de Cotte, son fils.

L'église Saint-Roch eut beaucoup à souffrir de la Révolution. Le parvis fut le théâtre d'un des épisodes les plus san-
glants de la journée du 13 vendémiaire an IV. Un détachement
des sections insurgées prit position sur le perron de l'église.
Bonaparte ouvrit sur les royalistes les feux de l'artillerie de la
Convention, puis lança à l'assaut un bataillon de volontaires.

Il fallut enlever les traces du combat et sacrifier des sculptures que la mitraille avait entamées. Des groupes sculptés par
Claude Francin, qui représentaient des Pères de l'Église et des
anges prosternés devant une croix, disparurent.

L'intérieur de l'église fut également dévasté à cette époque
et l'église fut abandonnée aux Théophilanthropes.

Une tour carrée, avec une corniche à balustrade, s'élevait
jadis sur le flanc droit du monument. Les travaux exécutés pour
le prolongement de la rue des Pyramides ébranlèrent ses fondations ; on dut la démolir.

Avant la Révolution, l'église Saint-Roch était très richement décorée. L'or, le marbre, le bronze brillaient dans les différentes parties de l'édifice qui renfermait des œuvres d'art
intéressantes et des mausolées glorieux. On admirait les monu-

ments funèbres élevés à la mémoire d'André le Nôtre qui apporta, dans la décoration des jardins, cet art noble et savant dont témoignent encore les parcs de Versailles, de Saint-Cloud, de Chantilly; du peintre Mignard, dont l'art aimable et brillant rivalisait avec le talent plus solennel de Le Brun. L'église renfermait aussi les sépultures du grand Corneille, de François et de Michel Anguier qui comptèrent parmi les sculpteurs les plus illustres du siècle de Louis XIV, de Mme Deshoulières, à qui des poésies tendres et gracieuses valurent le surnom de « Dixième Muse », de Desmarets, familier de Richelieu, qui fut célèbre en son temps par ses poèmes épiques et ses tragédies.

L'église occupe un vaste emplacement, tout en longueur. Elle s'ouvre sur la rue Saint-Honoré par une façade d'un dessin sobre et majestueux (Pl. 20). Cette façade, traitée dans le style de Mansart, a été fort admirée à l'époque et on l'a souvent copiée.

La coupe élégante des deux ordres dorique et corinthien, l'harmonieuse disposition des colonnes entre lesquelles s'encadrent de larges baies, forment un ensemble à la fois sévère et pittoresque qui s'approprie heureusement au caractère de l'édifice, s'il ne se signale par aucune fantaisie architecturale. Et le perron élevé, sur lequel se dresse ce portail, contribue à lui donner une certaine noblesse qui rachète la monotonie d'un style tant de fois répété. Toutefois, la façade se ressent déjà, dans le détail, de cet excès d'ornementation qui a fâcheusement marqué le style du xviiie siècle.

On remarquera que Saint-Roch est tourné vers le nord, alors qu'un usage symbolique avait toujours orienté les églises vers l'est. Mais l'église se trouvait dans l'alignement de la rue Saint-Honoré et les questions de plan, dès cette époque, prévalaient sur les traditions rituelles.

La distribution intérieure de l'église rompt également avec la disposition classique adoptée dans le plan des édifices religieux (Pl. 20). Elle se caractérise par un enchaînement assez curieux de quatre constructions, disposées à la suite les unes des autres et qui diffèrent par leurs dimensions, leur plan, leur système de décoration. L'architecte, qui visait à l'effet théâtral, avait dégradé à dessein l'éclairage dans cette succession de chapelles.

L'église s'ouvre par une haute et large nef, encadrée de bas côtés et de chapelles et terminée par un chœur en hémicycle dont la voûte est chargée de sculptures dorées et de peintures.

A l'intersection des transepts, une vaste coupole s'élève sur des pendentifs recouverts de peintures murales. L'ensemble est élégant, agrémenté d'une riche décoration.

A la suite de la grande nef, on entre dans la chapelle de la Vierge. Cette chapelle, de forme circulaire, présente, au rez-de-chaussée, sept arcades, encadrées par des pilastres corinthiens, qui s'ouvrent sur des bas côtés. Les clefs des arcades sont ornées de médaillons qu'entourent des branches de laurier, des palmes et des attributs symboliques.

Les travées de l'étage supérieur sont ajourées de baies en plein cintre, séparées par des pilastres d'ordre composite. Au-dessus de cette architecture, s'élève une coupole, recouverte d'une fresque fort dégradée.

On pénètre ensuite dans la chapelle de la Communion, moins grande que la précédente ; les travées du fond, disposées en hémicycle, sont encadrées de pilastres cannelés en marbre blanc, d'ordre corinthien. La coupole de cette chapelle avait été recouverte, en 1757, par Pierre, d'une fresque, aujourd'hui effacée, qui représentait le *Triomphe de la Religion*.

Dans le fond de l'église s'ouvre la chapelle du Calvaire, plus petite encore, plus mystérieuse. Elle a été fâcheusement trans-

formée, au siècle dernier, en chapelle des catéchismes. Orientée de l'est à l'ouest, elle comporte une nef terminée en forme de polygone ; elle est surmontée d'une voûte en berceau dont les arcs doubleaux reposent sur un entablement porté par des pilastres corinthiens. Une des faces latérales est percée d'arcades ; l'autre est creusée de niches abritant des groupes sculptés.

Malgré les déprédations qu'elle a subies, l'église Saint-Roch est encore aujourd'hui particulièrement riche en objets d'art et en souvenirs historiques. Elle a recouvré une grande partie de sa décoration première. Et les commandes faites par la Ville l'ont dotée d'un grand nombre d'œuvres d'art qui soutiennent la comparaison avec les œuvres anciennes.

Sur le premier pilier de gauche de la grande nef, une simple plaque en marbre, en forme de stèle, ornée d'un médaillon du grand poète, rappelle le nom de Pierre Corneille.

La chaire à prêcher, exécutée par Simon Challe en 1752, est d'un dessin original. Mais de fâcheuses restaurations ont altéré le caractère primitif de cette œuvre d'art qui était à l'origine d'une rare magnificence. Les quatre Évangélistes qui la soutiennent ont remplacé d'élégantes cariatides dorées qui symbolisaient les *Vertus cardinales*. Une belle rampe, chef-d'œuvre de Doré, maître serrurier, a également disparu. De la décoration ancienne il n'est guère demeuré que l'abat-voix qui représente le *Génie de la Vérité soulevant le voile de l'Erreur*.

La première chapelle du bas côté gauche renferme deux belles peintures murales de Chassériau : *Saint Philippe baptisant l'eunuque et la reine de Candace* et *Saint François-Xavier, entouré des peuples qu'il a convertis*. On y voit encore un beau groupe en marbre de Lemoyne, d'un mouvement gracieux, qui

figure le *Baptême du Christ* (Pl. 21). Ce groupe provient de l'ancienne église de Saint-Jean-en-Grève.

Une plaque, scellée dans la chapelle Saint-Nicolas, évoque la mémoire de Bossuet dont le corps fut transporté à Saint-Roch, avant d'être inhumé dans la cathédrale de Meaux. Cette plaque en marbre noir, portée par un aigle aux ailes éployées, reproduit l'acte de décès, tel qu'il fut inscrit dans les registres de la paroisse.

Dans la chapelle Sainte-Suzanne, un monument moderne a été élevé par les sourds-muets en l'honneur de l'abbé de l'Épée. Il est orné d'un buste en bronze, dans lequel Préault a fait revivre avec beaucoup d'expression les traits de l'abbé. Ce maître a sculpté aussi deux curieuses statuettes de garçon et de fillette qui encadrent le buste.

La première chapelle du bas côté droit, qui a plutôt l'aspect d'une salle de musée, est couverte d'inscriptions et remplie de monuments funèbres. On y voit un mausolée élevé à Mauper-tuis, le grand mathématicien, qui entreprit un voyage dans les régions arctiques, pour justifier ses théories sur la configuration de la terre. Ce savant fut aussi célèbre en son temps par les honneurs un peu excessifs qui lui furent prodigués, que par les diatribes violentes dans lesquelles la verve de Voltaire s'égaya à ses dépens.

On remarque encore un beau buste en marbre du maréchal François de Créquy, par Antoine Coysevox (Pl. 22); le monument élevé par Falconet à la mémoire de Mme de Jully, orné d'un médaillon exécuté par cet artiste (Pl. 22) ; une statue du cardinal Dubois, sculptée par Guillaume Coustou avec beaucoup de finesse et de grâce (Pl. 22); le monument de Henri de Lorraine, comte d'Harcourt, grand écuyer de France, mort en 1666; un buste de Le Nôtre, exécuté par Antoine Coysevox qui a fait revivre, dans un masque énergique et vivant, la physionomie

Pl. **21**.

LE BAPTÊME DU CHRIST, PAR LEMOYNE.

CHAPELLE DE LA VIERGE. GROUPE DE LA NATIVITÉ, PAR MICHEL ANGUIER,
ET STATUE DE SAINT JÉROME, PAR ADAM.

SAINT-ROCH.
(Pages 74 à 77.)

Pl. 22.

BUSTE DE LENÔTRE,
PAR ANTOINE COYSEVOX.

STATUE DU CARDINAL DUBOIS,
PAR GUILLAUME COUSTOU.

MÉDAILLON DE Mme DE JULLY.
PAR FALCONET.

BUSTE DE MIGNARD,
PAR DESJARDINS.

BUSTE DE FRANÇOIS DE CRÉQUY,
PAR ANTOINE COYSEVOX.

SAINT-ROCH.
(Pages 74 et 75.)

du célèbre contrôleur des bâtiments du Roi (Pl. 22) ; un buste du peintre Pierre Mignard, par Desjardins (Pl. 22).

La chapelle Saint-Étienne, qui s'ouvre également sur le bas côté droit, renferme le mausolée de Charles de Créquy, gouverneur de Paris, mort en 1687. Ce monument a été exécuté, au XVIIᵉ siècle, par Mazeline et Hurtrelle.

Dans la chapelle suivante, deux toiles intéressantes de Louis Boulanger, symbolisent les *Ames du Purgatoire* et les *Ames délivrées*.

La chapelle du Sacré-Cœur est décorée de deux toiles du XVIIᵉ siècle : l'*Apparition de Jésus-Christ à saint Pierre* et *Jésus remettant au saint les clefs du Paradis*.

Dans le transept gauche, une belle composition de Vien : la *Prédication de saint Denis*. Cette toile, d'une inspiration toute classique, contraste avec le goût fantaisiste de l'époque et annonce déjà la réaction davidienne. L'œuvre de Vien, qui date de 1767, avait beaucoup souffert du temps : elle dut subir en 1819 une importante restauration.

Sur des piédestaux, aux angles de la balustrade qui ferme la chapelle, se dressent deux statues : à gauche, un *Saint Augustin*, sculpté par d'Huez, en 1763 ; à droite, une belle statue de *Saint André*, par Pradier.

Une toile représentant le *Miracle des Ardents* est placée au-dessus de l'autel disposé dans le transept droit et fait pendant à la peinture de Vien. Ce tableau, peint par Doyen en 1767, passe pour être son œuvre la meilleure : on n'y relève toutefois qu'une certaine habileté d'exécution, servie par une inspiration médiocre et un goût peu original.

Les piédestaux de la balustrade portent deux statues en pierre de saint Léon et saint Marcel, exécutées au XVIIᵉ siècle.

Contre le premier pilier du chœur, à gauche, une belle

statue de Falconet, évoque le *Christ au Jardin des Oliviers*. C'est une œuvre pleine d'expression, d'un modelé souple et délicat. Dans les tympans qui surmontent l'arcade ouverte au fond du chœur, deux bas-reliefs personnifient la *Foi* et la *Charité*. Ce sont les derniers vestiges d'une décoration d'ensemble qui avait été entreprise dans le chœur, de 1720 à 1723, par René Charpentier, élève de Girardon.

La chapelle Sainte-Clotilde, qui s'ouvre sur le bas côté droit du chœur, renferme une toile intéressante d'Achille Devéria qui figure l'*Apothéose de la sainte*.

En pénétrant dans la chapelle de la Vierge, qui fait suite à la nef principale, on lit, sur la paroi gauche de l'arcade, une inscription, gravée sur une plaque de marbre, qui évoque le souvenir de la princesse de Conti, fille de Louis XIV et de Mlle de La Vallière.

Les tympans de cette arcade sont ornés de deux bas-reliefs du XVIIIe siècle qui symbolisent la *Justice* et la *Vérité*.

Mais le principal attrait de cette chapelle est le beau groupe en marbre de la *Nativité* qui se dresse en arrière du tabernacle, sur un socle qui occupe toute la largeur de l'arcade (Pl. 21). Cette œuvre remarquable de Michel Anguier montre la Vierge et saint Joseph agenouillés, dans un touchant mouvement d'adoration devant l'Enfant Jésus. Dans cette composition gracieuse se révèle un art à la fois précis et élégant.

Ce groupe, enlevé au Val-de-Grâce, a remplacé à Saint-Roch une *Annonciation*, qui était le principal motif de la décoration entreprise par Falconet dans la chapelle de la Vierge. De cette décoration première, il n'a subsisté qu'une *Gloire*, sculptée au-dessus de l'arcade du fond, qui projette ses rayons dorés au milieu de nuages parsemés de têtes de chérubins.

Entre les pilastres qui ornent les piliers de cette arcade, se

dressent deux piédestaux en marbre blanc, ornés de guirlandes de fruits en cuivre doré et ciselé. Le piédestal de gauche porte une belle statue de *Saint Jérôme*, exécutée, en 1752, par Adam (Pl. 21) ; celui de droite porte une statue de *Sainte Barbe*, du xviiie siècle.

Sur la voûte de la coupole se développe une composition, peinte, en 1748, par Pierre, qui figure l'*Assomption de la Vierge*. On n'entrevoit qu'avec peine les contours de cette fresque aujourd'hui presque effacée.

Tout autour de la chapelle règne un déambulatoire, où l'on remarque quelques tableaux : sur le côté gauche, *Saint Michel terrassant le démon*, toile du xviiie siècle qui a été offerte, en 1822, par les chevaliers de Saint Louis ; puis le *Triomphe de Mardochée*, peinture froide, mais bien ordonnée, de Jean Restout. Du côté droit, on voit : un *Christ en croix*, de Louis Lombart (1680) ; une peinture assez intéressante de Schnetz, représentant le *Christ et les petits enfants ;* un tableau d'une belle venue, attribué à Germain Drouais, qui évoque le *Retour de l'enfant prodigue*.

La chapelle du Calvaire a perdu son attrait principal, un très beau Calvaire sculpté par Falconet. Cette œuvre remarquable, justement admirée autrefois, a subi les vicissitudes les plus fâcheuses : mutilée sous la Révolution, elle fut remaniée sous la Restauration par Deseine, puis complètement sacrifiée, lorsqu'on transforma la chapelle du Calvaire en chapelle des catéchismes.

Deux inscriptions, l'une en latin, l'autre en français, ont été gravées par la petite-fille de Falconet, en mémoire du célèbre sculpteur et de son *Calvaire*.

On voit encore, dans cette chapelle, des deux côtés de l'autel, deux toiles intéressantes de Vien : *Le Christ et les petits enfants* et la *Résurrection de Laʒare*.

Dans l'arcade centrale de la face latérale nord, se dresse, sur un immense rocher en plâtre qui figure le Calvaire, un beau groupe en marbre : *Le Christ en croix, entre la Vierge et la Madeleine.* Les trois personnages ont été exécutés par des artistes différents. Le Christ est l'œuvre de Michel Anguier. La Vierge a été commandée, en 1856, à Bogino; la jolie statue de la Madeleine, par Lemoyne, n'est autre que le portrait de la comtesse de Feuquières, fille du peintre Mignard. On sait que Molière eut un goût particulier pour cette aimable personne dont la vertu n'égalait pas la charmante beauté. Et, si l'on en croit certains critiques, l'hommage que l'illustre écrivain rendit au pinceau de Mignard, dans son poème sur « la gloire du Val-de-Grâce » s'adressait moins au père qu'à la fille. La statue qui nous a conservé l'image de la belle comtesse, appartenait au mausolée élevé à la mémoire de cet artiste; elle en a été détachée, lorsque le monument fut donné à l'église Saint-Roch.

L'arcade de gauche renferme un groupe en plâtre, modelé par Duseigneur (1862), qui représente le *Crucifiement*. Cette œuvre restera l'une des plus importantes de cet artiste, dans la statuaire religieuse. Elle présente des figures en ronde bosse groupées d'une façon dramatique et expressive, dans le goût de certains grands calvaires bretons.

Un autre groupe colossal en plâtre fait pendant au premier, dans l'arcade de droite. Cette œuvre considérable, qui représente le *Christ au tombeau*, a été exécutée par Deseine, en 1819.

Sur la façade latérale opposée, on remarque deux toiles du xviiie siècle : *La Vierge* et *l'Enfant Jésus*.

La salle des mariages de l'église renferme également plusieurs tableaux intéressants. On y trouve une *Figure du Christ*, qu'on a attribuée à Philippe de Champaigne, un *Christ à la colonne*, de l'école italienne du xve siècle, et deux portraits

pleins de finesse, attribués à Largillière, qui représentent
M. et Mme de Beaumont, bienfaiteurs de l'église.

SAINT-NICOLAS DU CHARDONNET

Dans cette paroisse s'élevait jadis une vieille chapelle, bâtie,
au XIIIe siècle, sur des terrains incultes, où le chardon croissait
en abondance : de là vint sans doute le surnom qui s'est attaché à la paroisse.

La chapelle tombait en ruines, en 1656, quand on entreprit
la construction d'un plus vaste monument. Le peintre Le Brun,
qui habitait dans le quartier, bien qu'il fût directeur de la maison royale des Gobelins, assuma la direction des travaux.

Sa mort, en 1690, puis la mort de d'Argenson, bienfaiteur
de l'église, retardèrent la continuation des travaux qui ne
furent repris sérieusement qu'en 1707. Cependant la voûte était
encore à faire et on pouvait concevoir des craintes sérieuses
au sujet de la solidité de l'édifice à moitié construit, lorsqu'en
1763, le produit d'une loterie permit d'achever le monument.
Seule, la façade fut oubliée et l'église, aujourd'hui encore, est
dépourvue de portail. Cet oubli a permis de conserver une tour,
dernier vestige de la chapelle primitive. Cette construction,
d'ailleurs assez disgracieuse, s'adossait anciennement à la façade
de l'édifice, alors orienté de l'est à l'ouest. L'église actuelle étant
orientée du nord au sud, la tour devait disparaître, pour faire
place au nouveau portail.

Des orateurs illustres se sont fait entendre dans la paroisse
de Saint-Nicolas du Chardonnet. Saint François de Sales y

prêcha les quarante Heures : Fléchier y prononça, en 1671, son éloquente oraison funèbre du président de Lamoignon.

L'église s'élève à l'angle de la rue des Bernardins et de la rue Saint-Victor. On y accède par un étroit passage, ménagé entre des constructions privées qui masquent en partie le mur nu de la porte d'entrée. L'abside, qui a été reconstruite en 1862, se présente obliquement sur le boulevard Saint-Germain.

La seule partie intéressante à l'extérieur est le portail qui s'élève sur la rue des Bernardins, à la hauteur du transept, et dont les dessins ont été donnés par Le Brun, en 1669 (Pl. 23). Il comporte un ordre ionique et un ordre composite superposés. Le premier ordre porte un fronton décoré d'un médaillon vide et de guirlandes. Le second se termine par un toit brisé, à la Mansart.

Ce portail a été vivement critiqué par certains architectes qui ont jugé sévèrement cette intervention du peintre dans le domaine architectonique; la façade leur a paru pécher contre toutes les règles de l'art. L'œuvre semble assurément d'une exécution froide et d'un dessin assez lourd. Il n'est que juste d'observer d'ailleurs qu'elle a perdu toute une partie de sa décoration première; on n'y voit plus les deux anges, sculptés sur les rampants du fronton, qui portaient, avec des palmes et des fleurs, l'un, la croix du Sauveur, l'autre, la crosse de saint Nicolas : attributs qui, sous la Révolution, se trouvèrent transformés, d'une façon assez imprévue, en piques démocratiques.

De cette même époque date la disparition des statues de sainte Geneviève et de saint Nicolas qui se dressaient à la base des contreforts en consoles qui épaulent le premier étage.

Aujourd'hui encore, on ne peut qu'admirer le beau travail de menuiserie qui décore les vantaux de la porte. L'ornementation qui la recouvre est d'un heureux agencement et d'un joli dessin.

Pl. 23

MONUMENT DE JÉRÔME BIGNON, PAR GIRARDON.

SAINT-NICOLAS DU CHARDONNET.

PORTAIL DE LA RUE DES BERNARDINS, DESSINÉ PAR LE BRUN.

(Pages 80 et 84.)

Pl. 24.

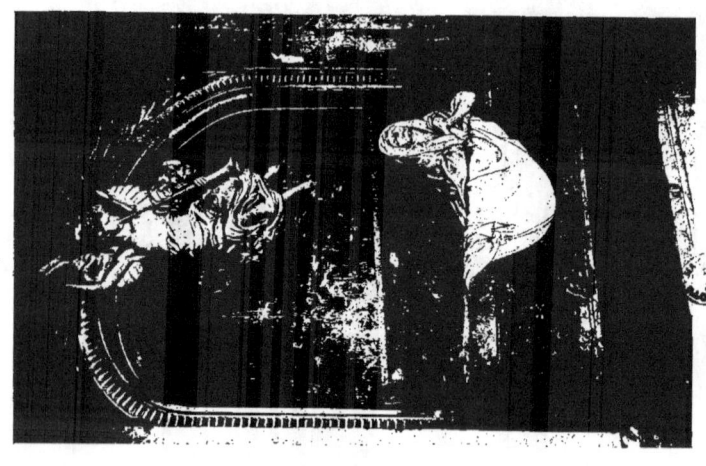

TOMBEAU DE LA MÈRE DE LE BRUN, EXÉCUTÉ PAR TUBY
ET COLLIGNON, D'APRÈS LES DESSINS DE LE BRUN.

SAINT-NICOLAS DU CHARDONNET.

(Page 86.)

TOMBEAU DE LE BRUN ET DE SUZANNE BUTAY,
PAR ANTOINE COYSEVOX.

Chacun de ces vantaux est partagé en trois compartiments. Le premier, dans le haut, présente, avec une figure d'ange, un médaillon ovale encadré de guirlandes et de consoles.

Le deuxième est orné d'un médaillon, entouré de rinceaux, et d'une bordure parsemée de feuilles.

Dans le troisième se détachent, à chaque encoignure, des caissons, sculptés de quatre petits fleurons

L'intérieur de l'église offre plus d'intérêt que l'extérieur. La nef est large, d'une ordonnance sobre et élégante.

Le pavé est formé de marbres de diverses couleurs; les piliers sont revêtus, à leur base, de plaques en marbre rouge veiné.

On remarquera les pilastres, d'ordre composite, qui sont traités dans un style assez original, avec un seul rang de feuilles d'acanthe. Cette décoration est de l'invention de Le Brun, qui se flattait, on le sait, d'avoir créé un ordre français, distinct des ordres classiques et pseudo-antiques.

Le motif dont il a fait emploi et qui se rencontre rarement dans les édifices de Paris, est, il faut en convenir, d'un effet pauvre et grêle : mais il est relevé par les sculptures qui agrémentent les arcs doubleaux de la voûte et par les panneaux sculptés des arcades, dans lesquels se détachent des médaillons du *Christ*, des *Apôtres* et des *Évangélistes*.

La boiserie des orgues, qui date de la première moitié du xviiie siècle, est d'un fort beau travail : elle est décorée de plusieurs statues de grandes dimensions.

La chaire, en bois sculpté, de la même époque, est également digne d'attention.

Le mobilier et l'ornementation du chœur datent du commencement du xviie siècle. Cet ensemble décoratif est très harmonieux, tout en restant fort simple et d'une note très discrète.

6

L'église Saint-Nicolas-du-Chardonnet est particulièrement riche en œuvres d'art et en souvenirs glorieux.

Les chapelles latérales qui s'ouvrent sur les bas côtés renferment d'intéressants tableaux des écoles française et italienne des XVIIᵉ et XVIIIᵉ siècles.

Dans la chapelle Sainte-Catherine, on voit, à gauche, un *Baptême du Christ*, par Jean Restout, à droite, une *Sainte Catherine*, qu'on a attribuée à Le Lorrain.

La chapelle des morts contient quatre curieux bas-reliefs en plâtre, qui ont été moulés sur les bas-reliefs originaux exécutés par Jacques Sarrazin pour le tombeau de Condé, de l'église des Jésuites. Les originaux, en bronze, inspirés de Pétrarque, figuraient les triomphes de la *Religion*, du *Temps*, de la *Gloire* et de la *Mort*.

Les frises qui décorent la chapelle de l'église Saint-Nicolas se rapportent au *Triomphe de la Religion* et au *Triomphe de la Mort*. Cette composition fut la dernière œuvre de Jacques Sarrazin ; il se mourait alors et il sculpta, dit-on, cette allégorie en s'inspirant de ses propres souffrances.

On voit, dans la même chapelle, une *Descente de croix*, de la première moitié du XVIIIᵉ siècle.

La chapelle Saint-Vincent de Paul, sur le même côté, est ornée d'une toile de Jollain (1773) : le *Bon Samaritain*.

Une très belle composition de Corot, le *Baptême du Christ*, décore la chapelle des fonts baptismaux, dans le bas côté droit. Les eaux paisibles du Jourdain serpentent à travers des masses légères de verdure, délicatement estompées, qu'encadrent, à l'arrière-plan, les contours imprécis des collines lointaines. Au premier plan se détachent, dans des attitudes harmonieuses, empreintes d'une grâce antique, les figures du Christ et de saint Jean-Baptiste, autour desquelles se pressent

des hommes et des femmes ; dans les airs plane un ange qui porte une banderole déployée. On ne peut qu'admirer la noble et poétique ordonnance de cette scène et le charme de ce paysage, aux lignes indécises et molles, que baigne une lumière limpide.

La chapelle suivante renferme deux toiles du xviie siècle : l'*Annonciation* et le *Songe de saint Joseph*.

De nombreuses peintures ornent les murs de la chapelle de la Communion qui s'ouvre dans le transept droit.

A gauche, sur le mur qui sépare la chapelle de l'église, une toile du xviiie siècle évoque la *Peste de Milan*. La signature, presque effacée, semble être celle de Ménageot. A côté, le *Repos en Égypte*, composition correcte, mais conventionnelle, de Lagrenée.

Le mur droit est orné d'un tableau du xviiie siècle, de l'école italienne, qui figure des *Anges pleureurs*.

Dans la chapelle, on voit, sur le mur de droite : *Jésus et la Samaritaine* (xviie siècle); la *Présentation* (xviiie), la *Mort d'Isaac et Job sur le fumier*, œuvres de l'école italienne du xviie siècle.

Sur le mur de gauche : un *Mariage de la Vierge*, du xviiie siècle, une toile qui représente, dans des costumes du xviie siècle, *Sainte Thérèse accompagnée de son père* ; une *Sainte Famille*, de l'école italienne ; une *Pentecôte*, peinte dans la manière de Jean Restout.

Deux toiles de Noël-Nicolas Coypel, d'une composition habile, mais froide, décorent le fond de la chapelle : à droite, la *Manne*, à gauche le *Sacrifice de Melchisédec*. Entre ces deux peintures se trouve un tableau qui figure les *Disciples d'Emmaüs*. Des descriptions anciennes l'attribuent à un peintre appelé Saurin, dont aucune œuvre, aucun autre témoignage, ne permet d'établir l'existence.

D'autres œuvres d'art décorent les murs des chapelles ouvertes dans les bas côtés du chœur.

La chapelle de Saint-Pierre, dans le côté gauche, renferme une peinture du XVIIe siècle : le *Repentir de saint Pierre ;* et une toile de Sacquespée (1678) : la *Mort d'Ananias.*

Dans la chapelle de Saint-Bernard, on trouve un autre tableau de ce même peintre qui évoque la réunion du *Concile d'Étampes*, en 1130. Ce concile, convoqué pour mettre fin au schisme créé par la compétition d'Anaclet et d'Innocent II, s'en était remis à l'arbitrage de saint Bernard. L'abbé de Clairvault, après avoir dit une messe, se prononça en faveur d'Innocent II. La toile montre le saint officiant au milieu de ses religieux.

Une inscription, gravée dans cette chapelle, a été composée par Rollin en l'honneur du poète Santeul dont on vantait au XVIIe siècle les poésies latines et les bons mots. Il est surtout connu aujourd'hui par la légende curieuse créée par Saint-Simon autour de sa mort. Si l'on s'en tient à ce témoignage, d'ailleurs suspect, il aurait péri, victime d'une très mauvaise plaisanterie du duc de Bourbon, son élève, qui aurait versé dans son verre le contenu de sa tabatière.

La chapelle Saint-Clair renferme deux toiles, peintes vers 1750 : *Saint Victor* et le *Martyre de saint Jean l'Évangéliste.*

La chapelle Saint-Victor, dans le côté droit, est décorée d'un *Martyre de saint Adrien*, peint au XVIIe siècle dans la manière de Rubens, et d'un *Martyre de saint Victor* qui date de 1780.

Dans la chapelle Saint-François de Sales se trouve le beau monument élevé par Girardon à la mémoire de Jérôme Bignon, avocat général au Parlement de Paris (Pl. 23). Ce mausolée, d'une belle noblesse de style, est décoré d'un bas-relief plein d'expression qui montre, dans le soubassement, *Saint Jérôme se*

frappant la poitrine. Le tombeau supporte un remarquable buste de Jérôme Bignon, sculpté par Girardon. « Il le représente parfaitement, dit un écrivain du temps, quoique ce sculpteur n'ait jamais vu l'original. » De chaque côté du buste, se détachent les figures symboliques de la *Vérité* et de la *Justice*, vertus inséparables, sans doute, de la fonction d'avocat général.

Le cénotaphe est couronné par une draperie, appliquée contre la muraille, sur laquelle se dressent deux statues en demi-relief : la *Foi* et la *Science*. Ces allégories encadrent un bon portrait de *Saint François de Sales*, peint dans la manière de Philippe de Champaigne.

Dans la chapelle Sainte-Thérèse, un tableau, composé en 1750, figure l'*Extase de la sainte* ; on l'a attribué, sans grande vraisemblance, à Natoire. La chapelle renferme en outre un *Christ en croix*, peint vers 1610, et un confessionnal sculpté, d'un bon travail, dans le style du XVIIIe siècle.

La chapelle des catéchismes a été bâtie hors œuvre ; c'est une construction sans caractère. Mais on y a transporté quelques œuvres d'art dignes d'attention.

Une bonne composition, qu'on a attribuée à Le Brun, figure la *Résurrection* ; une toile du XVIIIe siècle montre *Jésus guérissant un malade*. On y voit aussi une *Adoration des Bergers*, de Luca Giordano ; un *Saint Bruno en prière*, de Jean Restout ; un *Mariage de la Vierge*, de l'école de Coypel, et une peinture sur bois, du XVIIe siècle, fort dégradée, qui figure un *Christ en croix*.

Le presbytère renferme une autre *Crucifixion*, avec un décor pittoresque de rochers et de châteaux qu'anime une foule de cavaliers et de personnages. Ce tableau porte la marque de l'école flamande : on l'a attribué à Breughel le jeune.

Mais la principale curiosité de l'église Saint-Nicolas du Chardonnet est la chapelle dédiée à saint Charles Borromée,

patron du célèbre peintre Charles Le Brun qui prit une part active à la construction et à l'embellissement de l'église. L'artiste orna cette chapelle qui servait à la sépulture de sa famille, avec un goût qui permet d'apprécier son génie décoratif. L'attention se porte surtout sur le magnifique mausolée qu'il fit ériger à la mémoire de sa mère (Pl. 24). Il donna le dessin du monument qui fut exécuté par Tuby et Collignon. C'est une composition pathétique, sans emphase, et dont la vigoureuse simplicité touche à la grandeur. La mère de Le Brun sort de son sépulcre ; elle lève les yeux au ciel dans un élan de suppliante adoration. Un ange plane sur le tombeau, dans une attitude pleine de grâce et de légèreté.

Un autre monument, sculpté par Antoine Coysevox, consacre la mémoire du grand peintre et de sa veuve, Suzanne Butay (Pl. 24).

Sur le soubassement, se détachent deux statues : la *Pénitence* et la *Piété* qui foule aux pieds les attributs de la peinture et des arts. Le mausolée porte une pyramide, décorée d'un buste de Le Brun, d'un beau modelé.

Deux toiles de Charles Le Brun, d'un dessin correct et élégant, complètent cet ensemble, d'une grande richesse décorative.

L'une, placée contre la paroi de gauche, montre saint Charles, agenouillé devant un crucifix. La corde au cou, il s'offre à Dieu, pour son peuple de Milan, frappé de la peste.

Sur le plafond, se développe une composition murale qui représente l'archange Gabriel remettant au fourreau l'épée des vengeances célestes.

Parmi les autres sépultures que renfermait autrefois l'église, il faut mentionner celle de Pierre de Chamousset, l'inventeur de la petite poste aux lettres parisienne.

SAINT-THOMAS D'AQUIN

En 1622, le cardinal de Richelieu fondait le Noviciat général des Jacobins ou Dominicains. Cet ordre eut d'abord pour retraite une maison, entourée de jardins, dans une rue à laquelle il donna le nom de son patron, saint Dominique. Mais, en 1682, les religieux qui s'étaient enrichis et se trouvaient à l'étroit, pour hospitaliser leurs novices, entreprirent la construction d'un plus vaste monastère.

Ils commencèrent par édifier une église, dont la première pierre fut posée par le dominicain Hyacinthe Serroni, premier archevêque d'Albi, et par Anne de Rohan Montbazon, duchesse de Luynes. Pierre Bullet, l'architecte de la Porte Saint-Martin, donna les plans de l'édifice. Les travaux, commencés en 1682, étaient terminés l'année suivante. Mais le monument fut agrandi et embelli, à diverses reprises ; il n'a été achevé que vers 1770.

Sous la Révolution, l'église fut pillée, puis abandonnée aux Théophilanthropes qui s'y installèrent pour y fonder leur religion. Elle reçut alors le nom de Temple de la Paix qui ne porta pas bonheur aux nouveaux convertis : des dissidences se produisirent bientôt qui amenèrent la ruine de la secte. L'église, sous le vocable de Saint-Thomas d'Aquin, fut rendue au culte en l'an XI.

Les bâtiments conventuels, contigus à l'église, ont été transformés, sous la Révolution, en un dépôt d'armes anciennes. Ce fut l'origine du Musée d'artillerie qui, après avoir occupé long-

temps les locaux de l'ancien couvent, a été transporté à l'Hôtel des Invalides. L'ancien monastère est aujourd'hui affecté aux services techniques de l'artillerie.

Saint-Thomas d'Aquin a renfermé les sépultures de plusieurs grands personnages, parmi lesquels le duc de Navailles et le marquis de Vardes, le favori de Louis XIV, célèbre par son esprit et ses galanteries, qui fut exilé pour avoir voulu contrarier les amours du Roi et de Mlle de La Vallière.

La façade s'ouvre par un portail qui a été rebâti, en 1787, par frère Claude. Ce religieux n'était pas le seul de son ordre à consacrer ses loisirs à des travaux artistiques. De tout temps, les Dominicains avaient compté des artistes qu'animait sans doute l'exemple de Fra Angelico et de Fra Bartholomeo. Le frère André enrichit Saint-Thomas d'Aquin d'un grand nombre de toiles dont quelques-unes sont restées et sont encore un des principaux ornements de l'église.

La façade, de style « jésuite », est d'un dessin correct ; mais elle est dépourvue d'originalité et de caractère. (Pl. 25). Elle comporte un ordre dorique et un ordre ionique superposés, que couronne un fronton. Des sculptures sur bois, d'une exécution habile, mais d'un dessin pauvre, décorent la porte d'entrée.

L'intérieur est riche et élégant (Pl. 25). L'église a la forme d'une croix grecque. La nef présente une série d'arcades qu'encadrent des pilastres corinthiens, au-dessus desquels règne une corniche, surchargée de moulures et de motifs sculptés.

A l'intersection des transepts, s'élève une coupole ornée de peintures, entre lesquelles se déroulent de larges banderoles. La décoration en est riche, mais un peu lourde.

Le maître-autel se dresse dans une large baie, au-dessus de laquelle rayonne une gloire, entourée de nuages et de chérubins. De cette gloire tombe une belle draperie, en bronze doré.

Pl. 25.

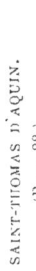

NEF ET CHŒUR.

SAINT-THOMAS D'AQUIN.

(Page 88.)

Photo Neurdein.

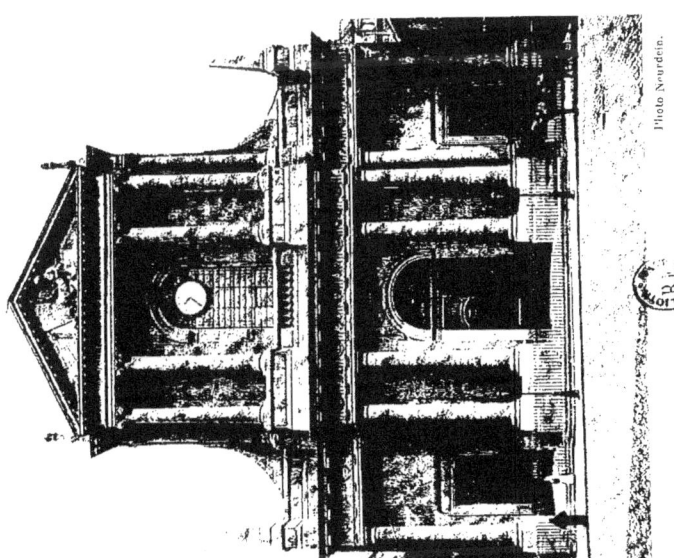

Pl. 26.

Photo Neurdein.

FAÇADE DE LA COUR D'HONNEUR.   CHŒUR.

SAINT-LOUIS DES INVALIDES. ÉGLISE DES SOLDATS.

(Pages 92 et 93.)

d'or moulu, dont les pans relevés dessinent un élégant pavillon
au-dessus de l'autel.

On entrevoit, derrière la baie, l'ancien chœur des religieux
qui fut pratiqué à la suite du sanctuaire, pour la commodité des
pères. Ce sanctuaire, qui a été transformé en une chapelle
dédiée à saint Louis, était revêtu jadis d'un beau lambris, avec
un double rang de stalles, que décoraient des sculptures de
François Romié et des peintures du frère André. De la décoration première, il ne subsiste aujourd'hui qu'un beau plafond
de François Lemoyne qui représente la *Transfiguration*. Dans
cette vaste composition, d'une belle ordonnance, d'un coloris
délicat et nuancé, ce peintre a montré son goût des formes
souples et des attitudes harmonieuses.

L'église, aujourd'hui encore, renferme un certain nombre
de toiles qui ne manquent pas d'intérêt.

Dans le collatéral gauche, on remarquera un *Christ en
croix*, de l'école de Le Brun.

Dans la chapelle Saint-Dominique, qui s'ouvre sur ce bas
côté, un *Saint Thomas d'Aquin en extase*, de Frère André, et
un tableau peint, en 1639, par Aubin Vouet : *Saint Pierre reçu
par le centurion Corneille*.

Dans le bas côté droit, la chapelle Saint-Joseph est décorée
d'un tableau de frère André, l'*Éducation de Jésus*, et d'une
toile peinte par Lahyre, en 1637, qui représente la *Conversion
de saint Paul*.

La chapelle du Rosaire, dans le transept gauche, est ornée
d'une *Catherine de Sienne*, de la fin du XVIIIe siècle, par
Jean Touzé, et de plusieurs toiles exécutées par Blondel. On doit
aussi à cet artiste les peintures murales qui couvrent la voûte
et les pendentifs de la coupole.

Dans le transept droit, on voit un *Saint Louis*, peint par

Touzé. La chapelle, disposée au fond du transept, est revêtue de peintures de Blondel qui a également contribué à la décoration de la chapelle Saint-Louis, dans l'abside.

Deux peintures murales d'Abel de Pujol, représentant *Saint Pierre et Saint Paul*, ornent les piliers du chœur.

On remarque, dans la sacristie des mariages, une *Pieta*, de l'école italienne du xviii° siècle, et un *Saint Jean Népomucène*, par le frère André.

Un autre tableau, du même auteur, placé dans la sacristie des messes, montre *Saint Dominique expliquant ses constitutions à ses religieux*. Cette sacristie est décorée de beaux panneaux, en bois sculpté, de style Louis XV.

La chapelle des catéchismes, située au deuxième étage, renferme un tableau de Michel Van Loo, le père du grand peintre, qui représente *Saint Germain l'Auxerrois donnant une médaille à sainte Geneviève :* on y trouve aussi une composition correcte, mais froide, de Lagrenée, : l'*Ame aspirant au ciel* et une toile d'Ary Scheffer, qui évoque, dans une scène pathétique, *Saint Thomas d'Aquin apaisant une tempête par ses prières*.

SAINT-LOUIS DES INVALIDES

L'institution des Invalides, dont nous n'avons pas ici à retracer l'histoire, doit son existence à un édit du 15 avril 1670, par lequel Louis XIV fondait un hôtel royal pour l'entretien des officiers et des soldats que l'âge ou les infirmités auraient mis dans l'incapacité de porter les armes. La construction des bâtiments prévus dans cette fondation se poursuivit sous la

haute direction de Louvois et sur les plans du célèbre architecte, Libéral Bruant. Une foule d'artistes, parmi les plus
réputés de l'époque, furent appelés à contribuer à la décoration
de ce monument que Louis XIV avait voulu digne de l'éclat de
son règne et des hautes vertus militaires qu'il désirait glorifier. Il témoigna toujours un intérêt particulier à cet établissement qu'il recommandait encore, dans son testament, à la sollicitude de ses successeurs, comme l'œuvre la plus utile de son
règne.

L'Hôtel des Invalides est une des plus heureuses conceptions
de l'art architectural du xviie siècle. A travers ces belles enfi-
lades de constructions, percées de larges galeries en portiques,
on admire l'harmonieuse symétrie du plan général, l'ingénieuse
disposition des masses, et surtout ce caractère de sobriété qui
donne à cette enceinte monumentale une physionomie toute particulière.

L'unité de cette architecture s'est trouvée malheureusement
rompue par l'adossement de bâtiments de service qui ont été
construits sur les ailes, sans ordre et sans plan. Napoléon avait
eu l'idée de raser ces bâtiments et de donner à l'édifice la forme
d'une large croix présentant, aux quatre points cardinaux, quatre
façades semblables à celle qui forme l'entrée. Au centre se
serait dressé le dôme. Projet hardi autant que simple, auquel il
est fâcheux qu'on n'ait jamais donné suite.

Les deux églises de l'Hôtel, celle du Dôme et celle des soldats, placées sous le même vocable de saint Louis, font corps
avec les bâtiments de la cour d'honneur auxquels elles sont
perpendiculaires. Placées à la suite l'une de l'autre et reliées
par un passage intérieur, elles ne forment pourtant pas un
ensemble cohérent.

Elles se sont trouvées juxtaposées, sans qu'une même pensée

en eût inspiré l'exécution. Cette disposition nuit à l'effet de l'ensemble. Si l'on entre par l'église du Dôme, on peut regretter que la coupole qui s'élève au centre de l'édifice ne soit pas précédée d'un vaste vestibule qui permette d'apprécier avec un recul suffisant, la masse de son architecture. Si on se place du côté de l'église des soldats, on voudrait apercevoir, sous les hautes arcades de la coupole, l'autel majestueux qui se dresse, trop près, au seuil même de la grande arcade qui met en communication les chœurs des deux églises.

Cette anomalie s'explique par la construction successive de ces deux édifices. La plan primitif de l'Hôtel, tel qu'il fut dressé par Libéral Bruant, ne prévoyait qu'une église de dimensions restreintes qui faisait corps avec les bâtiments militaires; elle était destinée aux soldats et au personnel de la maison. Cette chapelle intérieure parut bientôt insuffisante et peu appropriée à l'architecture imposante de l'ensemble : en 1675, Jules-Hardouin Mansart jeta les fondations d'une église plus vaste, plus décorative, dont la construction fut achevée en 1706. Précédée d'une large cour et d'avenues, elle était disposée pour la pompe royale qui s'y déployait, quand le Roi venait, en des circonstances solennelles, visiter l'Hôtel des Invalides.

ÉGLISE DES SOLDATS

La grande cour d'honneur de l'Hôtel forme un ensemble d'un style noble et sévère, remarquable par la pureté et la noblesse de ses lignes. Dans les bâtiments qui occupent l'aile du fond, s'encadre le portail de l'église des soldats; beau morceau d'architecture, avec ses ordres ionique et composite et son fronton, sur lequel des sculptures de l'époque ont symbolisé le *Temps* et la *Victoire* (Pl. 26).

Au centre du portail, dans une large baie, apparaît la statue de Napoléon Ier, sculptée par Seurre en 1831 ; c'est le modèle de la statue coulée en bronze qui se dressa pendant longtemps au sommet de la colonne Vendôme.

L'intérieur de l'église est d'un dessin très simple, mais harmonieux (Pl. 26). Elle comporte une longue nef, encadrée de pilastres corinthiens, et deux ailes basses, supportant des galeries, en forme de tribunes. Au-dessus règne une voûte en berceau, décorée de panneaux sculptés de rosaces, de fleurs de lis et de couronnes royales.

Le vaisseau de la nef se termine par un arc triomphal qu'encadrent des pilastres accouplés.

On s'arrêtera devant le buffet d'orgues, beau travail du XVIIe siècle, orné d'élégantes cariatides dorées.

Cette église, d'ornementation modeste, a pourtant un décor triomphal, formé par les drapeaux étrangers dont les hampes se dressent au-dessus des galeries ; débris glorieux, échappés aux flammes qui brûlèrent, en 1814, dans la cour d'honneur de l'Hôtel, les étendards enlevés à l'ennemi par nos armées, et qu'encadrent les trophées de nos dernières guerres, de nos campagnes en Afrique. L'église est pleine des souvenirs illustres de hauts faits militaires qui sont venu s'inscrire sur toutes les pierres de l'édifice ; de nombreuses plaques de marbre, scellées dans les piliers du chœur, de la nef, ont été gravées en l'honneur des gouverneurs des Invalides, de généraux et de maréchaux dont les noms évoquent toutes les grandes batailles livrées depuis la Révolution.

Sous l'église, dans l'axe de la nef s'étend une crypte, où l'on a creusé des caveaux.

Affectée à l'origine à la sépulture des gouverneurs de l'Hôtel, elle est devenue, depuis le gouvernement de Juillet, une sorte

de Panthéon militaire. Plusieurs personnages illustres y ont été ensevelis, par décision législative. C'est là que reposent les cendres du maréchal de Mac-Mahon.

ÉGLISE DU DOME

Rien n'a été épargné pour rehausser la décoration de cette église qui, par sa belle ordonnance, par la majesté de son architecture et par l'élégante recherche qui se retrouve dans les moindres détails de son ornementation, forme aujourd'hui encore un ensemble artistique des plus remarquables. Son aspect imposant, ses dispositions ingénieuses, ses lignes simples et gracieuses, son style sobre et harmonieux, qui est dans le goût le plus pur du XVIIe siècle, en font un édifice des plus pittoresques, parfaitement digne de cette institution consacrée à la gloire des combats et aux grandes vertus militaires.

L'attention du visiteur est retenue par tant de richesses et de magnificences que relèvent l'éclat des peintures de la coupole, les brillants pavements de marbre de l'église, son sanctuaire élevé et grandiose et les belles sculptures qui se détachent dans les arcades et sur les murailles.

Dans ce vaste édifice, aux lignes amples et nobles, la pensée associe étroitement la splendeur d'un grand règne, qui affirma sa force et sa grandeur dans cette architecture majestueuse, et les souvenirs des grandes épopées qu'évoquent les cendres illustres auxquelles l'église a donné l'hospitalité.

A l'époque où l'édifice fut construit, il s'ouvrait sur une esplanade aussi vaste que celle qui s'étend jusqu'à la Seine. On n'en a conservé que l'emplacement qui forme actuellement la place Vauban. Pourtant, aujourd'hui encore, lorsqu'on considère l'édifice de la cour d'honneur qui le précède, on ne peut résister

au charme et à la belle ordonnance de cette masse architecturale (Pl. 27).

Sur un portail, de belles proportions et de lignes sévères, se superposent deux étages d'arcades encadrées de colonnes et de pilastres, surplombées par un dôme, éclatant de dorures, dont la coupe élégante et svelte est du plus bel effet : une lanterne dorée, percée de baies, couronnée d'une flèche légère, en forme d'obélisque, complète heureusement cet ensemble grandiose.

Lorsqu'on contemple Paris, dans une vue d'ensemble, le regard s'arrête sur cette coupole dorée des Invalides qui dessine une courbe nette et gracieuse, au-dessus de l'immense panorama formé par les maisons et les hauts monuments de la capitale.

Grâce aux proportions données aux différentes parties du monument, grâce au choix habile des motifs d'architecture et de décoration, cet édifice, dont l'élévation et l'ampleur sont considérables, ne laisse pourtant aucune impression de lourdeur.

Le portail même ne paraît pas surchargé par les constructions massives qu'il supporte. Il comprend un ordre dorique et un ordre corinthien superposés. A chaque étage, on distingue une partie centrale faisant saillie, encadrée de colonnes accouplées, entre lesquelles s'ouvre une large baie cintrée. L'ensemble est surmonté d'un fronton triangulaire, dont le tympan est orné d'un écusson, d'une couronne royale et de palmes. Ces ornements ont été sculptés par Antoine Coysevox.

Dans la notice qu'il a consacrée à l'Hôtel des Invalides, Félibien nous a laissé le souvenir d'un projet de façade auquel il ne fut pas donné suite. Dans ce projet, le dôme se découpait derrière une belle colonnade recourbée, avec balustrade et statues, dans le genre de celle que Bernin jeta devant Saint-Pierre

de Rome. Aux deux extrémités de l'hémicycle dessiné par la
colonnade, on aurait dressé des pavillons monumentaux, coiffés
de coupoles, d'une ordonnance analogue à celle qui se trouve à
la base du grand dôme.

Les bas côtés de l'église s'accusent par les ailes de la façade
qui se détachent de chaque côté du portail. Les murs, percés
de fenêtres cintrées, sont couronnés par une balustrade à jour.

Le porche est décoré de plusieurs statues, d'un travail remarquable. On distingue, dans la partie gauche : un *Saint Louis*,
sculpté par Nicolas Coustou, d'après un modèle de Girardon ; la
Force et la Justice, par Coysevox ; à droite, *Charlemagne, la
Tempérance et la Prudence*, œuvres du même artiste.

Les façades latérales se divisent en trois parties dont
l'une, la partie centrale, qui correspond au transept, fait légèrement saillie : elle est surmontée d'un fronton triangulaire.
Au-dessus des deux autres parties, règne une balustrade qui
continue celle de la façade principale.

Le dôme, de forme circulaire, s'élève sur un soubassement,
divisé en travées par des colonnes accouplées, d'ordre composite.
Dans les intervalles, s'ouvrent de larges baies cintrées, ornées,
dans la partie supérieure, d'anges et de têtes de chérubins. Le
soubassement, couronné d'une balustrade à jour, est surmonté
d'un attique, percé de douze baies, séparées par des pilastres
dont la plupart se terminent en volutes.

Au-dessus de l'attique, s'élève la calotte du dôme, revêtue
de grandes côtes, entre lesquelles se détachent des trophées
d'armes ; au centre de ces trophées, on distingue des casques
dont la visière dissimule une lucarne, destinée à éclairer l'intérieur de l'édifice. Le dôme est coiffé d'une lanterne élégante
qui offre quatre baies encadrées de groupes de colonnes ; cette
lanterne se termine par un obélisque cannelé. Les ornements

du dôme, ainsi que la lanterne et l'obélisque, sont recouverts de dorures : celles du dôme sont à moitié effacées.

A l'intérieur, on ne peut qu'admirer la belle élévation de l'édifice, l'élégance de son ornementation et aussi son aménagement ingénieux qui présente des dispositions assez originales (Pl. 28). La vue est également flattée par la richesse des matériaux employés et par la blancheur des pierres. Une splendide mosaïque, aménagée sous Louis XIV, forme le pavement de l'église.

Le monument étincelle de dorures et de marbres aux teintes variées, sur lesquels, à travers les vitraux peints, le soleil se joue, en reflets coloriés et aveuglants.

L'église a la forme d'une croix grecque, au centre de laquelle est creusée une vaste crypte, à ciel ouvert, que surplombe la haute voûte de la coupole. Tout autour, rayonnent les bras nord et sud de la croix, deux amples transepts surélevés de six marches, qui s'ouvrent sur la nef par un arc triomphal, et quatre chapelles disposées diagonalement à l'axe de l'édifice.

Les bras de la croix, d'une ornementation sobre, sont couronnés de voûtes que sillonnent des arcs doubleaux, enrichis de médaillons et de motifs sculptés.

Les chapelles communiquent par des vestibules avec les bras de la croix. Elles sont précédées chacune, sur la face qui regarde la nef, d'un élégant portique, formé de deux colonnes isolées supportant un entablement et une corniche qui reçoit les pendentifs de la coupole.

Cet ensemble, heureusement distribué, est complété par un maître-autel d'une belle élévation et d'une rare magnificence : décor luxueux et grandiose qui ferme la perspective du monument par une éblouissante vision.

Les différentes parties du monument ont été décorées avec

7

un soin et une perfection qui se marquent dans les moindres détails. Les artistes les plus habiles de l'époque furent appelés à prodiguer leur talent et les ressources de leur art sur les murailles du monument. On y admire des mausolées, d'une exécution brillante, des œuvres d'art d'un grand prix ; les remarquables gravures de Cochin, reproduites dans l'*Histoire des Invalides* de Granet, permettent d'apprécier cette variété infinie de bas-reliefs, de statues, de tableaux.

Pourtant, si l'on a recherché l'éclat et la grandeur, on a su éviter le mauvais goût et la profusion. Tous les détails de cette ornementation pittoresque sont parfaitement appropriées au cadre dans lequel ils sont placés. Et cet heureux accord des lignes architecturales et des motifs de la décoration contribue à l'unité et à l'harmonie de l'édifice.

Quelques bas-reliefs décorent le vestibule d'entrée. On remarque, sur la corniche qui surmonte la porte, deux *Génies ailés*, sculptés par Van Clève ; au-dessus de l'arcade percée à gauche, le *Pape donnant sa bénédiction à saint Louis et à ses enfants*, par l'Espingola ; dans la partie correspondante, à droite, *Saint Louis à son lit de mort*, par Van Clève.

D'autres bas-reliefs se détachent au-dessus des arcades qui s'ouvrent sur la nef, donnant accès aux chapelles.

On voit, au sud-ouest, dans l'arcade de la chapelle Saint-Jérôme, un *Ange sonnant de la trompette*, sculpté par Van Clève ; au sud-est, du côté de la chapelle Saint-Augustin, un *Ange au casque*, d'Antoine Coysevox. L'arcade de la chapelle Saint-Grégoire, au nord-ouest, porte un *Génie ailé*, de Flamen ; celle de la chapelle Saint-Ambroise, au nord-est, porte également un *Génie ailé*, sculpté par Nicolas Coustou.

Les pendentifs de la coupole sont revêtus de belles peintures murales, où apparaissent les figures des quatre *Évangélistes*. Ces

Pl. 27.

Photo Neurdein.

SAINT-LOUIS DES INVALIDES. ÉGLISE DU DÔME. FAÇADE.

(Page 95.)

Pl. 28.

SAINT-LOUIS OFFRE SON ÉPÉE A JÉSUS-CHRIST.
(PLAFOND DE LA COUPOLE, PAR LA FOSSE)

(D'après la gravure de Cochin.)

SAINT-LOUIS DES INVALIDES. ÉGLISE DU DÔME.

(Pages 97 et 99.)

peintures, d'un coloris brillant, ont été exécutées par Charles de La Fosse.

Au-dessus règne un attique, orné de douze médaillons circulaires, où se détachent des bas-reliefs sculptés, figurant des rois de France ; on remarque *Louis le Débonnaire, Clovis et Louis XIII*, par Bosio. Ces sculptures modernes ont remplacé d'anciens bas-reliefs que le temps avait fort endommagés.

De l'attique partent vingt-quatre pilastres cannelés dont les chapiteaux supportent un entablement et une corniche. Cet ensemble est couronné par la calotte du dôme qui est couverte de peintures murales.

Entre des piédroits dorés et décorés de rosaces, s'encadrent les portraits des douze apôtres, œuvres pleines de vigueur et de franchise qui comptent parmi les meilleures compositions de Jean Jouvenet.

Charles de La Fosse avait été chargé tout d'abord de la décoration entière de l'édifice. Il avait déjà tracé de nombreuses esquisses et préparait un projet général dont les différentes parties devaient s'harmoniser dans une même conception, lorsque d'autres artistes furent appelés à exercer leur talent sur les voûtes de l'église. La Fosse dut se contenter de peindre, avec les fresques des pendentifs, la vaste composition qui couvre la voûte de la coupole et qui évoque, dans un groupement pittoresque de personnages sacrés, *Saint Louis offrant son épée à Jésus-Christ* (Pl. 28). Dans cette fresque, d'une ordonnance majestueuse et d'une belle ampleur, ce peintre a affirmé son style large et aisé, une inspiration heureuse, sinon fort originale, et un sens très exercé des grandes décorations murales.

Deux bas-reliefs, sculptés par Van Clève et par Philippe Magnier, ornent les baies qui s'ouvrent dans les murs du tran-

sept gauche : à gauche, *Saint Louis portant la couronne d'épines ;* à droite, *Saint Louis touchant les malades.*

Contre le mur du fond, se dresse le beau monument élevé à la mémoire de Turenne (Pl. 29). Ce mausolée avait été érigé d'abord à Saint-Denis, où se trouvait la sépulture du grand maréchal. Transporté, sous la Révolution, au Musée des Monuments français, il fut placé aux Invalides, par ordre de Bonaparte. Cette œuvre d'art, de belles dimensions, est composée de marbres de diverses couleurs. Le sarcophage est décoré d'un remarquable groupe en marbre qui représente *Turenne expirant dans les bras de l'Immortalité.* Ce groupe, d'une noble inspiration et d'un mouvement pathétique, a été sculpté par Tuby, d'après un dessin de Le Brun.

Un bas-relief de Van Clève, rappelle la bataille de Turkeim. Deux statues de Marsy, qui symbolisent la *Sagesse* et la *Valeur,* complètent cet ensemble artistique dont la riche décoration est digne du nom illustre qu'elle glorifie.

Un autre monument, d'une disposition analogue, mais d'exécution moderne, se dresse, en face du précédent, dans le transept droit. Élevé en 1842, par le sculpteur Etex, il rappelle la mémoire également glorieuse de Vauban, aussi célèbre par ses savants travaux que par ses hauts faits d'armes. On sait qu'il encourut la disgrâce royale pour avoir, un des premiers, élevé la voix contre les lourdes impositions qui pesaient alors sur le peuple et qui devaient être une des causes de la chute de l'Ancien Régime. Ces différents titres de Vauban au souvenir de la postérité sont évoqués dans la statue sculptée par l'artiste qui a représenté le maréchal, un compas à la main, accoudé sur une pile de livres où on lit les titres des principaux ouvrages qu'il écrivit.

Le monument, terminé par une pyramide en marbre noir,

autour de laquelle se déroulent des étendards en marbre blanc, est encadré de deux statues, du même sculpteur, qui symbolisent la *Science* et la *Guerre*.

Les murs du transept sont ornés de deux bas-reliefs : à gauche, *Saint Louis ordonnant la construction des Quinze-Vingts*, par Philippe Magnier ; à droite, la *Prise de Damiette*, par Simon Hurtrelle.

Les chapelles, ménagées dans les angles formés par les bras de la croix, offrent des dispositions ingénieuses, rehaussées par une décoration luxueuse, parfois éclatante d'or et de moulures. Les arcades qui s'ouvrent sur les vestibules de communication sont ornées de bas-reliefs, enfermés dans des cadres rectangulaires, et de figures d'anges, sculptées dans des médaillons ovales.

Les murs, dans leur partie inférieure, sont divisés en travées, d'inégale largeur, par des colonnes, au-dessus desquelles règne un entablement et un attique que couronne une coupole.

Dans l'attique se détachent, en haut-relief, des figures de prophètes ou d'anges musiciens. L'attique et la coupole sont chargées de dorures et de motifs d'ornementation sculptés avec art, dans un goût très libre et très varié.

CHAPELLE SAINT-JÉROME. — Cette chapelle abrite un monument qui renferme les restes de Jérôme-Napoléon, roi de Westphalie. Le tombeau, en marbre vert et noir, est décoré d'une belle statue du prince, sculptée par Guillaume.

Contre une des travées se dresse un autel qui a été érigé à la mémoire de la princesse de Wurtemberg, son épouse. Une châsse de bronze renferme le cœur de la princesse.

Parmi les œuvres d'art qui décorent cette chapelle, on remarque surtout, sur l'attique, dans les deuxième, troisième et sixième travées, trois beaux groupes de prophètes, en plâtre

doré, qui ont été modelés par Nicolas Coustou. Un autre
groupe de prophètes est dû à Flamen. Jean Poultier a sculpté,
au-dessus des arcades des vestibules, des anges ailés portant des
médaillons où l'on voit *Saint Louis ensevelissant les morts* et
pansant les plaies d'un vieillard.

La coupole est couverte de peintures intéressantes de Bon
de Boullongne qui représentent des scènes de la vie de saint
Jérôme.

CHAPELLE SAINT-AUGUSTIN. — Au centre de la chapelle Saint-
Augustin s'élève un monument consacré à la mémoire de
Joseph-Napoléon, roi d'Espagne. Il se compose, comme les
autres mausolées, d'un assemblage pittoresque de marbres de
différentes couleurs.

On voit, dans cette chapelle, une très belle statue de la *Religion*, par Girardon, une autre, datant du xviiie siècle, qui symbolise l'*Abondance*. Jean Poultier a exécuté, au-dessus des
arcades des vestibules, des médaillons, portés par des anges
ailés, qui figurent *Saint Louis rendant la justice* et *honorant la
vraie croix*. L'attique est décoré, dans les troisième et sixième
travées, de deux groupes de prophètes, sculptés par Flamen.
Sur la coupole se développent des scènes de la vie de saint
Augustin, peintes par Louis de Boullongne.

CHAPELLE SAINT-GRÉGOIRE. — La chapelle Saint-Grégoire renferme un *Christ à la colonne*, exécuté par Slodtz, qui reproduit
un original de Michel-Ange ; une autre statue, qui date du
xviiie siècle, personnifie la *Vérité*. Cette œuvre d'art faisait
sans doute partie, à l'origine, d'un monument funéraire, sur
lequel le bras gauche de la statue devait s'appuyer.

Des groupes et des concerts d'anges décorent les parois de la
chapelle.

Sur l'attique, dans la quatrième travée, des anges musiciens

ont été sculptés par Nicolas Coustou; d'autres, exécutés par Jean Poultier, décorent les sixième et huitième travées. On voit aussi, au-dessus des arcades des vestibules, un bas-relief de Lecomte, figurant l'*Espérance*, et un médaillon porté par des anges, de La Pierre, qui représente le *Mariage de saint Louis*.

Des peintures de Doyen, sans grand intérêt, ornent la coupole de sujets empruntés à la vie de saint Grégoire. Elles ont remplacé d'anciennes fresques de Michel Corneille que l'humidité avait complètement détériorées.

Chapelle Saint-Ambroise. — La chapelle Saint-Ambroise offre une décoration à peu près pareille à la précédente.

On voit, au-dessus des arcades des vestibules, un bas-relief de Lecomte symbolisant l'*Humilité*, un médaillon de Jean Poultier, qui montre *Saint Louis lavant les pieds des pauvres*, un autre de Philippe Magnier évoquant la *Vision de saint Louis*.

On remarque également, dans la deuxième travée, un *Concert d'anges*, de Jean Poultier; dans la troisième travée, un groupe d'anges sculpté par Sébastien Slodtz; dans la quatrième, un *Concert d'anges* de Flamen. Les sixième et huitième travées sont ornées de *Concerts d'anges*, par Martin et Hardy.

Bon de Boullongne a peint, dans la coupole, des scènes de la vie de saint Ambroise qui sont d'un bel effet décoratif.

Chœur. — Au fond de l'église, se dresse le maître-autel qui attire de loin les regards par ses belles dispositions et par son éclatante ornementation.

Toutes les variétés de marbre s'y trouvent représentées : marbre noir veiné de blanc, marbre vert, marbre blanc de Carrare.

L'autel repose sur un soubassement, élevé sur cinq marches de marbre blanc.

Tout autour règne une rampe élégante, avec des piédestaux richement ornés. Dans les différentes parties de l'autel, sont répandus à profusion des guirlandes de fleurs, des festons, des feuilles et des fruits qui déroulent leurs arabesques autour de cette architecture aux lignes correctes et gracieuses : tous ces ornements sont en bronze ciselé et doré.

Deux piédestaux, à droite et à gauche de l'autel, supportent des anges ailés, tenant des candélabres, qui ont été sculptés par Husson.

L'autel s'encadre dans un immense baldaquin qui forme un décor éclatant et somptueux à toutes les richesses et à toutes les fantaisies décoratives de cette architecture.

Ce haut baldaquin est porté par quatre colonnes monolithes, en marbre noir veiné de blanc, que couronnent des chapiteaux corinthiens en bronze doré. De l'entablement s'élancent quatre grandes consoles, dont les volutes se joignent pour supporter un globe, surmonté d'une croix, qui laisse pendre un lambrequin décoré de fleurs de lis.

A l'aplomb des colonnes, se dressent des anges gracieux sculptés par Feuchères.

Les fenêtres qui éclairent le chœur sont ornées de peintures et de bas-reliefs : on voit, à gauche, un bas-relief du xvii° siècle, figurant la *Charité* et l'*Abondance*, et un *Concert d'anges* peint par Bon de Boullongne : à droite, un bas-relief du xvii° siècle symbolisant la *Religion* et l'*Espérance*, et des anges musiciens peints par Louis de Boullongne.

Noël Coypel a exécuté dans la voûte une vaste fresque figurant la *Sainte Trinité*. Il a peint également l'*Assomption* qui se développe sur le tympan de l'arc du fond.

CRYPTE. — Malgré la richesse de sa décoration et les chef-d'œuvre artistiques qu'elle renferme, l'église du Dôme n'atti-

rerait qu'un petit nombre de visiteurs, sans le magnifique tombeau qui abrite, dans sa crypte, les cendres de Napoléon Ier. Seule d'ailleurs, entre tous les édifices auxquels on aurait pu songer, elle semblait offrir, par sa large et belle ordonnance, un cadre solennel et majestueux, digne de la glorieuse dépouille qu'elle renferme.

On sait que le cercueil de Napoléon a été ramené de Sainte-Hélène par le prince de Joinville, un des fils de Louis-Philippe. Le 15 décembre 1840, les cendres de l'Empereur furent transférées en grande pompe aux Invalides. Des draperies en velours violet et or revêtaient le dôme et l'intérieur de l'église, au milieu de laquelle se dressait un catafalque magnifique.

On mit aussitôt à l'étude le plan d'un mausolée destiné à recevoir la dépouille de l'Empereur.

Parmi les 83 projets présentés, celui de Visconti réunit la majorité des suffrages. Les travaux avancèrent lentement ; ce n'est qu'en 1861 que le corps de l'Empereur put être transféré dans sa tombe monumentale.

Il faut louer l'ingénieuse disposition adoptée par Visconti. Cet architecte répugna heureusement à élever, au centre de l'église, au-dessus du pavement, un mausolée qui eût rompu la perspective grandiose de l'édifice, écrasé les lignes harmonieuses de son architecture. Il creusa le sol et, dans la vaste crypte qu'il aménagea à l'air libre, il put déployer à son aise toutes les ressources de son art, tout en assignant à son monument une place isolée, plus mystérieuse, qui enveloppe l'ombre de Napoléon d'une pénombre pleine de grandeur et de dignité (Pl. 29).

Un double escalier, qui s'ouvre sur les côtés du maître-autel, conduit à la crypte. On s'arrêtera dans le vestibule qui sépare les chœurs des deux églises. Là s'élèvent les cénotaphes de Duroc

et de Bertrand, les généraux fidèles, qui semblent encore, dans la mort, défendre la gloire de leur Empereur : leur image revit dans ces deux statues colossales, dont l'une porte le globe, l'autre le sceptre et la couronne impériale.

Un péristyle obscur conduit à la crypte. Elle est fermée par des portes de bronze que gardent les sentinelles imposantes de deux remarquables cariatides, sculptées par Francisque Duret. L'artiste a su donner un air de gravité farouche et de mâle résignation à ces deux vieillards qui, dans leur attitude fière et attristée, symbolisent la *Force civile* et la *Force militaire*.

On ne peut qu'admirer les belles et solennelles dispositions du caveau qui est entièrement recouvert de marbre blanc, à l'exception du sol où se fondent des marbres de nuances variées. Le tombeau s'élève dans un cadre sobre et majestueux, où les *Victoires* de Pradier, rangées autour du cercueil, dans une attitude de pieux recueillement, semblent veiller sur le sommeil du héros et protéger sa gloire.

Tout autour du monument, règne une galerie qu'éclairent des lampes funéraires en bronze dont le dessin a été copié sur les modèles en terre cuite de Pompéi. Les travées, encadrées de piliers massifs, sont décorées d'une suite de bas-reliefs sur lesquels Simart a sculpté des allégories, inspirées des grands faits de la vie civile de l'Empereur. On y trouve, évoquées dans de larges compositions, la *Pacification des troubles civils ;* l'*Organisation de l'administration publique ;* la *Création du Conseil d'État ;* la *Promulgation du Code ;* le *Concordat ;* la *Fondation de l'Université ;* la *Fondation de la Cour des Comptes,* la *Protection du Commerce et de l'Industrie ;* les *Travaux Publics* et les *Arts ;* la *Fondation de la Légion d'honneur.*

Contre les piliers et faisant face au tombeau, se dressent

les grandes *Victoires ailées* de Pradier. Toutes ont la tête baissée, dans un mouvement harmonieux et comme hiératique : elles sont vêtues de robes qui tombent en longs plis droits. Ces statues, d'une grâce noble et fière, témoignent de l'habileté d'exécution et de l'art élégant de Pradier qui, tout en variant les gestes, les symboles et l'expression, a sculpté ses figures dans un même sentiment de force et de grandeur.

Au centre de la crypte, se dresse le mausolée énorme dont la silhouette se détache en une perspective si grandiose qu'il semble que le dôme qui l'abrite ait été construit pour lui former un cadre digne de lui. Ce monument massif est taillé dans un magnifique bloc de granit rouge de Finlande qui fut offert par l'empereur de Russie et dressé, à grands frais, sur un socle de granit vert des Vosges.

Rien de plus sobre que la tombe de l'Empereur : elle n'attire l'attention que par son imposante simplicité. Point de sculptures, point d'autres ornements que des arêtes arrondies et deux volutes sévères, d'une courbe élégante.

Une baie s'ouvre dans la crypte, en face du tombeau ; elle donne accès à une petite chapelle obscure, revêtue de marbre noir, que décore une statue de Napoléon, en costume de sacre, œuvre de Simart. Au milieu, sur un socle en granit rouge, une vitrine renferme des objets précieux auxquels s'attache le souvenir de l'Empereur. On voit le chapeau qu'il portait à la bataille d'Eylau, l'épée qu'il avait à Austerlitz, le collier offert, lors du sacre, par la Ville de Paris, son grand cordon de la Légion d'honneur, une boîte qui contient les clefs du sarcophage de Sainte-Hélène.

A l'extrémité du couloir de droite et sous la chapelle Saint-Grégoire, s'élève le monument érigé, en 1835, en l'honneur des victimes de l'attentat de Fieschi.

Des souvenirs artistiques, des images architecturales, des pensées glorieuses ou philosophiques hanteront le visiteur qui s'attardera dans l'église des Invalides et dans ses souterrains. Il oubliera facilement qu'il est dans une église; cet autel même, aux colorations éclatantes, ne paraîtra pas le convier à la prière. Les Invalides s'écartent du type classique des églises chrétiennes, comme s'en éloigneront plus tard le Panthéon et la Madeleine. Mais ce contraste est dû moins à une évolution architecturale qu'à des préoccupations particulières.

Déjà Louis XIV songeait moins à faire hommage à Dieu d'une chapelle nouvelle, qu'à bâtir un monument qui dressât vers le ciel son orgueilleuse silhouette, comme un asile des vertus militaires, un sanctuaire de la gloire terrestre.

L'édifice a trouvé sa destination définitive en recevant les cendres glorieuses qu'il abrite. Et les grandes pensées qu'éveille la crypte dessinée par Visconti, avec une si noble sobriété, s'accordent sans effort aux images profanes qu'évoque l'élégante gracilité des bronzes et des mosaïques anciennes.

Pl. 29.

Photo Neurdein.

MONUMENT DE TURENNE
GROUPE SCULPTÉ PAR TUBY, SUR LES DESSINS DE LE BRUN.

Photo Le Deley.

TOMBEAU DE NAPOLÉON 1er.
MAUSOLÉE DE VISCONTI ET VICTOIRES DE PRADIER.

SAINT-LOUIS DES INVALIDES. ÉGLISE DU DOME.
(Pages 100 et 105.)

Pl. **30**.

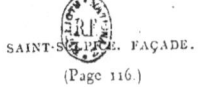

Photo Neurdein.

SAINT-SULPICE. FAÇADE.

(Page 116.)

DEUXIÈME PARTIE

XVIIIᵉ SIÈCLE

INTRODUCTION

Le xviiiᵉ siècle ne saurait avoir de prétention à passer pour un siècle religieux. Pourtant, depuis la mort de Louis XIV jusqu'à la Révolution, de nombreuses églises s'élevèrent dans Paris. Elles sont dues, moins à une recrudescence du sentiment religieux, qu'aux besoins d'une population qui s'accroissait rapidement.

Paris s'étendit alors hors de son ancienne enceinte. Plusieurs villages, autrefois indépendants, furent rattachés à la capitale : pour ces faubourgs nouveaux, il fallut construire de plus vastes églises.

Aussi n'y eut-il pas alors d'innovation véritable dans l'architecture religieuse. Elle subit seulement le contre-coup des tendances successives qui se manifestèrent dans l'art de l'époque. Au début, on vit les églises jésuites se faire plus coquettes, pour suivre le goût Régence, puis affecter, à la fin du siècle, la gravité qui caractérise le style Louis XVI et annonce celui de la Révolution et de l'Empire.

On appliqua donc tout d'abord les gentillesses de la rocaille

à l'ornementation des nefs. Dieu bénéficia des innovations décoratives de la Régence. Saint-Louis en l'Ile ressemble à un salon Louis XV, comme Saint-Paul-Saint-Louis rappelait une galerie Louis XIV.

Certains architectes allèrent même fort loin dans cette accommodation de l'art religieux au goût mondain. Dans un projet de Meissonier, Saint-Sulpice devait avoir une façade chantournée, contournée, tourmentée, comme une pièce d'orfèvrerie rocaille. Mais la raison classique protesta et l'on reconnut que les caprices de ce style, convenables pour une pendule ou pour une tabatière, l'étaient beaucoup moins pour une église. Saint-Sulpice eut donc une façade aux lignes simples et, dès le milieu du siècle, les artistes abandonnaient la fantaisie décorative pour la régularité du dessin.

Le XVIIIᵉ siècle a laissé, dans nombre d'églises, d'admirables boiseries sculptées, de belles grilles en fer forgé. A aucune époque, on n'a su mieux travailler le bois, forger le fer, ciseler le bronze. Le mobilier de ce temps, dans les églises comme dans les salons, est d'un goût raffiné et d'une exécution parfaite.

On ne saurait accorder la même admiration aux sculptures et aux peintures. La sincérité y fait vraiment défaut. Le personnel de toutes ces « saintetés » rappelle trop celui du théâtre et, lorsque l'artiste veut se hausser au grand art, comme le frère André, ses compositions ne témoignent le plus souvent que d'une froideur ennuyeuse.

La crise archéologique que traversa la seconde moitié du XVIIIᵉ siècle se fit aussi sentir dans l'architecture religieuse. Les monuments construits à cette époque attestent l'influence croissante de l'art antique. Dans les anciennes églises, de style jésuite, le détail de la décoration était seul emprunté à l'architecture gréco-romaine. Mais déjà, au Panthéon, qui est

l'ancienne église Sainte-Geneviève, le porche copie un édifice romain. La Madeleine est une église dans un temple.

Cette révolution artistique est conforme à la révolution morale et politique subie par la France, à la fin du XVIIIe siècle. Il semblait naturel alors de s'habiller et de se meubler à la grecque et d'emprunter aux anciens leurs constitutions et leur architecture.

Les grands monuments de la fin de ce siècle témoignent de l'incertitude où fut alors la société, partagée entre l'antiquité et la tradition. Sainte-Geneviève n'a jamais eu vraiment l'air d'une église ; après bien des vicissitudes, elle est aujourd'hui le Panthéon, une sorte de Saint-Denis laïque, asile des gloires nationales. La Madeleine, au contraire, est devenue une église, après avoir failli s'appeler le Temple de la Gloire. Par leur caractère mal défini, ces édifices attestent qu'ils sont sortis d'une époque de doute et de discussion.

SAINT-SULPICE

Le premier siège de l'église paroissiale du faubourg Saint-Germain fut dans une petite chapelle très ancienne, dédiée à saint Pierre, qui a laissé son nom, légèrement altéré, à la rue des Saints-Pères.

Cette chapelle, reconstruite au XIIIe siècle, s'était agrandie successivement d'un chœur plus important, d'un grand chevet polygonal, avec chapelles rayonnantes, et de chapelles laté-

rales. Une gravure de Marot a conservé le souvenir de ce premier édifice dont il est d'ailleurs facile 'de reconstituer les dispositions, car le sol s'est considérablement exhaussé depuis et
l'on n'a pas rasé entièrement les fondations de la chapelle primitive. On retrouve encore aujourd'hui, dans les vastes cryptes qui
s'étendent sous l'église, le tracé de l'enceinte, les bases des
piliers et du clocher qui datent du XIIe siècle.

En dépit des agrandissements qu'elle avait reçus, la chapelle était tout à fait insuffisante pour les besoins d'une population qui s'accroissait sans cesse : car la paroisse de Saint-Sulpice s'étendait alors sur toute la rive gauche de la Seine, depuis
Saint-Séverin jusqu'à Grenelle. Dans les circonstances solennelles il fallait, faute de place, transporter les offices à Saint-
Germain-des-Prés.

Les paroissiens de Saint-Sulpice trouvaient dans leur église
un pavé inégal, des ornements en lambeaux. Et cette détresse
temporelle favorisait grandement, si l'on en croit les auteurs
du temps, la corruption et l'indifférence des habitants.

Ce ne sont que doléances et exhortations, jusqu'au jour où
se réunit, en 1643, une assemblée générale des paroissiens.
Sous la présidence du prince de Condé, cette assemblée décide
la construction d'une vaste église.

La reine Anne d'Autriche approuve cette résolution, tout en
laissant aux marguilliers la direction de l'entreprise.

Les travaux n'avancèrent que très lentement, retardés, à
diverses reprises, soit par le manque d'argent, soit par des
modifications successives dans les dispositions des plans.

En 1646, le duc d'Orléans posait la première pierre du
monument, dont la construction avait été confiée à l'architecte
Gamard. A la mort de cet architecte, on s'aperçut que le vaisseau de l'édifice était trop petit ; des fondations plus vastes

furent faites, en 1655, sur les dessins de Louis Le Vau, le
continuateur du Louvre et des Tuileries, qui remania complètement les plans de son prédécesseur.

La reine Anne d'Autriche posa la première pierre des nouvelles constructions. En 1670, Gittard poursuivait l'œuvre ébau-
chée par Le Vau. Il bâtit le chœur et les transepts. Il voulait
jeter à bas la chapelle de la Vierge qu'il trouvait trop resserrée.
Mais les paroissiens s'opposèrent à la démolition d'une chapelle
pour laquelle ils avaient fait des dépenses considérables.

Quelques années plus tard, les travaux s'arrêtaient, faute
de ressources. Ils ne reprirent qu'en 1719, grâce à l'activité du
curé Languet de Gergy qui fit un nouvel appel au zèle des paroissiens et obtint du Roi une loterie. Gille Oppenord, en qui on
voit généralement l'inventeur du style rocaille, éleva le second
ordre du portail nord, le portail sud en entier, et poussa activement les travaux de l'église, à laquelle il ne manquait plus, en
1733, que la façade principale.

Dès 1632, un concours avait été ouvert pour la construction
de cette façade, dont on voulait faire un morceau d'architecture
unique par ses dimensions et ses dispositions. Le prix avait été
donné à Servandony qui, sacrifiant à la mode italienne, signait
Servandoni. Diderot le qualifiait de « grand machiniste, grand
architecte, bon peintre, et sublime décorateur ». Cet architecte acheva, en 1756, le portail principal qui souleva une vive
admiration.

Mais la construction des tours qui devaient couronner l'édifice fut une nouvelle cause de difficultés. Celles qui avaient
été proposées par Servandoni ayant paru mesquines, on s'adressa
à Maclaurin qui édifia des tours à deux étages superposés, l'un
sur plan octogone, l'autre de forme circulaire.

Elles ne plurent pas davantage et Chalgrin fut chargé de

les démolir. Il refit la tour du nord, mais la Révolution l'empêcha de reconstruire la tour du sud qui est restée dans l'état où l'avait laissée Maclaurin.

Ainsi s'explique la disparité des deux campaniles et non, comme on l'a prétendu à tort, par cette raison que les cathédrales seraient seules en droit d'avoir des tours égales.

Près d'un siècle et demi s'était écoulé au cours de ces travaux; la Révolution trouvait, à peine achevée, cette église dont la première pierre avait été posée en présence d'Anne d'Autriche. Elle en fit tour à tour un temple de la Raison, une fabrique de salpêtre et la salle des séances des philanthropes, sous le nom de temple de la Victoire.

On y célébra une fête en l'honneur de Marc-Aurèle, une autre en souvenir de Guillaume Tell. Un banquet de 700 couverts y fut offert au général Bonaparte, trois jours avant le coup d'État, en commémoration des victoires qu'il avait remportées.

Peu après, l'église était rendue au culte et le pape Pie VII y consacrait les évêques nouvellement nommés, à la suite du Concordat.

Saint-Sulpice est un des types les plus caractéristiques de cette architecture, inaugurée dès le xviie siècle, où les artistes, sans s'écarter des dispositions consacrées par une tradition constante et par les nécessités même du culte, ont cherché à remplacer l'élégance gothique par la majesté des ordres gréco-romains. Ce goût de l'antique, qui s'affirmait dans la plupart des édifices religieux de l'époque, dans les églises de Saint-Roch, de Notre-Dame des Victoires, de Saint-Louis en l'Ile, de Saint-Thomas d'Aquin, a trouvé à Saint-Sulpice une forme déjà plus accentuée. Les souvenirs de Rome et d'Athènes ont inspiré tous les détails de structure et d'ornementation de cet édifice qui se conforme pourtant encore au plan classique des

églises gothiques, avec ses bas côtés qui contournent le chœur
en hémicycle, percés de chapelles latérales et coupés par un
large transept.

Ce style ne devait pas obtenir une approbation unanime.
« Saint-Sulpice, écrit Viollet-le-Duc, par son plan et son
système de structure, est encore une église gothique, élevée par
des constructeurs médiocrement habiles qui n'ont rien trouvé
de mieux que de substituer aux supports grêles des églises du
moyen âge de lourds piliers obstruant la vue et la circulation ;
aux voûtes si ingénieusement combinées par les maîtres du
xiii° siècle, des berceaux en pierre de taille dont la poussée
s'exerce sur toute la longueur des murs et exige, pour les
contrebuter, des amas de matériaux dont l'emploi du système
gothique permettait de se passer. »

Ce jugement sévère d'un artiste pénétré de l'art médiéval
peut paraître une condamnation en bloc et *a priori* à ceux qui
ne sont pas, de parti pris, les contempteurs des temps présents.

Assurément, dans l'architecture de Saint-Sulpice et des églises
bâties sur le même type, on ne retrouve ni l'ingénieux agencement, ni la grâce frêle et souple des édifices gothiques ;
mais, pour juger avec impartialité cet art où s'accusent des
tendances nouvelles, des prétentions autres, il convient
d'apprécier, en dehors de toute préoccupation étrangère, l'effet
de cette fusion de styles différents.

Si on contemple dans cet esprit l'église Saint-Sulpice,
on ne peut s'empêcher d'admirer la largeur de ses dimensions
qui en font un édifice presque aussi monumental que la cathédrale de Paris, la grandeur et la majesté de ses lignes architecturales qui lui donnent un caractère vraiment pittoresque et
décoratif. L'ampleur de ses proportions, la richesse de son style,
la belle ordonnance de ses dispositions intérieures permettent

de la comparer à quelques-unes des plus belles églises d'Italie.

Sans doute, dans les églises gothiques, étroites et mysté-rieuses, la religion semblait rencontrer des asiles plus discrets et plus intimes, où régnait un pieux recueillement. Mais, à une époque où la magnificence des cérémonies avait remplacé l'ar-deur de la foi et l'austérité des mœurs, il faut reconnaître que le clergé trouvait, dans ces monuments spacieux, aux larges ves-tibules, aux vastes galeries, des enceintes grandioses où la pompe du culte pouvait se déployer avec éclat et ostentation.

La façade principale, avec ses deux étages amples et élevés, avec les hautes tours qui la dominent, est d'un effet imposant, bien qu'un peu massif (Pl. 3o).

On ne peut regarder avec indifférence ce portail sévère et majestueux, où la noblesse des proportions s'allie à la hardiesse et à la sobriété des lignes. Certes, ce n'est qu'un cadre très riche, trop riche peut-être pour l'œuvre qu'il annonce et qui ne se prête ni à sa forme ni à ses dimensions. Les adeptes fer-vents du style gothique remarqueront une fois de plus la supé-riorité de nos vieilles cathédrales, où les frontispices ne com-portaient que des tours destinées aux cloches et des décorations ornant les portes et les roses. Mais, quelque prévention qu'on ait contre la conception, on ne saurait contester la correction du dessin, l'harmonie et la majesté de ce morceau d'archi-tecture.

Peintre de décors pour la scène et pour les fêtes publiques, Servandoni visait naturellement au style grandiose et cette préoccupation suffisait à le mettre en garde contre les ten-dances mesquines qui prévalaient alors. Sa belle colonnade contraste avec les lignes brisées et les profils tourmentés qu'offrent beaucoup des monuments construits à cette époque. Car nous sommes aux beaux jours du style rococo que Mme de

Pl. **31**.

Photo Neurdein.

SAINT-SULPICE ET CHŒUR.

(Page 119.)

Pl. 32.

LUTTE DE JACOB ET DE L'ANGE, PAR DELACROIX.
CHAPELLE DES SAINTS ANGES.

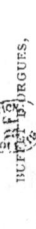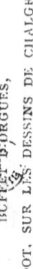

BUFFET D'ORGUES,
PAR JADOT, SUR LES DESSINS DE CHALGRIN.

(Photo Alget.)

SAINT-SULPICE

(Pages 122 et 124.)

Pompadour imposait à la mode : les artistes sacrifiaient alors
sans retenue à un maniérisme auquel d'ailleurs Saint-Sulpice n'a
pas échappé, dans toutes les parties de sa décoration. Son élégante chaire à prêcher témoigne suffisamment du goût du temps.

A l'époque où le portail fut édifié, l'étroitesse de la rue
Férou, qui longeait alors l'édifice, ne permettait pas de jouir
d'une vue d'ensemble de cette façade. Servandoni souhaitait la
création d'un grand espace libre, bordé par des maisons d'un
style uniforme. Ce vœu s'est trouvé réalisé en partie par
l'aménagement de la place qui a fort heureusement dégagé
le portail actuel, en lui donnant l'air et la lumière qui lui manquaient.

Cette place forme à l'église un cadre pittoresque, avec sa
fontaine monumentale, dessinée par Visconti. La fontaine,
disposée en loggia, abrite sous ses arcades les statues sévères
des grands personnages de l'église au xviie siècle : Bossuet,
Fléchier, Massillon, Fénelon.

On a malheureusement négligé, à ce moment, de modifier
les dispositions du porche. Lors de la construction de l'église,
on avait rentré, dans les entrecolonnements du péristyle, les
marches qui accèdent au portique, car la façade touchait
presque le mur latéral de l'ancien séminaire. On se proposait,
quand la place serait aménagée, de remplacer ces escaliers par
un vaste perron avancé, avec un palier. Il est regrettable qu'on
n'ait pas réalisé ce projet qui aurait donné plus de largeur au
porche, dont l'ordonnance est un peu rétrécie par cet empiétement des marches.

Le portail de l'église offre à la vue un vaste accouplement
de colonnes, formé d'un ordre dorique et d'un ordre ionique
superposés. A la hauteur de chacun de ces étages, règne un
ample portique.

Le porche est décoré de médaillons, de bas-reliefs et de statues dont la plupart ont été sculptés en 1750 par les frères Slodtz.

L'attique qui surmonte l'entablement du portique inférieur est percé d'ouvertures qui éclairent la chapelle longue et basse de Notre-Dame des Étudiants.

On voit, dans cette chapelle, une statue de la Vierge, sculptée par Bonnassieux, en 1875, et l'orgue qui appartint à Marie-Antoinette et qui fut touché par Gluck et par Mozart. Le buffet de cet orgue, en bois sculpté, est un charmant travail, du plus pur style rocaille.

Le portique supérieur est occupé par une double galerie monumentale. C'est, dessinée avec une belle ampleur, la loggia que les basiliques romaines, devaient avoir pour les bénédictions du pape, aux fêtes solennelles. Cette galerie, où l'on voit trois statues exécutées, en 1786, par Boizot et Mouchy, est dominée par une terrasse que borde une balustrade.

Le plan de Servandoni comportait, au-dessus de cette terrasse, un large fronton triangulaire qui s'étendait entre les deux tours. Cette disposition avait le tort d'alourdir fâcheusement le portail. Aussi ne doit-on pas regretter la disparition de ce morceau d'architecture qui fut frappé de la foudre et dont la démolition fut ordonnée.

Les tours primitives, dressées au-dessus du portail d'après les plans de Servandoni, affectaient la forme de campaniles gracieux et frêles dont la structure délicate contrastait avec la masse imposante de la façade.

A la place de ces campaniles s'élèvent aujourd'hui deux tours solidement assises. Victor Hugo les comparait, assez irrévérencieusement, à de grosses clarinettes. Certes, le dessin en paraît bizarre. Pourtant leur sobre ordonnance contribue à

l'aspect décoratif du portique. Nous avons décrit celle de droite qui est restée inachevée. Celle de gauche est moins banale et plus élégante. Elle comprend deux étages, le premier carré et d'ordonnance corinthienne, le second cylindrique et de style composite. Les deux étages sont séparés par des frontons à la base desquels se dressent les statues des quatre *Évangélistes*, sculptées par Boizot et Mouchy, et restaurées, en 1873, par Maniglier. Ce sont des œuvres intéressantes, d'une vigoureuse franchise.

Les façades latérales de l'église sont pourvues d'énormes contreforts, en forme de consoles renversées, qui séparent, au-dessus de la toiture des collatéraux, les fenêtres hautes, et accusent les travées intérieures de l'édifice. De chaque côté, à la hauteur du transept, s'élèvent deux étages, couronnés d'un fronton triangulaire. Entre les colonnes d'ordre classique qui les divisent en trois travées, s'encadrent des fenêtres et des niches renfermant des statues sculptées, en 1725, par François Dumont.

A l'extrémité du chevet, une petite tourelle en encorbellement correspond à la niche qui surmonte l'autel de la Sainte Vierge. A gauche de cette niche, une construction, couronnée par une toiture de forme bizarre, abrite la chapelle dite des Allemands.

L'intérieur de l'édifice, par ses amples dispositions et par la richesse de sa décoration, forme un cadre très approprié à la solennité des cérémonies religieuses (Pl. 31).

La nef est spacieuse, séparée des bas côtés par des arcades massives qui reposent sur de lourds piédroits, ornés de pilastres corinthiens. Au-dessus des arcades, règne un entablement qui fait le tour de l'édifice. Il reçoit les retombées d'une voûte en berceau, divisée par des arcs doubleaux peu saillants. Les baies

ménagées dans les pénétrations de la voûte et les larges vitres
de l'église, en majeure partie incolores, répandent dans le
monument une lumière vive et abondante.

Tout le long des bas côtés, couverts de voûtes d'arêtes,
s'ouvrent, par des arcs surbaissés, des chapelles latérales. A
l'intersection de la nef et des transepts, la voûte s'arrondit en
une vaste coupole, d'un dessin élégant, mais d'une ornementation un peu chargée. Elle est décorée d'une gloire en
bas-relief, entourée de caissons et de médaillons. Au milieu de
ces sculptures, exécutées par les frères Slodtz, de belles peintures de François Lemoyne et d'Hallé présentent les figures de *Jésus-
Christ*, de *Melchisédec*, de *Saint Pierre* et de *Saint Jean-Baptiste*.

L'autel est isolé entre la nef et le chœur ; cette disposition
contribue grandement à l'effet pittoresque de cette partie
du monument. Il était recouvert autrefois d'un lourd baldaquin
doré, d'un effet assez disgracieux, qui était suspendu en l'air
par trois cordes visibles : on a fort heureusement supprimé cet
accessoire prétentieux et gênant.

Le rond-point du chœur, percé d'une large arcade, s'ouvre
sur une chapelle magnifiquement décorée qui attire l'œil par
la profusion et par l'éclat de son ornementation. Le marbre,
l'or, le bronze, brillent dans toutes les parties de cette chapelle.
Ce luxe de décoration, très fréquent dans les églises d'Italie,
mais assez rare dans nos édifices religieux, surprend le visiteur, au premier abord, car il paraît peu conforme à la gravité
ordinaire du style sacré ; il faut pourtant reconnaître que la
chapelle de la Vierge, à laquelle Servandoni a consacré tous
ses soins, dans ses travaux à l'intérieur de l'église, offre un
modèle assez séduisant d'une manière qui a tout au moins
pour elle son élégance et sa richesse.

Cette chapelle eut beaucoup à souffrir de l'incendie qui dévasta

la foire Saint-Germain, en 1763; elle a été très habilement restaurée par l'architecte de Wailly. Incrustée de marbres de différentes couleurs, rehaussée de sculptures, de moulures, d'ornements en bronze doré, elle est tapissée de peintures de Van Loo qu'encadrent des pilastres à chapiteaux corinthiens. Ces toiles, d'une inspiration froide, mais d'une composition correcte et d'un dessin très habile, représentent l'*Annonciation*, la *Visitation*, l'*Adoration des Bergers*, et la *Présentation au temple*. On a malheureusement quelque peine à entrevoir leurs sombres colorations, dans le pénombre qui les enveloppe.

La corniche qui règne au-dessus des panneaux peints est couronnée d'une coupole ouverte, décorée de figures d'anges, d'ornements et de fleurs. Une seconde voûte a été pratiquée au-dessus de la première, lors de la restauration de 1763, pour projeter un peu de jour sur les peintures de Van Loo.

Sur la voûte se développe une vaste composition de François Lemoyne, l'*Assomption de la Vierge*, qui forme un beau décor à ce plafond. Cette fresque avait déjà subi des retouches, lorsqu'elle fut percée d'obus, pendant le siège de Paris. Elle a été entièrement restaurée, d'après l'esquisse de Lemoyne.

L'autel, en marbre, orné par les frères Slodtz d'un bas-relief de bronze figurant les *Noces de Cana*, est surmonté d'un baldaquin, à colonnes de marbre, dont les chapiteaux et les bases sont en bronze.

Sous ce riche baldaquin, se dresse une très belle statue de Pigalle qui représente la *Vierge et l'Enfant Jésus* debout sur un globe environné de nuages, dans lesquels se jouent de petits anges sculptés par Mouchy, neveu du célèbre artiste. Des jours percés dans la niche qui s'élève au-dessus de ce groupe laissent filtrer une lumière atténuée qui enveloppe ce marbre d'un reflet pâle et indécis. Et le groupe sacré, qu'illumine une aube

mystérieuse, apparaît de loin comme une évocation céleste.

L'œuvre de Pigalle a remplacé une *Vierge*, en argent massif, de grandeur naturelle, modelée par Bouchardon. Cette œuvre d'art avait été donnée à l'église par le curé Languet de Gergy qui contribua beaucoup à l'embellissement de l'édifice. Elle était connue sous le nom de Notre-Dame de Vieille-Vaisselle, et ce surnom consacrait une pieuse légende. Si l'on en croit la tradition, on utilisa, dans la fonte, un grand nombre de pièces d'argenterie et de couverts que les paroissiens offraient à leur curé lorsqu'ils l'invitaient à dîner. Placée d'abord dans la chapelle de la Vierge, la *Vierge* de Bouchardon fut ensuite reléguée dans la sacristie, car la richesse de la matière excitait les convoitises et exigeait une surveillance continuelle. Elle n'échappa pourtant pas aux recherches des révolutionnaires qui la convertirent en lingots.

En dehors des œuvres d'art que nous avons déjà eu l'occasion de signaler, Saint-Sulpice renferme un grand nombre de curiosités, de peintures et de sculptures. Elle a ouvert un vaste champ aux inspirations de nos artistes, au siècle dernier. Des peintres de talent ont même essayé, sans grand succès d'ailleurs, de ranimer les anciens procédés de la fresque, dans les larges compositions dont ils ont revêtu ses murailles.

A l'entrée de l'église, on admirera un magnifique buffet d'orgue, très richement décoré, qui a été exécuté par Jadot, sur les plans de Chalgrin (Pl. 32). Il dessine un large hémicycle, encadré de hautes colonnes corinthiennes. Dans les entrecolonnements et sur l'entablement supérieur, se détachent d'élégantes statues, œuvres de Clodion. Les motifs d'ornementation, d'un travail très délicat, ont été exécutés par Duret.

L'orgue, de Clicquot, a été reconstruit, en 1860, par Cavaillé-Coll qui en a fait un des instruments les plus complets qui existent actuellement.

On remarquera, à l'entrée, de chaque côté de la nef, deux beaux rochers en marbre blanc, ornés de crustacés et de plantes marines; ces rochers, sculptés par Pigalle, supportent deux bénitiers formés de gigantesques coquilles qui furent offertes à François Ier par la République de Venise.

La chaire, exécutée par de Wailly dans le style chantourné de l'époque, est d'un dessin hardi et élégant. La cuve, richement ornée de sculptures dorées, est portée par deux volées d'escaliers, revêtues de marbre. Au-dessus, se dresse un groupe d'Edme Dumont qui symbolise la *Charité* (1788). La *Foi* et l'*Espérance*, sculptées par Guesdon (1788) décorent le bas des escaliers.

Une curiosité assez rare pour une église est la méridienne qui traverse le transept, tracée sur les dalles par une ligne de cuivre. Cette méridienne, qui fut dessinée par Henri Sully, horloger anglais, sert à déterminer l'équinoxe de printemps et, par suite, le dimanche de Pâques. Une ouverture circulaire, ménagée dans la fenêtre du transept méridional, laisse passer, au midi vrai, un rayon de soleil qui suit la ligne de cuivre et remonte le long d'un obélisque en marbre blanc, haut de dix-huit mètres.

La plupart des chapelles sont décorées de peintures inspirées de la vie des saints auxquels les autels sont consacrés. Dans la deuxième chapelle du bas côté gauche, dédiée à saint François de Sales, on voit des scènes peintes par Alexandre Hesse. Michel Drolling a exécuté celles qui ornent la chapelle Saint-Paul. La cinquième chapelle, dédiée au Sacré-Cœur, renferme une toile de Jean-Simon Berthélémy (1784) qui figure l'*Adoration du cœur de Jésus*.

Dans le bas côté droit, Delacroix a décoré la première chapelle, consacrée aux Saints Anges, de trois peintures remarqua-

bles par leur couleur et leur mouvement. La richesse et la sou-
plesse du pinceau s'allient à la vigueur de l'inspiration, à la
grandeur et à la noblesse de la composition. La *Lutte de Jacob
et de l'Ange* occupe la paroi de gauche (Pl. 32) : on voit, sur le
mur de droite, *Héliodore chassé du Temple* et, sur la voûte, l'*Archange saint Michel terrassant le dragon.*

En suivant les chapelles qui s'ouvrent à la suite du même
côté, on remarque des sujets symboliques peints par Heim,
sans grand éclat, des scènes de la vie de saint Roch, par Abel
de Pujol, qui ne sont que d'habiles décorations ; des épisodes de
la vie de saint Maurice et des sujets symboliques, par Vinchon.

La chapelle Saint-Jean-Baptiste renferme, avec une statue du
saint par Boizot (1785), un somptueux tombeau élevé à la mémoire
du curé de Languet de Gergy dont le zèle et la piété sont célébrés dans une inscription gravée sur le soubassement du mausolée. Ce mausolée, d'une habile exécution, a été dessiné par
Michel-Ange Slodtz, dans un style théâtral qui se ressent de
l'influence du Bernin. Devant le prêtre en prière, l'*Immortalité*
soulève une draperie et découvre le squelette de la *Mort* qui
semble frappée d'épouvante. Composition maniérée, d'une inspiration très faible. Michel-Ange Slodtz a tenté dans cette œuvre, à
l'imitation des artistes italiens, un des premiers essais d'une
décoration en bronze et en marbres multicolores.

Contre les piliers du chœur se dressent dix belles statues,
d'un dessin élégant, qui ont été sculptées par Bouchardon et ses
élèves : ces statues, plus grandes que nature, représentent le
Christ à la colonne, la *Mère des douleurs* et *huit apôtres.*

Les chapelles qui s'ouvrent dans les bas côtés du chœur
sont décorées, comme les précédentes, de peintures murales.
On remarque, à droite, dans la chapelle Saint-Martin, des
fresques d'un bel effet décoratif. Elles ont été exécutées par

Mottez. Dans ces compositions, d'un goût très classique, cet artiste a tiré un parti assez heureux d'un procédé qu'on retrouve dans ses décorations de Saint-Séverin et de Saint-Germain l'Auxerrois.

L'église comprend plusieurs chapelles extérieures. Sous les tours on a creusé deux sanctuaires de forme circulaire. Ce sont de gracieux oratoires, avec leurs hautes colonnes cannelées à chapiteaux corinthiens, leurs élégantes coupoles, décorées de caissons et de rosaces. Boizot et Mouchy les ont ornés, en 1787, de bas-reliefs et de statues qui ne manquent pas d'intérêt.

La chapelle « des Allemands », au chevet de l'édifice, est décorée de belles boiseries du XVIIIᵉ siècle. On y remarque une toile fort intéressante de Van Loo : l'*Adoration des bergers*, et une toile peinte par Hallé : *Jésus et les petits enfants*. Le même artiste a peint, au plafond, une grande composition où l'étoile du matin, qui symbolise la *Vierge*, apparaît entourée d'anges.

Il ne faut pas quitter cette église sans jeter un coup d'œil sur les splendides boiseries qu'elle renferme.

Dans la chapelle du Sacré-Cœur, qui s'ouvre sur le bas côté droit, les murs sont revêtus de beaux lambris de chêne, à moulures dorées, que rehaussent des sculptures d'un dessin gracieux. Cette jolie décoration est contemporaine de la construction de l'édifice, ainsi que le confessionnal en chêne sculpté qui se trouve dans cette chapelle.

Les boiseries de la sacristie des mariages sont modernes ; mais elles sont encastrées de panneaux sculptés et dorés, de style Louis XV, qui sont dessinés avec beaucoup d'art.

Il faut surtout s'arrêter devant les charmantes boiseries de la sacristie des messes qui forment un ensemble décoratif des plus riches et des plus élégants (Pl. 33). Tout le long de la salle, de charmantes armoires, rehaussées de sculptures d'une finesse

extrême, couvrent la partie basse des murs. Les pilastres qui supportent les retombées de la voûte sont revêtus d'une ornementation très curieuse, sculptée avec beaucoup de délicatesse et dont les motifs sont empruntés aux attributs sacerdotaux.

Cette riche décoration, de style Louis XV, se continue dans la galerie qui règne au-dessus de la porte, que domine une rampe élégante, en fer forgé, peinte et dorée.

On y trouve d'autres armoires qui sont fermées par des panneaux en chêne, sur lesquels s'enguirlandent des fleurs et des vases sacrés.

La voûte, en pierre, est décorée de caissons sculptés où s'enroulent des ornements floraux.

Les vastes souterrains de l'église renferment de nombreuses sépultures et des monuments funéraires. On y conserve une cuve baptismale, datant du XVIe siècle, ornée d'élégants rinceaux, et une belle statue en plâtre de *Saint Pierre*, sculptée par Pradier.

***

SAINT-LOUIS EN L'ILE

Jusqu'au début du XVIIe siècle, l'île Saint-Louis, qui resta longtemps inhabitée, était séparée en deux par un fossé dont l'emplacement est aujourd'hui occupé par la rue Poulletier : d'un côté, l'île Notre-Dame, de l'autre, l'île-aux-Vaches qui devait son nom aux pâturages qu'elle contenait. C'est dans l'île Notre-Dame que le légat du pape vint prêcher la croisade devant Philippe le Bel et Édouard III d'Angleterre, au milieu d'une foule enthousiasmée.

SAINT-SULPICE. SACRISTIE DES MESSES. BOISERIES DU XVIIIᵉ SIÈCLE.

(Page 125.)

Pl. 34.

Photo Lévy.

FAÇADE SEPTENTRIONALE ET CLOCHER

NEF ET CHŒUR.

SAINT-LOUIS EN L'ILE

(Page 128.)

Louis XIII résolut de créer un nouveau quartier, dans ces deux îles, et de les ouvrir à la circulation. Un contrat passé à cet effet en 1619, avec Christophe Marie et Eudes Poulletier, stipule que ces deux entrepreneurs se chargeront de combler le canal et de relier par un pont le quartier Saint-Paul et celui de la Tournelle, moyennant l'abandon qui leur sera fait de la propriété des îles. La même année, Marie jeta le pont qui porte encore son nom et dont la première pierre fut posée par le roi et par la reine, Marie de Médicis. Mais le chapitre de Notre-Dame, qui possédait les îles, de temps immémorial, fit opposition au contrat ; il redoutait les dangers qui pouvaient résulter, pour le cloître de Notre-Dame, de l'exhaussement de la rive : le fleuve, resserré entre les berges qu'on projetait, aurait un courant plus rapide et pourrait miner les quais bordant le cloître.

Un arrêt intervint, en 1616, et décida que les entrepreneurs devraient revêtir de pierre de taille le pourtour du terrain de Notre-Dame. Il fut convenu en même temps qu'une place serait réservée, dans l'aménagement de l'île nouvelle, pour l'édification d'une église qui serait placée sous l'invocation de saint Louis et qui resterait perpétuellement sous le patronage du chapitre et à la collation de l'archevêque.

L'île n'eut pourtant d'abord, pour le service du culte, qu'un modeste oratoire élevé par un maître couvreur, nommé Nicolas Lejeune. La chapelle, orientée du nord au midi, contrairement à l'usage ordinaire, fut agrandie, en 1622 : mais elle demeurait malgré tout insuffisante pour les besoins d'une population qui augmentait rapidement.

Une nouvelle église fut érigée, en 1664, sur les dessins de Le Vau, et orientée vers l'est. En 1679, on bâtit le chœur : mais on manquait d'argent et on se contenta, comme nef, du bâtiment de l'ancienne chapelle. Combinaison fâcheuse, qui accou-

plait deux édifices de direction et de dimensions différentes.

La nef était d'ailleurs en fort mauvais état. En 1702, un ouragan en emportait des fragments qui blessèrent mortellement, dans leur chute, le marquis de Verderonne. On en profita pour édifier une nouvelle nef. Les travaux reprirent, continués par Gabriel Le Duc qui dessina la façade, achevés enfin par Jacques Doucet.

Les sculptures ont été exécutées sur les dessins de J.-B. de Champaigne, marguillier de la paroisse et neveu de Philippe de Champaigne. Un campanile surmontait anciennement la coupole de l'église : il fut détruit par la foudre, en 1741 : on le remplaça, en 1765, par l'obélisque qui s'élève à l'extrémité occidentale du monument.

Saint-Louis en l'Ile fut la paroisse des magistrats. Ils trouvaient, aux abords du Palais, dans ses rues larges, des hôtels nouvellement construits, où se déployait un luxe d'escaliers, de colonnades et de galeries, pleines de toiles de maîtres.

Sous la Révolution, l'église fut fermée, puis vendue comme propriété nationale : elle a été rachetée par la Ville de Paris, en 1817, pour une somme de cent vingt mille francs.

L'édifice, à l'extérieur, présente peu d'intérêt (Pl. 34). La façade principale s'accuse par un simple pignon. Le Duc avait dessiné, pour la décorer, un portail qui n'a jamais été exécuté.

Dans la façade de la rue Saint-Louis, s'ouvre une porte dont les vantaux sont richement sculptés et qui est couronnée d'un fronton triangulaire orné de deux anges.

On remarque surtout, au-dessus de cet ensemble, un curieux clocher à jour qui affecte la forme d'une pyramide triangulaire.

A l'intérieur, l'église offre un ensemble élégant, harmonieux (Pl. 34). C'est encore un édifice de style « jésuite » où l'on peut

relever de nombreuses fautes de goût, mais qui s'impose malgré tout à l'attention par son luxe de décoration, d'une extrême richesse. La nef est large et haute : les bas côtés sont élevés. L'église, ornée de pilastres corinthiens, est rehaussée, de tous côtés, de sculptures, de guirlandes, de rinceaux et de rosaces. L'or brille partout, dans la voûte, sur les murs, sur les arcades : il reluit sur les arcs doubleaux de la nef ; il s'enroule autour des chapiteaux, des consoles et des rosaces, et se détache sur tous les motifs d'ornementation. La décoration est riche, éclatante, souvent excessive et parfois lourde, surtout dans le chœur, qui est écrasé sous les motifs et les arabesques dorés.

A l'intersection des transepts, sur quatre pendentifs, soutenus par de gros piliers, s'élève une coupole de forme élégante ; les pendentifs sont ornés d'anges et d'écussons sculptés ; la coupole, au centre de laquelle se détache un grand écusson, aux armes de France, est ornée de panneaux en or, enrichis alternativement de branches de laurier et de rinceaux encadrant des cartouches.

Les murs de l'église, les parois des chapelles latérales et absidales sont couvertes d'une foule d'œuvres d'art, dont beaucoup ont été données par l'abbé Bossuet, ancien curé de la paroisse. Ce sont, de tous côtés, de gracieux bas-reliefs en albâtre, des émaux anciens, de curieuses figurines en bois, polychromées et dorées, des faïences italiennes et françaises qui s'enchâssent avec beaucoup de goût dans de riches boiseries. On admire aussi une fort belle série de peintures sur bois ou sur cuivre, œuvres de primitifs flamands, italiens, allemands et français.

Les pilastres de la nef sont ornés de petits cadres en bronze doré, dans lesquels se détachent de petites peintures sur cuivre, du xvii⁰ siècle, consacrées à saint Matthieu, saint Jacques, saint Jude et saint Simon.

Deux chapelles sont aménagées, à droite et à gauche du vestibule d'entrée, dans le prolongement des collatéraux.

C'est, à droite, la chapelle des fonts baptismaux avec ses élégants panneaux boisés, agrémentés de moulures et rehaussés de filets d'or.

Dans des cadres enrichis de rinceaux, s'encastrent de curieuses peintures flamandes, datant de la fin du xvi᷂e siècle, qui retracent, en des scènes colorées et d'une grâce naïve, les principaux épisodes de la vie de Jésus : l'*Annonciation*, l'*Adoration des Bergers*, l'*Adoration des Mages*, la *Circoncision*, la *Tentation*, la *Guérison de l'aveugle de Jéricho*, l'*Entrée de Jésus à Jérusalem* et *les adieux de Jésus*.

Au-dessus de ces panneaux, une toile évoque le *Baptême du Christ*. C'est une composition très habile, peinte, en 1645, par Jacques Stella, peintre flamand, grand admirateur de Poussin.

La chapelle du Calvaire, qui fait vis-à-vis à la précédente, dans le collatéral droit, renferme une belle statue du *Christ en croix* qu'on attribue à Jacques Sarrazin.

Dans le bas côté gauche, à la hauteur de la première travée, une grande composition de Doyen figure la *Dernière communion de saint Louis*. Le coloris est terne, l'inspiration froide.

Sur les collatéraux s'ouvrent des chapelles latérales dont quelques-unes offrent une décoration artistique des plus intéressantes.

Dans la chapelle des Ames du Purgatoire, on remarquera, sur la porte du tabernacle, une *Mater dolorosa*, peinte sur cuivre par l'école flamande du xviie siècle. Le retable de l'autel est orné d'un médaillon de la *Vierge* qui date du xviiie siècle.

La chapelle Saint-Joseph, qui fait suite à la précédente, est tapissée de hauts panneaux boisés qu'agrémentent d'élégantes moulures dorées. C'est une décoration gracieuse et d'une note

discrète, qui se répète sous une forme, plus ou moins analogue,
dans la plupart des chapelles des collatéraux et du déambulatoire. Dans les panneaux de face se détachent, sur un fond doré,
des peintures italiennes sur bois, du XVIᵉ siècle : *Une sainte religieuse, Saint Paul, Saint Pierre, Un saint ermite.*

Le lambris du mur de gauche, sur lequel est gravée une inscription à la mémoire du chevalier d'Hérouval, présente deux
peintures du XVIIᵉ siècle : un père et ses trois filles ; une mère et
ses trois filles. Ces allégories, d'un agencement symétrique, se
développent sur des fonds de paysage.

Au-dessus se trouvent deux toiles. La première, de l'école
vénitienne du XVIIᵉ siècle, représente les *Pèlerins d'Emmaüs.*
La seconde est une composition, peinte par Van Loo, qui montre
*Saint Pierre et saint Paul guérissant un paralytique à la porte
du temple.* Le dessin est correct, l'exécution habile, mais sans
éclat.

L'autel se dresse contre le mur de droite, orné d'un émail
en miniature, du XVIIᵉ siècle, consacré à la *Sainte Famille.* On
voit, d'un côté de l'autel, une statuette en bois peint d'un évêque,
de l'autre, un groupe : *Saint Joachim et la Vierge.* Ces sculptures, d'un travail assez grossier, datent également du XVIIᵉ siècle.
Au-dessus de l'autel, une toile de la même époque évoque la
Fuite en Égypte.

On a scellé dans le mur de la chapelle Saint-Joseph un
morceau de marbre provenant de l'autel portatif sur lequel
Pie VII célébrait la messe, pendant sa captivité à Fontainebleau.

La chapelle de la Communion, qui s'ouvre sur le bas côté
droit, attire les regards par la richesse de sa décoration. Elle
est presque entièrement revêtue d'un haut lambris que sillonnent
des bandes et des moulures dorées, parsemées de têtes d'anges
sculptées.

Elle comprend deux parties. La première, encadrée de pilastres qui supportent une voûte en berceau, correspond aux autres chapelles latérales : elle forme une sorte de vestibule donnant accès à une seconde chapelle, construite hors œuvre, qui se termine en hémicycle.

Le vestibule est orné de peintures sur bois qui s'encastrent dans les panneaux du lambris. On voit, à gauche, une tête de saint, un Christ déposé, une tête de sainte qui datent du xvii⁰ siècle ; sur le mur de droite, un buste de saint et un buste de sainte, de l'école française, un *Saint Jérôme* italien de la même époque.

La seconde partie renferme des tableaux intéressants. A gauche, une *Sainte Thérèse*, composition espagnole du xviiᵉ siècle ; une toile du xviiiᵉ : l'*Apparition de saint Grégoire à saint Martin* ; un tableau, d'une grâce un peu mièvre, peint dans la manière de Mignard : le *Repos de la sainte Famille* ; une composition dans le style de Simon Vouet : *Louis XIII reçevant la communion des mains de saint François de Sales*.

Le mur de droite est décoré d'une autre *Sainte Thérèse* espagnole, du xviiᵉ siècle, et d'une belle toile d'Ary Scheffer qui symbolise, dans une mise en scène pathétique, la *Dernière communion de saint Louis*. Cette composition vigoureuse contraste avec celle que Doyen a consacrée au même épisode.

Au fond de la chapelle, une toile assez colorée de Charles-Antoine Coypel : les *Pèlerins d'Emmaüs* ; une *Résurrection du Christ*, peinte par Peyron, en 1784 ; une *Famille en prière*, peinture italienne sur bois de la fin du xvᵉ siècle. L'autel est orné d'un *Crucifiement* en cuivre doré, du xviiiᵉ.

Le soubassement de l'autel, dans la chapelle du Sacré-Cœur, est sculpté d'un bas-relief du xviiᵉ siècle, en marbre peint et doré, qui figure la *Résurrection de Laʒare*. Sur les côtés de

l'autel, des peintures italiennes sur bois, du xve siècle, se détachent sur un fond d'or : à gauche, une *Vierge martyre*; à droite, *Le Sauveur bénissant le monde*.

Le lambris qui revêt le mur du fond renferme deux peintures italiennes de la même époque : une *Sainte* et *sainte Claire*, entre lesquelles s'encadrent deux peintures italiennes du xviie siècle : *Saint Jérôme* et *Un Religieux*.

On remarque surtout, dans le mur de droite, un très beau haut relief flamand en bois peint, du xvie siècle ; c'est une sculpture curieuse qui figure la *Mort de la Vierge*, au milieu d'un assemblage pittoresque et bigarré de personnages sacrés (Pl. 35). L'artiste a varié avec beaucoup d'habileté les attitudes et les physionomies et il a donné beaucoup de mouvement à cette scène pathétique.

Des anges, peints sur cuivre, par l'école italienne du xvie siècle, s'encadrent dans deux panneaux encastrés dans le mur.

Les deux bras du transept forment un ensemble des plus gracieux, avec leurs élégantes boiseries, rehaussées d'or, et leurs jolis bas-reliefs, sculptés au xviie siècle, où des théories d'anges s'enguirlandent autour de sujets symboliques. Des statues du temps, exécutées par La Datte, ont été consacrées à sainte Geneviève et à la Vierge.

Les piliers de la coupole et du chœur sont ornés, comme ceux de la nef, de petites peintures sur cuivre, du xviie siècle, sur lesquelles se détachent des figures de saints.

Derrière l'autel, on voit une *Descente de croix*, en bois doré, œuvre allemande du xvie siècle.

Les bas côtés du chœur s'ouvrent sur une série de chapelles richement décorées.

Deux triptyques factices décorent le mur du fond de la chapelle Saint-Denis.

Le premier renferme un *Christ*, du XVIIe siècle, un *Saint Jérôme* et un *Saint Jean-Baptiste*, œuvres italiennes du XVIe ; le second, de l'école flamande du XVIe, montre la *Naissance du Christ*, l'*Adoration des Mages*, la *Fuite en Égypte*. Ces trois panneaux pittoresques, peints dans le genre italien, se développent sur des fonds de paysage.

Entre ces triptyques, deux volets de retable du XVIIe siècle, consacrés à la famille de Bailleul. Au-dessus une figure de *Saint François de Paule*, peinte au XVIIe siècle. L'autel est décoré d'un joli groupe en plâtre doré représentant la *Descente de croix*.

Dans la chapelle de la Compassion, on trouve, aux côtés de l'autel, deux statuettes en bois doré, du XVIIe siècle : la *Vierge* et l'*Ecce homo ;* dans les travées du lambris, une *Mater Dolorosa*, du XVIIe, une *Sainte Famille*, peinte sur bois, par l'école italienne du XVIe, une *Assomption de la Vierge*, haut-relief en albâtre du XVIe.

On voit, dans la chapelle Saint-François de Sales, un groupe en bois peint du XVIIe siècle : la *Vierge et l'Enfant Jésus ;* une statuette en bois du XVIe figurant l'*Ecce homo ;* une toile de Hallé, composition habile, mais froide, qui montre *Saint François de Sales donnant à Mme de Chantal la constitution de son ordre ;* enfin un curieux triptyque formé par des peintures sur faïences, dont deux seulement, d'origine ancienne, sont dus à l'école italienne du XVIIe siècle et représentent l'*Annonciation* et la *Vierge et l'Enfant Jésus*.

Si on contourne le bas côté droit du chœur, on entre d'abord dans la chapelle Sainte-Madeleine, dont l'autel est orné d'un beau reliquaire ancien en bois doré, de style gothique.

On voit, dans cette chapelle, au-dessus de l'autel, dans un riche cadre doré, une toile du XVIIe siècle : l'*Apparition de Jésus-*

Christ à sainte Madeleine ; sur le mur du fond, une peinture sur bois, qu'on a voulu attribuer à Fra Angelico, symbolise l'*Annonciation*. Cette composition italienne, d'une simplicité et d'une grâce touchante, se ressent certainement de l'influence du maître florentin (Pl. 35). Deux hauts-reliefs en albâtre, qui datent du xive siècle, figurent l'*Ensevelissement d'un évêque* (Pl. 35) et la *Naissance de la Vierge*. Ces sculptures, d'un travail délicat, étaient jadis peintes et dorées. Elles devaient constituer un retable, avec quelques autres motifs, de la même époque, qu'on trouve dans l'église.

La chapelle Sainte-Madeleine est encore ornée d'une *Descente de croix*, peinture italienne du xvie siècle, et de deux statuettes peintes de la sainte et de saint Jean, par l'école française du xviie.

La chapelle Saint-Vincent de Paul renferme un médaillon en marbre de la Vierge, d'une jolie expression, qu'on attribue à Canova (Pl. 35) ; un haut-relief en albâtre, du xive siècle qui figure le *Christ en croix*, dans une scène pittoresque ; et deux bas-reliefs en marbre, du xvie : la *Cène* et la *Mise au tombeau*.

La chapelle Sainte-Thérèse est ornée de belles faïences italiennes dont deux, du xviie siècle, représentent l'*Adoration des mages* et l'*Adoration des bergers*; la troisième, qui date du xviiie, montre un *Franciscain prêchant*.

Dans le chevet de l'église, s'encadrent des chapelles rectangulaires qui correspondent à la nef et aux collatéraux.

Ces sanctuaires offrent une décoration fort élégante avec les riches boiseries sculptées qui tapissent leurs parois. Les deux chapelles latérales attireront surtout les regards par leurs beaux lambris en chêne, où des statuettes modernes de saints s'encadrent dans des niches gracieuses, rehaussées de dorures, au-

dessous desquelles court un bandeau, chargé de feuilles d'a-
canthe et de rameaux de laurier.

Dans la chapelle Saint-Louis, placée au centre, la partie
inférieure du lambris est ornée d'une petite balustrade, finement sculptée, au-dessus de laquelle se développe une frise,
décorée de rinceaux.

Sur les murs, des peintures anciennes sur bois s'enchâssent
dans des panneaux moulurés : à gauche, une *Sainte*, par l'école
française du xvii⁰ siècle, et une *Vierge* italienne, du xv⁰ ; à droite,
un *Saint Barthélemy* italien, du xv⁰, et une *Sainte Face*, de
l'école italienne du xvii⁰.

Sur le tabernacle de l'autel, une miniature peinte sur cuivre,
par l'école française du xvii⁰ siècle, évoque la *Naissance du
Christ*. Les piliers extérieurs de la chapelle Saint-Louis portent
deux hauts reliefs en albâtre, du xiv⁰ : la *Flagellation* et le *Couronnement de la Vierge*.

Les bas côtés de l'église sont pourvus d'un très beau chemin
de croix, sculpté par Duseigneur qui a également exécuté dans
l'abside deux bas-reliefs en terre cuite : le *Mariage de la Vierge*
et la *Mort de saint Joseph*.

A l'entrée de l'église, un petit bénitier, en marbre blanc,
qui provient de l'ancien couvent des Carmélites de Chaillot,
évoque le souvenir de Mlle de la Vallière et de la retraite qu'elle
fit dans ce monastère. Au-dessus du bénitier se détache une
tête de chérubin, aux ailes éployées.

De nombreux souvenirs s'attachent à la vieille paroisse de
Saint-Louis en l'Ile. C'est dans l'île Saint-Louis que saint Vincent de Paul présida les réunions où s'organisèrent les bureaux
de charité. Saint François de Sales prêcha dans l'église et Fléchier y prononça son beau panégyrique de saint Louis.

On ne peut oublier, parmi les noms qu'évoque l'édifice,

Pl. 35.

MÉDAILLON DE LA VIERGE
ATTRIBUÉ A CANOVA.

ENSEVELISSEMENT D'UN ÉVÊQUE
(HAUT-RELIEF EN ALBATRE, DU XIV° SIÈCLE).

ANNONCIATION
(PEINTURE SUR BOIS).

ATTRIBUÉE
A FRA ANGELICO.

MORT DE LA VIERGE (HAUT-RELIEF FLAMAND, EN BOIS PEINT, DU XVI° SIÈCLE).
SAINT-LOUIS EN L'ILE
(Pages 133 et 135.)

Pl. 36.

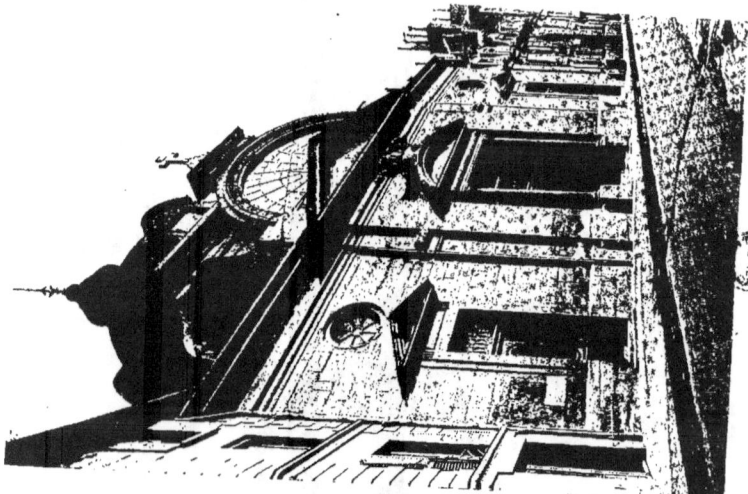

TEMPLE DE MONTIEMONT.

Photos Neurdein.

SAINT-PIERRE DE CHAILLOT.

(Page 138.)

celui de Quinault, ce poète élégant et ingénieux, qui fut inhumé dans l'église. En dépit des railleries dont Boileau accabla cet écrivain, on apprécie encore aujourd'hui le lyrisme délicat qui anime ses comédies et ses opéras que l'auteur de l'*Art Poétique* qualifiait avec un dédain un peu pédantesque de :

« … lieux communs de morale lubrique
« Que Lully réchauffa des feux de sa musique. »

Il faut aussi rendre hommage à la mémoire de l'abbé Bossuet, ancien curé de la paroisse, qui, par ses généreuses donations, a enrichi l'église d'un nombre considérable d'œuvres d'art.

SAINT-PIERRE DE CHAILLOT

Ce petit édifice, pauvrement construit, remanié à diverses reprises, pour satisfaire aux besoins du moment, n'a jamais offert aucun intérêt architectonique.

L'origine en est fort ancienne, puisque, dès le XIᵉ siècle, il existait, en cet endroit, une chapelle, dépendant du célèbre monastère bénédictin de Saint-Martin-des-Champs. Elle tombait en ruines, quand le village de Chaillot devint, en 1659, un faubourg de la capitale. On entreprit à cette date de grands travaux de restauration qui n'ôtèrent pas cependant à la paroisse nouvelle son caractère d'église de village.

Au XVIIIᵉ siècle, on rebâtit la nef et on érigea le portail.

L'église demeurait malgré tout très insuffisante pour les besoins de la population qui s'accrut considérablement au cours du siècle dernier. On envisageait la construction d'un nouveau

monument. On se borna, en fin de compte, à adosser à l'église une chapelle dédiée à Notre-Dame-des-Victoires. Cette chapelle, édifiée par Paul Marbeau, en 1886, s'accuse, sur l'avenue Marceau, par une façade sans caractère.

En même temps, on agrandissait l'église, en prolongeant le bas côté gauche qui s'arrêtait alors à la naissance du chœur.

Le résultat de ces additions et de ces transformations successives est une œuvre bâtarde et sans goût.

Les lignes froides du portail, d'une ordonnance toute classique, ne laisseront au visiteur qu'une impression de lourdeur et de dureté. Ce sont deux étages, encadrés de pilastres, avec un fronton dont le tympan est orné d'une gloire. Une tour carrée et disgracieuse s'appuie sur l'aile droite de la façade (Pl. 36).

L'intérieur manque de symétrie et l'on n'y relève la marque d'aucun effort architectonique.

La nef comporte six travées, en anses de panier, et deux bas côtés, d'une disposition analogue, dont l'un, celui de droite, s'arrête au chœur, par un mur plan. Des réminiscences gothiques apparaissent dans le chœur dont les ogives et les nervures sont éclairées par des fenêtres de style ogival.

La décoration de l'église est des plus pauvres. Pourtant la chaire à prêcher, exécutée dans le style du xviiie siècle, est ciselée d'ornements sculptés, d'un travail assez habile.

Deux peintures murales d'Auguste Hesse ornent le chœur. Elles évoquent l'*Ange de la bonne nouvelle*, et l'*Ange du jugement*. Dans le bas côté droit, une toile de Dubufe montre *Saint Pierre délivré de prison*.

TEMPLE DE PANTHEMONT

L'ancienne abbaye de Panthemont, dont la fondation remonte au XIIIe siècle, était située dans le diocèse de Beauvais, sur le flanc d'une colline : de là lui vint, dit-on, le nom qui lui fut donné et qui rappelle la pente d'une montagne. Les religieuses Bernardines durent abandonner leur abbaye, en 1672, à la suite d'une inondation : elles s'installèrent à Paris, dans une maison de la rue de Grenelle appartenant à l'Hôtel-Dieu et précédemment occupée par les religieuses du Verbe Incarné et du Saint-Sacrement. Elles y fondèrent une institution pour les jeunes filles et une maison de retraite pour les femmes qui fut très fréquentée, au XVIIIe siècle.

La première pierre de leur chapelle fut posée, en 1747, en présence du dauphin, et la bénédiction de l'église eut lieu en 1756. L'architecte Pierre Contant d'Ivry dressa les plans de l'édifice dont la construction fut achevée par son élève Franque.

Le monastère devint propriété nationale, en 1795, et fut vendu en partie, en 1803. Sur les terrains du couvent supprimé, on prolongea, jusqu'à la rue de Grenelle, la rue de Bellechasse qui s'arrêtait à la rue Saint-Dominique.

La partie qui a été conservée est devenue une caserne. Quant à la chapelle, elle a été affectée, en 1802, au culte réformé ; après avoir servi pendant longtemps de dépôt, pour les archives de diverses administrations, elle a été inaugurée à nouveau, en 1846.

L'édifice s'ouvre sur la rue de Grenelle, par un portail de modeste apparence et d'un effet peu harmonieux (Pl. 36). Ce portail est orné de deux colonnes qui portent un fronton cintré,

d'aspect massif, couronné par un autre fronton, de forme triangulaire. Cet ensemble est dominé par un vitrail sphérique qui paraît sans liaison avec le reste de l'architecture.

Un dôme peu élevé surplombe la façade.

Le plan de l'intérieur est d'une grande simplicité; mais il se recommande par sa bonne ordonnance et son ingénieuse disposition.

Il comporte une nef et des transepts, ornés de pilastres et de colonnes d'ordre ionique, entre lesquels on a ménagé de petites tribunes.

Au centre de la croix, sur des pendentifs, entre lesquels s'ouvrent de larges arceaux en plein cintre, s'élève une coupole, de belles proportions, dont la voûte est sillonnée de bandeaux en saillie.

Le temple n'a reçu aucune décoration artistique.

SAINT-PHILIPPE DU ROULE

Le village de Roule n'avait, à l'origine, qu'une petite chapelle dépendant d'une léproserie, qui avait été fondée pour les ouvriers de la Monnaie, plus particulièrement exposés aux maladies de la peau. Un arrêt du Parlement, de 1392, partage entre l'évêque de Paris et les monnayeurs la nomination des huits frères monnayeurs qui occupaient l'établissement.

La lèpre cessa bientôt d'exercer ses ravages et, dès le xvıᵉ siècle, elle avait presque disparu, en France. Pourtant l'institution se maintint jusqu'à la Révolution.

La chapelle, dédiée à saint Jacques et à saint Philippe, fut

érigée en paroisse, en 1699. Au xviii° siècle, les habitants du
Roule, désireux de se soustraire à la taille et aux autres impositions dont ils étaient chargés, demandèrent que leur village
devînt un faubourg de la capitale.

On fit droit à leurs réclamations et un nouveau faubourg
de Paris fut formé, en 1722, par la réunion des deux villages du
Roule et de la Ville-l'Évêque.

Mais l'église menaçait ruine. On dut la démolir, en 1739, et
installer les services du culte dans une grange voisine.

Cette situation ne pouvait durer. En 1764, on voit les marguilliers et les paroissiens s'unir pour faire entendre leur doléances. « On est obligé, disent-ils, de faire l'office divin dans
une grange, ou plutôt dans une étable où étaient les vaches,
dans laquelle il faut descendre plusieurs degrés, où il y a un
pied d'eau dans de certaines inondations : elle est si humide
que tout y pourrit. »

Ces plaintes furent écoutées. En 1768, l'Académie d'Architecture approuve les plans dressés par Chalgrin, pour la construction d'une nouvelle église. En 1774, le comte de Provence
pose la première pierre de l'édifice, qui fut achevé en 1784.

L'église, conservée comme paroisse sous la Révolution, fut
affectée, en l'an II, au culte de la Concorde. Elle ne subit aucune
modification, jusqu'en 1845. A cette époque, il parut nécessaire
de l'agrandir, car la population avait considérablement augmenté.

Les travaux furent dirigés par l'architecte Godde. On construisit la chapelle de la Vierge : on démolit le mur qui fermait
le sanctuaire à l'intérieur ; les bas côtés furent prolongés, de
manière à contourner le chœur.

En 1853 et 1859, l'architecte Baltard édifia la chapelle des
catéchismes.

Chalgrin était l'élève de Servandoni : comme Brongniart, l'architecte de Saint-Louis d'Antin, comme Soufflot, qui traça le plan du Panthéon, il appartenait à une école éprise des arts antiques; aussi a-t-il fait effort, à Saint-Philippe du Roule, pour ramener notre architecture religieuse à l'unité et à la simplicité des temples païens. C'est un retour vers l'antiquité classique, sous sa forme primitive, qui sauvera notre art de la monotonie du style « jésuite » ainsi que du maniérisme et du faux goût d'ornementation dans lesquels il se stérilisait. Non seulement, aux façades en bas-relief, Chalgrin substitue un portique gréco-romain ; mais, à l'intérieur, les arceaux à pilastres font place à une double rangée d'élégantes colonnes. C'est le premier mot d'un système qui trouvera son expression dernière au Panthéon et à la Madeleine.

Saint-Philippe du Roule imite les anciennes basiliques. C'est une formule nouvelle qui fera fortune au xixe siècle. Nous lui devons toute cette série de basiliques qui marquèrent les débuts de notre architecture religieuse contemporaine.

L'église a la forme d'un long carré, sur lequel s'accuse un chevet en saillie.

La façade, avec son porche, se recommande par la simplicité et la correction de son dessin (Pl. 37). Elle manque peut-être d'une certaine ampleur qui aurait mis en valeur son porche, un peu étriqué entre les ailes latérales.

Mais l'ensemble est d'un bon effet et annonce les dispositions harmonieuses données à l'intérieur de l'édifice.

Le portail, soutenu par quatre colonnes doriques d'un fort diamètre, est surmonté d'un fronton triangulaire, orné d'un bas-relief symbolisant la *Religion*, œuvre de Francisque Duret. Un grand bas-relief avait été commandé à Gois pour la décora-

tion de la porte centrale : mais l'exécution en fut toujours ajournée, pour des raisons d'économie. Pour le même motif, on a remplacé par un petit clocher les deux tours carrées qui, d'après les plans primitifs, devaient s'élever, à l'arrière du monument, des deux côtés de l'abside.

L'église, à l'intérieur, par l'ampleur de ses proportions, par son plan sobre et majestueux, rappelle la belle ordonnance des anciens temples grecs. La nef, les bas côtés sont formés de larges péristyles, bordés par une colonnade ionique qui règne tout autour de la nef, enveloppant le chœur, disposé en coquille, au milieu duquel se dresse, isolé, l'autel principal. La colonnade est interrompue, à la hauteur des transepts, par un mur plein, percé de larges baies rectangulaires : de chaque côté s'ouvre une chapelle.

Derrière le chœur, une grande arcade donne accès dans la chapelle de la Vierge qui a été construite hors œuvre, au centre de l'abside.

De larges vitraux, ménagés dans les bas côtés et dans la voûte, laissent filtrer dans l'édifice une lumière atténuée. Le plafond, décoré de caissons à rosaces dorées, n'est pas en maçonnerie : il est formé par une simple charpente en sapin, ingénieusement assemblée et peinte avec art, dans une teinte qui joue parfaitement la pierre.

C'est un des premiers essais qu'on puisse citer d'une combinaison assez originale, inventée par Philibert Delorme, et qui fut appliquée, à la fin du xviiiᵉ siècle, par LegrandMolinos et Chalgrin.

Le mur du bas côté droit est orné de deux toiles de l'école italienne : la *Circoncision* et la *Communion de saint François d'Assise*, de la fin du xviiᵉ siècle.

Sur la voûte du chœur se développe une large peinture de

Chassériau, figurant la *Déposition*. C'est une œuvre intéressante, d'une belle inspiration et d'un heureux effet décoratif.

La chapelle des catéchismes est décorée d'un chemin de croix, peint par Louis Boulanger.

La sacristie des messes, à gauche du chœur, renferme une *Mise au tombeau*, du XVIIᵉ siècle, une petite statuette en ivoire du *Christ en croix*, du XVIIIᵉ, qui est placée dans un cadre en bois ciselé et doré d'une grande richesse ; enfin deux toiles du XVIIIᵉ : *Saint Jacques le Mineur* et *Saint Philippe*.

La sacristie du parloir, à droite du chœur, est ornée de deux toiles du XVIIᵉ siècle : la *Fuite en Égypte* et le *Martyre de sainte Agathe* ; et de deux peintures du XVIIIᵉ, qui représentent la *Madeleine* et la *Chananéenne aux pieds de Jésus-Christ*.

SAINT-LOUIS D'ANTIN

Le quartier de la Chaussée d'Antin était dépourvu de tout édifice religieux, quand on entreprit, en 1781, sur les dessins de Brongniart, architecte du roi, la construction d'une chapelle, attenante à un monastère. C'est dans ce couvent qu'on transféra les pères Capucins qui résidaient au faubourg Saint-Jacques.

Ces religieux ne devaient pas jouir longtemps de leur nouvelle retraite. La Révolution les dispersa et fit du monastère un hospice. En 1802, les anciens bâtiments conventuels devinrent le lycée Bonaparte, aujourd'hui lycée Condorcet.

L'ancienne chapelle des religieux, transformée en église, fut érigée en première succursale de la Madeleine. Elle s'est

Pl. 37.

Photo Marmuse.

SAINT-PHILIPPE DU ROULE.
(Page 142.)

Photo Neurdein.

SAINT-LOUIS D'ANTIN
(Page 146.)

Pl. 38.

LA MADELEINE. FAÇADE.

Photo Neurdein

Photos Atget.

BAS-RELIEFS EN BRONZE DE LA PORTE, PAR TRIQUETI.

LA MADELEINE.

(Pages 150 et 152.)

agrandie, au cours du siècle dernier, d'une chapelle des catéchismes et d'une sacristie des mariages.

La chapelle et le couvent formaient, au XVIIIe siècle, un
ensemble plein de style et de goût dont on a critiqué parfois, à
tort, l'austère simplicité. On les considérait justement, à l'époque,
comme un modèle d'harmonie et d'élégance. Le monastère,
assurément très différent des cloîtres mystérieux du XIIIe siècle,
avec leurs fines nervures, leurs voûtes élancées, leurs colonnettes
gracieuses, présentait à la vue une belle galerie de colonnes
toscanes qui ne manquait pas de dignité et de noblesse.

Il est seulement regrettable que l'architecte, bien inspiré
dans l'ensemble, ait cru devoir sacrifier le caractère même des
bâtiments qu'il élevait à l'unité de la ligne architecturale : l'ancien couvent et la chapelle, qui forment les deux pavillons de
cette ample façade, font corps, au point qu'on ne les distingue-
rait pas l'un de l'autre, sans la croix qui s'élève au-dessus de
l'église. Le XVIIe siècle, qui fut pourtant le siècle des vastes
monuments et des enceintes grandioses, n'avait pas commis
de semblables erreurs. Au château de Versailles, aux Invalides,
au Val-de-Grâce, à la Salpêtrière, la chapelle, lors même qu'elle
est comprise dans la masse générale des bâtiments, s'accuse par
les détails de son ordonnance. Les traditions se perdent, au
siècle suivant, et on en vient à une symétrie de plan qui ne
respecte même pas le caractère des différentes constructions
qu'elle embrasse.

Le monument a d'ailleurs été dépouillé des quelques motifs
d'ornementation qui constituaient, à l'origine, sa décoration
extérieure : deux grands bas-reliefs, œuvres de Clodion, qui
ornaient la façade, et qui furent détruits sous la Révolution :
deux belles fontaines, en forme de cuves antiques, que Brongniart avait disposées de chaque côté du portique central qui

donne accès dans les bâtiments du lycée. L'ordonnance primitive du monument s'est trouvée également altérée par l'ouverture de fenêtres et de croisées qui ont fâcheusement remplacé quatre niches creusées dans la façade (Pl. 37).

Le portail de l'église est d'une sobriété peut-être excessive. La porte, flanquée de deux niches, est surmontée d'un fronton triangulaire que couronne une croix.

A l'intérieur règne la même sévérité. L'église se compose d'une large nef voûtée en berceau, d'un chœur en hémicycle, et d'un seul bas côté qui s'ouvre à gauche, selon les rites de l'ordre des Franciscains. Les arcades cintrées qui donnent accès au bas côté sont supportées par des piliers carrés, auxquels correspondent des pilastres en saillie sur le mur de droite.

Aucune décoration ne relevait autrefois la simplicité et la nudité de la chapelle, d'où l'on avait banni à dessin toute élégance et toute pensée de luxe : l'ornementation est toute moderne. Les travées et la voûte ont été peintes : les piliers et les arcades ont été recouverts de peintures murales, représentant des Apôtres.

Dans la chapelle de la Croix, qui s'ouvre sur le bas côté, une inscription, gravée sur une colonnette de marbre noir, rappelle le nom du comte de Choiseul, ambassadeur à Constantinople, mort en 1817.

On remarque, dans le chœur, une toile du xviiie siècle qui évoque *Saint Louis adorant la Sainte Couronne*.

La chapelle des catéchismes, qui fait suite au bas côté, renferme un Christ en bois, de l'école allemande du xvie siècle, une toile espagnole du xviie : *San Diego écoutant les concerts des anges ;* et un tableau votif, du xviiie.

LA MADELEINE

La Madeleine a des origines fort lointaines. Ce ne fut d'abord qu'une modeste chapelle, fondée dans le bourg de la Ville-l'Évêque, où les évêques de Paris possédaient une maison de plaisance, ainsi que des terres et des granges. Ce sanctuaire primitif, reconstruit par Charles VIII, fit place, au xviie siècle, à une église plus vaste qui fut dédiée à sainte Marie-Madeleine et dont la grande Mademoiselle posa la première pierre.

Cet édifice, dont l'architecture était d'ailleurs pauvre et disparate, parut bientôt insuffisant, car le quartier de la Ville-l'Évêque prit au siècle suivant un développement considérable. Les plans d'une nouvelle église furent dressés, en 1763, par Contant d'Ivry, architecte du roi.

On travaillait alors aux embellissements de Paris : dans cette partie de la ville, où s'élevaient des demeures princières et des hôtels luxueux, on mettait à exécution de vastes projets de décoration monumentale. L'architecte Gabriel avait dessiné la place Louis XV et il avait déjà construit les deux élégants pavillons qui la bordent. On voulut que l'église concourût à la beauté et à l'harmonie de cet ensemble.

L'ancien monument occupait l'angle du boulevard Malesherbes et de la rue de la Ville-l'Évêque. Le nouveau s'éleva, aux dépens d'un couvent voisin, dans l'axe de la rue Royale et de la place Louis XV dont il devait, de ce côté, fermer la perspective.

L'école de Servandoni, de Chalgrin, et de Soufflot triomphait alors, bannissant les élégances du style Pompadour.

L'édifice, tel que le comprit Contant d'Ivry, rappelait le plan adopté pour la construction des Invalides. Il affectait la forme d'une croix latine, au centre de laquelle s'élevait un dôme. Deux clochetons surmontaient l'abside. Le projet ne comportait de colonnes qu'à l'extérieur et pour la décoration du portail d'entrée. En outre du grand escalier qui accède aujourd'hui à la façade principale, il prévoyait de larges escaliers desservant les bras de la croix. Le monument, entrepris sur ces données, ne s'élevait encore qu'à une faible hauteur, lorsque la mort de Contant d'Ivry vint interrompre les travaux. Guillaume Couture, qui en reprit la direction, jeta bas les murs de face, les chapelles et les colonnes, et, s'écartant résolument des plans de son prédécesseur, il donna à l'église la forme d'une croix grecque que devait couronner un dôme analogue à celui que Soufflot projetait alors pour Sainte-Geneviève.

Tous ces projets, malgré leur audace, respectaient encore la tradition : ils adoptaient les dispositions classiques des églises anciennes que les architectes du siècle n'avaient pu bannir de leurs plus libres tentatives. Car Saint-Sulpice, avec sa double galerie et ses clochers moyen-âgeux, n'a nullement les allures d'un temple païen et le dôme de Sainte-Geneviève rappelle moins le massif Panthéon de Rome que l'élégante coupole de Saint-Pierre qui servait alors de modèle à toutes celles de nos églises.

Il faudra la Révolution pour secouer momentanément le joug de tant de siècles d'architecture chrétienne et concevoir une église sur le type d'un temple de Minerve.

L'œuvre de Guillaume Couture sortait à peine de terre, lorsqu'éclata la Révolution. Aussi n'eut-elle à subir, pendant cette période troublée, aucune mutilation. On étudia divers projets, en vue de la destination à donner au monument : on songea, tour à tour, à en faire un palais pour l'Assemblée nationale, une

bibliothèque, une bourse. Aucun projet n'avait reçu d'exécution, quand Napoléon résolut d'ériger, sur cet emplacement,
un temple de la Gloire, où des fêtes solennelles devaient être
célébrées chaque année. Le fronton du temple devait porter
cette inscription :

« Napoléon aux soldats de la grande armée. »

Le monument aurait abrité des statues, des drapeaux, des
armures, des tables de marbre et d'or, où l'on aurait gravé les
noms des héros des batailles de l'Empire.

Le nouveau projet fut mis au concours par l'Académie des
Beaux-Arts qui donna le prix à Étienne de Beaumont. Mais
Napoléon, annulant, de sa propre autorité, le jugement de l'Académie, préféra les plans de Pierre Vignon. Cet architecte lui
semblait avoir seul compris dignement ses intentions et s'être
dégagé de toute inspiration religieuse.

L'œuvre de Guillaume Couture ne fut donc pas plus respectée
que ne l'avait été le plan de Contant d'Ivry. Un véritable temple
fut édifié sur les ruines de l'église. Mais l'exécution du projet
de Vignon était encore loin d'être terminée quand survinrent
les désastres qui amenèrent la chute de l'Empire ; le nouveau
changement du régime allait donc influer encore sur les destinées du monument qui devait connaître ainsi toutes les
vicissitudes de la politique.

Une ordonnance de 1816 substitue au Temple de la Gloire
une nouvelle église dédiée à sainte Marie-Madeleine. On eut
d'abord la pensée d'y ériger les monuments expiatoires de
Louis XVI, de Marie-Antoinette et de Louis XVII. Puis on
renonça à cette idée et l'on transféra dans l'église les reliques
de la sainte.

La Restauration allait-elle jeter bas l'œuvre de l'Empire ?
Démolirait-on une fois de plus ces fondements, voués à la ruine ?

Louis XVIII, fort sagement, conserva le monument impérial, en n'apportant aux plans que des modifications de détails.

Vignon d'ailleurs demeura l'architecte de la nouvelle église. Huvé lui succéda et poussa activement les travaux, après la Révolution de Juillet. En 1840 enfin, l'édifice était livré au culte.

La Madeleine a été l'objet tantôt de critiques amères, tantôt d'éloges enthousiastes, également suspects, car les préoccupations religieuses et politiques n'y étaient pas étrangères. Éloges et critiques se justifiaient d'ailleurs par le caractère mal défini de cette architecture. L'édifice se ressent de l'incertitude qui pesa sur sa destinée et ses dispositions s'accommodent assez mal de l'affectation religieuse à laquelle le jeu de la politique l'a condamnée en définitive.

En dépit de l'étiquette que lui donna la Restauration, la Madeleine est restée telle, à peu près, que l'avait conçue Vignon, dans son désir de traduire la pensée de l'Empereur. Aussi ce Temple de la Gloire, dont le caractère grandiose s'accordait aux hauts faits d'une époque qu'il devait glorifier, accuse-t-il nettement le retour vers l'art antique, dans sa forme la plus pure, qui convenait à cette période pleine des souvenirs de l'antiquité.

La Madeleine a la forme d'un grand temple périptère grec, d'ordre corinthien, avec ses deux rangées de colonnes, formant portique en avant de la porte principale, tandis qu'un péristyle d'une seule rangée de colonnes entoure la cella. Complétant cet aspect, un comble à double pente surplombe cette enceinte (Pl. 38).

L'illusion de temple antique se poursuit à l'intérieur (Pl. 39). Un vestibule ou pronaos s'ouvre à l'entrée. Au lieu du dôme prévu dans les plans primitifs, des coupoles aplaties

couronnent les travées et laissent filtrer une pâle lumière dans
cet édifice que n'éclaire aucun vitrail.

La maigreur des détails inspirés par les convenances du culte
ne fait qu'accuser leur désharmonie. Des enfoncements étriqués
simulent des chapelles : des galeries tiennent lieu de nefs latérales. On est presque surpris d'apercevoir un autel, au fond
d'une abside demi-circulaire, et des motifs de décoration où sur-
vivent, dans des cadres antiques, des souvenirs bibliques. Et l'on
est choqué des allures de cette église, qui se prêterait mieux,
semble-t-il, aux exigences d'un théâtre ou d'une salle d'assemblée.

Si l'on se dégage de ces préoccupations, il faut convenir
que le monument, pris en lui-même, ne manque pas de noblesse
et de majesté. Cette masse grandiose forme une magnifique
perspective, dans l'axe du Palais-Bourbon, de l'obélisque de
Louqsor, de la place de la Concorde, auprès des riches hôtels
et des constructions élevées qui l'entourent.

On considère avec respect cette belle galerie qui se développe
au-dessus d'un perron élevé qui entoure l'édifice d'une ceinture
massive de colonnes corinthiennes cannelées, aux chapiteaux
finement sculptés. Une frise court au-dessus de la colonnade,
où s'entremêlent des anges, des médailles et des guirlandes.

Un vaste bas-relief de Lemaire décore le portique principal. La Madeleine repentante se prosterne aux pieds du Christ.
L'Ange de la Résurrection annonce le jugement dernier : Les
Vertus se présentent à droite ; à gauche, les Vices s'enfuient
chassés par un esprit céleste. Cette œuvre, d'un style large,
présente de nombreuses figures, dont quelques-unes sont de
dimensions colossales.

Une porte magnifique, en bronze, ferme l'entrée de l'église.
Des bas-reliefs, sculptés avec beaucoup de finesse, et dont les
allégories sont empruntées aux commandements de Dieu, se

détachent sur les vantaux et dans l'imposte (Pl. 38). Ce remarquable travail de décoration est de Triqueti.

C'est dans le tambour de droite de cette porte que l'anarchiste
Pauwels se tua, en 1891, avec une bombe qu'il voulait jeter dans
l'église.

De grandes statues de saints et de saintes apparaissent
dans les entrecolonnements des autres faces de l'enceinte.

On remarque, dans le portique de droite, une belle statue
de l'*Archange Gabriel*, sculptée par Francisque Duret, un
Saint Bernard, par Husson, une *Sainte Cécile*, par Augustin
Dumont, une *Sainte Adélaïde*, de Bosio, une *Sainte Agnès*, de
Duseigneur, l'*Archange Raphaël*, de Dantan aîné.

On voit, dans le portique postérieur, un *Saint Matthieu*, de
Desprez, un *Saint Marc* de Lemaire; dans le portique de
gauche, *Saint Grégoire de Valois*, par Maindron, et *Sainte
Élisabeth*, par Caillouette.

L'intérieur est somptueux et pittoresque. Le regard du visiteur se repose avec plaisir sur cette vaste nef, avec ses belles
colonnes corinthiennes, ses arcs élevés, aux courbes gracieuses
et hardies, ses coupoles, chargées de rosaces, dont les pendentifs sont enrichis des images en relief des *Apôtres*.

Au fond, dans une perspective grandiose, apparaît un
maître-autel, de belles proportions, qui occupe presque entièrement la tribune formée par le chœur. C'est un beau morceau
d'architecture, tout en marbre, où se détachent des figures
sacrées : groupe colossal, sculpté par Marochetti qui a figuré
le *Ravissement de sainte Marie-Madeleine dans le désert de
la Sainte-Baume*. Trois anges soulèvent la sainte qui lève les
yeux au ciel, dans une attitude d'extase fervente. L'œuvre est
élégante, mais d'un maniérisme qui tourne à l'afféterie.

Un balcon richement sculpté et, derrière l'autel, une belle

Pl. **39.**

LA MADELEINE, NEF ET CHŒUR.

(Page 150.)

Photo Neurdein.

Pl. 40.

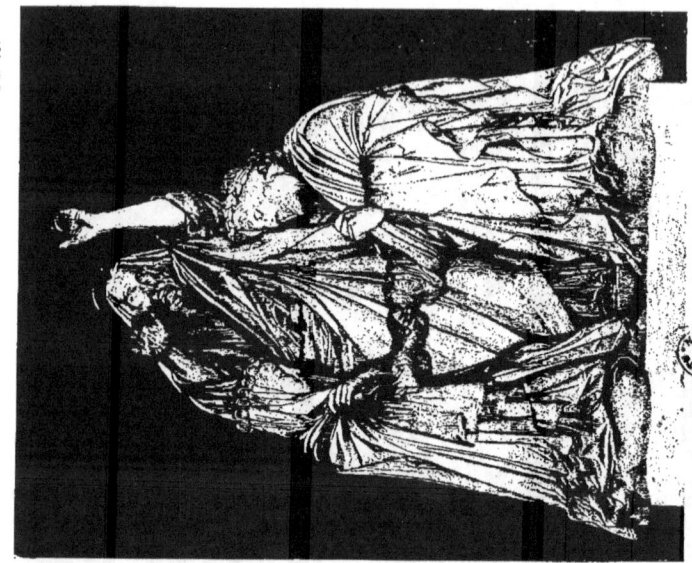

MARIAGE DE LA VIERGE, PAR PRADIER.

LA MADELEINE

(Page 154)

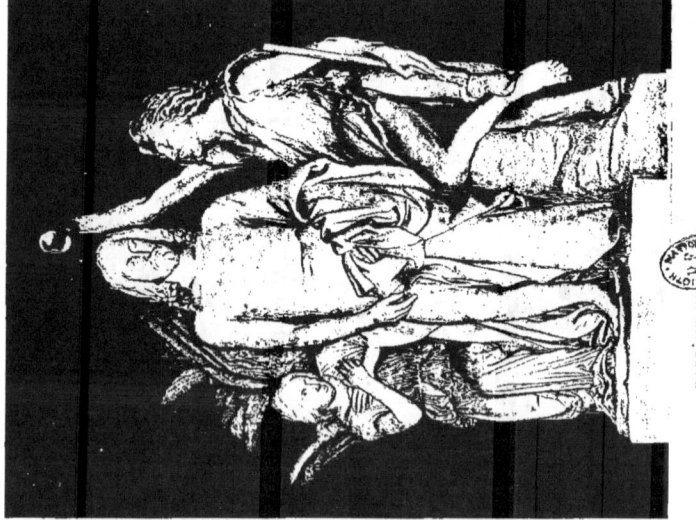

BAPTÊME DU CHRIST, PAR RUDE.

colonnade ionique, où s'encadrent des peintures sur fond d'or, forment un cadre décoratif à cette heureuse composition.

L'or, le marbre rehaussent, dans toutes ses parties, l'archi-tecture de l'église. L'ensemble est éclatant, mais un peu sur-chargé de moulures et de dorures. Les frises, les entablements, les chapiteaux et les nervures des colonnes sont dorés. Les revêtements des murs, le maître-autel, la balustrade du pour-tour sont en marbre. Les colonnes ioniques qui encadrent les petites chapelles sont également revêtues de marbre et d'or.

Les peintures de l'église avaient été confiées, lors de l'achève-ment de l'édifice, à Paul Delaroche. Cet artiste avait arrêté un ensemble de compositions empruntées à la vie de sainte Marie-Madeleine. Il revenait d'Italie, où il était allé s'inspirer des œuvres des maîtres italiens, quand il apprit que d'autres peintres avaient été appelés à collaborer à cette œuvre de décoration. Il refusa d'accepter le partage et conserva ses esquisses.

L'unité et l'harmonie de la décoration ont souffert de ce changement. Quelques-uns seulement des sujets imaginés par Delaroche ont été repris par ses successeurs.

De belles peintures murales décorent les travées de scènes empruntées à l'histoire de la sainte. C'est la *Conversion de la sainte*, par Schnetz ; le *Repas chez Simon*, de Couder ; la *Sainte témoin de la mort de Jésus*, par Bouchot ; la *Sainte au sépulcre*, par Cogniet. Abel de Pujol a peint *Sainte Marie Madeleine en prière* et Signol la *Mort de la sainte*.

Paul Delaroche avait eu l'idée d'exécuter, dans l'abside, une *Assomption de la sainte* qui aurait heureusement complété l'ensemble de la décoration qu'il projetait. A cette conception première, qui avait au moins l'avantage d'être claire et logique, Ziegler a substitué une œuvre touffue, étrange, presque inex-

plicable. C'est comme une histoire synthétique du christianisme, où l'on voit se mouvoir, au-dessous d'un groupe céleste, des phalanges de confesseurs, de rois, de papes. Au centre, se détachent *Napoléon Ier et Pie VII signant le Concordat*.

Cette œuvre ne se recommande ni par une inspiration féconde, ni par ses qualités d'exécution ; il faut ajouter d'ailleurs qu'elle est fort mal placée dans cette coupole, où règne une demi-obscurité qui ne laisse entrevoir qu'avec peine quelques fragments de peinture.

La sculpture a laissé dans l'église de la Madeleine des morceaux remarquables. On y admire deux œuvres importantes, placées à l'entrée, de chaque côté du vestibule : un groupe gracieux, de Pradier, qui figure le *Mariage de la Vierge*, et le *Baptême du Christ*, œuvre vigoureuse de Rude, où se révèle une inspiration sincère et grandiose (Pl. 40).

Cet artiste a exécuté les figures énergiques des apôtres *Simon, Paul, Jude et Mathias* qui ornent les pendentifs de la première coupole. Les décorations des deux autres coupoles sont dues à Foyatier et à Pradier.

De grandes statues se dressent dans les niches creusées sur les côtés, en forme de chapelles. On remarque une œuvre d'une belle inspiration, de Francisque Duret, qui évoque, avec un réalisme saisissant, le *Christ ressuscité* ; une statue de *Sainte Clotilde*, sculptée par Barye.

Les bénitiers de l'église ont été ciselés, avec beaucoup de délicatesse, par Antonin Moine. Ce sont de belles vasques, en marbre blanc, qui portent de gracieuses statuettes d'anges.

On trouve dans les sacristies quelques toiles anciennes.

La sacristie des messes renferme les *Pèlerins d'Emmaüs*, de l'école italienne du xvie siècle, une *Vierge adorée par des anges*, qui date du xviiie, une *Descente de croix*, d'après Le Brun, et

trois peintures du xvii° qui représentent : *Moïse dans le désert,*
le *Songe de saint Joseph* et la *Vierge.*

Dans la sacristie des mariages, deux toiles du xvii° siècle
figurent *Moïse frappant le rocher* et *Samson trouvant du miel
dans la gueule du lion.*

Une peinture de Louis de Boullongne, placée dans la crypte
de gauche, représente la *Vierge, sainte Marie-Madeleine et
saint Jean aux pieds du Christ mort.*

TROISIÈME PARTIE

XIXe SIÈCLE

INTRODUCTION

Le xixe siècle a construit beaucoup d'églises. Il faut distinguer deux périodes dans cette activité architectonique.

Tout d'abord, au lendemain de la Révolution, il y eut une restauration monumentale, en même temps qu'une restauration religieuse et politique. On remit en place les sculptures et les peintures dispersées. Nombre d'entre elles, n'ayant plus d'abri, entrèrent dans les musées qui furent dès lors les maisons de retraite des œuvres d'art.

Les églises bâties à ce moment continuent le style constitué déjà au temps de Louis XVI. Les architectes trouvèrent le moyen de concilier leur admiration pour l'antiquité et les convenances religieuses ; ils reprirent le style des basiliques de Rome, ces premiers monuments du christianisme jeune : ils furent à la fois chrétiens et antiques.

Les édifices sortis de cette conception ne sont pas d'une grande originalité; mais ils sont mieux adaptés à leur destination que la Madeleine ou le Panthéon. Saint-Denis du Saint-Sacrement, Notre-Dame de Lorette, Saint-Vincent de Paul,

avec leur péristyle d'ordre ionique, leur nef bordée de colonnades, leurs plafonds enrichis de caissons, forment une famille
d'églises aussi parfaitement déterminée que les églises « jésuites »
du XVII⁰ siècle.

Mais voici que le romantisme va briser la continuité de
l'art français. Depuis le XVI⁰ siècle, l'architecture allait s'éloi-
gnant de plus en plus des styles chrétiens du moyen âge, pour
se rapprocher des formes de l'art antique. Le romantisme, par
delà les siècles du classicisme et de la Renaissance, veut renouer
avec le passé et ressuciter le style gothique. Chateaubriand,
en phrases magnifiques, venait de révéler la prodigieuse puis-
sance sentimentale de nos vieilles cathédrales. Après les avoir
beaucoup admirées et décrites, on se mit d'abord à les res-
taurer, ce qui était fort opportun, puis à les pasticher, ce qui
était peut-être moins nécessaire. Certaines de ces copies, les
plus travaillées pourtant, comme la basilique de Sainte-Clotilde,
montrent que les architectes n'ont pas toujours bien compris
l'art qu'ils voulaient faire revivre.

On ne s'en tint pas au gothique. D'autres remontèrent au
style roman, au byzantin ; d'autres redescendirent vers la
Renaissance italienne ; d'autres enfin combinèrent toutes les
périodes et toutes les formules.

Le XIX⁰ siècle fut trop un siècle d'érudits et de restaurateurs
pour être un siècle de créateurs. L'éclectisme a remplacé l'invention et interrompu l'évolution du style classique. L'architecte qui doit bâtir une église ne trouve plus sous ses yeux
un type de construction particulier à son temps ; il cherche,
dans le passé de l'architecture religieuse, les divers éléments
qui lui permettront de satisfaire aux nécessités présentes du
culte. Les innovations de l'architecture moderne, l'emploi du
fer, du ciment armé, ont été essayés dans les églises les plus

récentes. Il est curieux de constater que même des matériaux nouveaux n'ont pu créer de formes nouvelles. Des arcs de fer et des piliers de fonte continuent à porter des voûtes romanes ou byzantines.

Pourtant, ces églises modernes, en général si peu originales par elles-mêmes, sont souvent d'un heureux effet décoratif. La plupart ont été construites dans la seconde moitié du siècle, sous le second Empire ou la troisième République : elles entrent dans un vaste plan de transformations et d'embellissements qui s'est poursuivi, dans la capitale, depuis les grands travaux commencés par le baron Haussmann. Les églises importantes, celles qui desservaient les nouveaux quartiers, n'ont donc pas été conçues en elles-mêmes et dans le seul intérêt du culte. Leur emplacement, leur aspect général devaient contribuer à la beauté de la voie publique. Saint-Augustin, la Trinité, Saint-Vincent de Paul, Saint-Pierre de Montrouge, ne sont pas des œuvres bien nouvelles : mais, par leur disposition générale, ces édifices « font bien » au milieu des avenues qui rayonnent autour d'elles.

La situation unique du Sacré-Cœur de Montmartre fera toujours de cette basilique un des plus beaux monuments de Paris.

Enfin, si le XIXᵉ siècle n'a pas laissé d'admirables églises, il a du moins orné quelques-unes d'entre elles d'œuvres d'art intéressantes. Pour exécuter de beaux tableaux, le génie individuel suffit. Pour créer un style monumental, il faut la collaboration et comme l'âme de toute une société.

Les artistes du XVIIIᵉ siècle avaient trop de grâce mondaine et profane et les davidiens étaient trop infatués d'idéalisme classique, pour s'intéresser beaucoup à la peinture religieuse. Les élèves d'Ingres, les romantiques, comme Delacroix, ont au

contraire, senti profondément la poésie du christianisme : la religion fut pour eux une source nouvelle d'inspiration et d'émotion. Flandrin a même retrouvé un peu de la sérénité mystique des anciens fresquistes d'Italie. Quant à Delacroix, il a su, suivant les besoins, déployer la splendeur éclatante d'une décoration vénitienne et appliquer au pathétique de la passion les sombres images qu'aimait son génie tourmenté.

CHAPELLE EXPIATOIRE

L'ancienne église de la Madeleine était entourée d'un cimetière que la Révolution respecta. C'est dans cette enceinte que furent enfouies, sous la chaux vive, les victimes de l'échafaud de la place de la Révolution ; c'est là que furent inhumés Louis XVI et Marie-Antoinette.

Un des premiers soins de Louis XVIII fut de faire rechercher les dépouilles de son frère et de sa belle-sœur. Un acteur, Sevestre, qui avait été témoin de l'inhumation, indiqua l'emplacement exact où les corps avaient été déposés. Et, tandis que les ossements découverts étaient solennellement transportés à Saint-Denis, le roi décidait l'érection d'une chapelle élevée à leur mémoire. Fontaine et Percier se mirent à l'œuvre, en 1816 ; en 1826, la chapelle était bâtie.

Le mot « expiatoire » ne se trouve inscrit, ni sur la façade, ni dans l'intérieur du monument ; pourtant il s'est gravé dans le souvenir public et il a été le prétexte des passions politiques que la dédicace de cette chapelle n'a pas manqué de soulever.

Dès 1871, des membres de la Commune proposaient un décret ordonnant la démolition. On ébaucha même un commencement de destruction qui ne fut interrompu que par l'arrivée des troupes de Versailles. Depuis, on a réclamé maintes fois la ruine de l'édifice et ce mouvement d'opinion a trouvé un écho au Parlement.

Heureusement, nous avons appris à respecter le passé. La sollicitude archéologique qui s'est emparée de tous les esprits paraît devoir nous préserver enfin des vendettas monumentales. La chapelle de Louis XVI est encore debout, après l'orage, et les rancunes se sont apaisées, autour de ces pierres, aux lignes sévères, où sont venu s'inscrire des pages sanglantes de notre histoire nationale.

L'aspect même du monument semble être une leçon de tolérance (Pl. 41). Ce n'est pas une architecture aux lignes tourmentées, se dressant comme une œuvre de menace ou de vengeance. Les constructions, aux dispositions simples et harmonieuses, abritent pieusement des souvenirs de grandeur et de mort et la douleur d'un règne qui sombra dans le drame. Les adversaires de cette chapelle en ont trouvé le style ridicule. Il est difficile de partager ce sentiment. Si l'œuvre de Fontaine ne brille ni par son éclat, ni par une invention originale, elle a pour elle sa sobriété triste et cette ordonnance classique qui lui imprime un cachet de nécropole gréco-romaine.

La même simplicité se retrouve dans les différents bâtiments qui forment l'enceinte de cette chapelle : au premier plan, sur la rue de l'Arcade, une façade d'entrée, sans prétention, qui n'a reçu qu'une ornementation très réduite ; sur les côtés, encadrant un préau, deux galeries parallèles, avec des arcades en forme de tombeaux, où l'on a enfoui les ossements découverts dans l'ancien cimetière. Au fond, les lignes sévères d'un portique

Pl. 41.

CHAPELLE EXPIATOIRE.

(Page 160.)

Pl. 42.

NEF ET CHŒUR.

Photo Neurdein.

FAÇADE.

NOTRE-DAME DE LORETTE.
(Pages 163 et 164.)

avec fronton, de style antique, précédant la vaste coupole abritant la chapelle.

L'intérieur de cette chapelle dessine une croix dont les trois branches se terminent en hémicycle; la décoration en est très sobre : un autel en marbre blanc, incrusté de bronze doré, quelques bas-reliefs dans les pendentifs de la coupole et les deux groupes célèbres de Bosio et de Cortot. Le premier montre Louis XVI et son confesseur, au moment suprême. Le second évoque Marie-Antoinette implorant, à l'heure fatale, le secours de la religion.

Un caveau souterrain renferme des cénotaphes, érigés à l'endroit même où les dépouilles royales furent découvertes.

NOTRE-DAME DE LORETTE

Aux pieds de la butte Montmartre, s'étendait jadis le hameau des Porcherons; des laboureurs étaient venu s'y établir, au XVI⁰ siècle, autour de la ferme de la Grange-Batelière qui appartenait à l'évêque de Paris. Ce hameau ne tarda pas à s'agrandir et les habitants, qui se trouvaient éloignés de l'église Saint-Pierre de Montmartre, obtinrent, en 1645, l'érection d'une chapelle de secours qui fut affectée à une confrérie fondée en l'honneur de Notre-Dame de Lorette.

Cette chapelle fut vendue et démolie sous la Révolution. Lorsqu'on constitua, après le Concordat, la nouvelle paroisse de Notre-Dame de Lorette, on ne trouva d'autre siège à lui donner que la petite chapelle de Saint-Jean de Porte-Latine, élevée

en 1780, dans la rue du Faubourg-Montmartre. C'est là que furent célébrées en grande pompe les obsèques du général Foy.

Cet édifice était très insuffisant. Dans cette région, autrefois déserte, de magnifiques hôtels s'étaient élevés, dès le règne de Louis XVI. Et le quartier de la chaussée d'Antin devint bientôt un des plus élégants et des plus mondains de Paris. A ces riches demeures il fallait une église de belle apparence.

La Ville de Paris s'en inquiéta. Elle mit au concours, entre dix architectes, la construction d'un vaste monument.

Une observation, jointe au programme, informait les concurrents « que la Ville, ayant à distribuer des travaux d'encouragements aux artistes peintres ou sculpteurs, pour ensuite en orner les églises, il serait à désirer, pour le bien de l'art, pour l'avantage des artistes, enfin pour l'harmonie et le bon ordre dans la décoration de nos temples, que les tableaux ou statues fussent faits exprès pour les places destinées d'avance, et non accrochés comme de simples expositions et comme n'appartenant en rien à l'édifice ».

On recommandait donc fort prudemment aux concurrents de réserver la place des sculptures et des peintures dont ils jugeraient convenable de décorer l'édifice, afin de guider l'administration dans son choix.

Cet avis n'a pas été inutile et il faut convenir que la décoration de l'église est en parfaite harmonie avec les dispositions du monument. Parmi les divers projets qui lui furent soumis, le jury adopta celui d'Hippolyte Lebas : il le préféra notamment aux plans de Caristie qu'on trouva trop grandioses.

Les travaux, commencés en 1823, furent achevés en 1836. La dépense s'était élevée à 2.050.000 francs. C'est dans cette église que furent célébrés, en 1878, les funérailles de Thiers.

Notre-Dame de Lorette est l'édifice religieux le plus impor-

tant qui ait été bâti sous la Restauration. Sa construction marque
une date nouvelle dans l'histoire de l'architecture religieuse.
On renonce à l'essai d'adaptation en bloc de l'art antique, tel
qu'il se trouve réalisé dans le Panthéon et dans la Madeleine.
On adopte décidément le style des basiliques chrétiennes,
inauguré à Saint-Philippe du Roule ; cette combinaison trouve, à
Notre-Dame de Lorette, une forme plus franche, plus accentuée,
plus décorative en même temps.

Cette église, bien que ses dimensions soient beaucoup plus
réduites, rappelle assez bien, par son plan et par son caractère,
la basilique de Sainte-Marie-Majeure à Rome, dans laquelle
l'art chrétien a trouvé un moment l'expression de ses aspira-
tions et de ses tendances : Hippolyte Lebas avait ce modèle
présent à la mémoire lorsqu'il dressa les plans de la nouvelle
église.

Un seul détail, dans l'aspect extérieur, contraste avec l'ordonnance générale du monument : le portique, qui est élevé
suivant les règles de l'art antique, et qui n'a rien de commun
avec le porche bas qui précédait les basiliques anciennes.
(Pl. 42). Il faut voir dans cette disposition une concession aux
partisans de l'antiquité. On ne voulait pas admettre un abandon
absolu du style classique, encore fort en honneur. C'est grâce à
cette combinaison transactionnelle que le projet d'Hippolyte
Lebas prévalut sur les plans de quelques-uns de ses concurrents
qui écartaient résolument toute réminiscence gréco-romaine.

L'église Notre-Dame de Lorette se dresse au centre d'un
rectangle formé par les rues de Châteaudun, Bourdaloue, Saint-
Lazare et Fléchier.

Elle a 70 mètres dans sa plus grande longueur, mais sa largeur ne dépasse pas 33 mètres.

Le portique, qui fait saillie sur la partie centrale de la façade

principale, est porté par quatre colonnes d'ordre corinthien,
d'aspect assez grêle : on y accède par un perron de huit marches
qui occupe toute la largeur de la façade. Le porche est surmonté
d'un fronton triangulaire sur lequel se développe un bas-relief,
sculpté par Lebœuf-Nanteuil, qui figure les anges adorant l'Enfant Jésus que leur présente la Vierge. Aux angles et au sommet
du fronton, se dressent trois statues : l'*Espérance*, par Lemaire,
la *Charité* par Laitié, la *Foi*, par Foyatier.

L'ordonnance sobre et sévère de l'extérieur contraste avec
l'éclat, la magnificence et l'élégante recherche qui se retrouve
dans les moindres détails de la distribution intérieure. (Pl. 42).
L'aménagement de l'église marque la prédominance d'une préoccupation toute nouvelle, on peut le dire, dans notre architecture
religieuse : c'est le goût du confort. Désormais, on veut être à
l'aise pour prier et se mouvoir sans peine à travers de larges
galeries. Puis, c'est un luxe de sculptures, de dorures et de peintures, parfois un peu lourd dans cet édifice aux dimensions assez
restreintes. Tout attire et charme la vue : la pensée s'élève
avec peine jusque vers le ciel.

Les marbres, aux nuances variées, qui composent le pavement
des chapelles, l'or des moulures, le stuc des colonnades, les
pierres sculptées avec art et sur lesquelles se développent, en
savantes mosaïques, des peintures ingénieusement groupées et
richement encadrées, les ornements des frises où sont retracés
les instruments de la Passion, tout forme un assemblage décoratif, pittoresque et raffiné, qui donne à cette église un caractère luxueux et mondain, d'où l'austérité religieuse, il faut bien
l'avouer, semble résolument bannie.

On pénètre dans l'église par un vaste vestibule intérieur,
encadré de pilastres et de colonnes ioniques. Quatre rangées de
colonnes, du même ordre, revêtues de stuc, bordent la nef et

les collatéraux. Enfin, dernier vestige gênant de la tradition religieuse, la voûte disparaît : elle fait place, comme dans certaines églises d'Italie, à un simple plafond plat qu'enrichissent des boiseries, des rosaces argentées ou dorées.

Le chœur s'ouvre en arrière d'un arc triomphal, avec des entrelacements dorés. Il forme une belle perspective, avec la coupole qui le domine, les peintures qui couvrent ses murs et son maître-autel pittoresque que surplombe un haut baldaquin porté par quatre colonnes monolithes en granit d'Écosse.

Toute cette architecture s'agrémente de peintures murales, d'un effet souvent très heureux. L'attention se portera surtout sur la belle décoration des chapelles ménagées à l'entrée des bas côtés et sur les transepts. Les murs sont ingénieusement découpés en fresques et en médaillons, où l'artiste a retracé des scènes et des symboles bibliques.

On trouve, à gauche, en entrant, une suite de peintures de Blondel, où se détachent des figures de saints et de saintes et des sujets religieux inspirés de l'idée de la mort. Ce sont, en face, à la droite du vestibule, des allégories consacrées au baptême et dues au pinceau d'Adolphe Roger. On voit, dans cette même chapelle des fonts baptismaux, une très belle cuve en marbre, dessinée par Hippolyte Lebas. La cuve, sur laquelle courent des guirlandes et des festons, porte une petite statuette, en bronze, de saint Jean-Baptiste, œuvre de Francisque Duret.

Mais la décoration la plus brillante est certainement celle du transept gauche, avec la chapelle de la Vierge. Les pilastres, les pendentifs, la coupole, sont revêtus de médaillons et de peintures murales, disposés avec beaucoup de goût. La plupart de ces allégories ont été exécutées par Orsel dont le travail fut achevé par plusieurs peintres, notamment par Alphonse Périn et Gabriel Tyr.

C'est l'œuvre la plus vaste et la plus remarquable d'Orsel qui fut le représentant autorisé de l'école religieuse de Lyon, pendant toute la première moitié du XIXe siècle. On retrouve, dans ses litanies de la Vierge, cette belle sincérité d'artiste, ce style large et profondément chrétien qui s'affirment dans ses meilleures compositions.

Parmi les scènes nombreuses qu'il a tracées sur les murailles de cette chapelle, on remarquera, dans la coupole, les quatre fresques qui évoquent la Vierge reine des patriarches, reine du ciel, reine des martyrs, et reine des vierges.

Au fond de la chapelle, se dresse un autel, encadré de colonnettes corinthiennes, avec des chapiteaux dorés et un fronton triangulaire : entre les colonnes apparaît une statue de la Vierge, par Augustin Dumont.

Le transept droit et la chapelle du Sacré-Cœur sont ornés de sujets inspirés de l'Eucharistie qui ont été peints par Alphonse Périn. Un Christ, sculpté par Desbœufs, décore l'autel.

Le reste de l'église a reçu d'ailleurs une décoration assez importante. Malheureusement plusieurs des toiles, placées dans les différentes parties de l'édifice, ont beaucoup souffert du temps. Presque toutes d'ailleurs ont été disposées à contre-jour et sont difficilement visibles.

De grandes peintures murales couvrent les trumeaux qui séparent les croisées de la nef de scènes de la Vie de la Vierge. On voit une *Présentation au temple*, de Vinchon, un *Mariage de la Vierge*, de Langlois, une *Adoration des bergers*, d'Auguste Hesse, une *Adoration des mages*, de Granger.

Dans l'arcade qui s'ouvre sous la tribune des orgues, se détachent les figures des prophètes *Isaïe* et *Daniel*, peintes par Schnetz.

Le chœur renferme une composition bien ordonnée de Heim :

la *Présentation au temple ;* et une peinture de Drolling : *Jésus au milieu des docteurs.*

Le cul-de-four de l'hémicycle est occupé par un *Couronnement de la Vierge,* de Picot, qui se développe sur un fond d'or. La coupole est couverte d'une composition qui évoque la *Translation de la sainte maison de Lorette.* Les pendentifs sont ornés de peintures de Delorme qui sont en fort mauvais état.

En parcourant les chapelles latérales qui s'ouvrent dans le bas côté gauche, on rencontrera deux belles peintures d'Eugène Devéria : *Sainte Geneviève rendant la vue à sa mère* et la *Glorification de la sainte ;* deux compositions intéressantes de Schnetz : *Saint Philibert délivrant un prisonnier chez les Germains* et *secourant une famille de voyageurs ;* des peintures, fort dégradées, de Champmartin : *Saint Étienne visitant un malade et marchant au supplice.* Le martyre du saint a été peint par Auguste Couder.

Le bas côté droit renferme deux compositions d'Auguste Hesse : *Saint Hippolyte baptisant son geôlier* et le *Martyre du saint ;* deux peintures de Johannot : *Saint Hyacinthe ressuscitant un jeune homme noyé* et *marchant à travers une ville saccagée par les Turcs.*

Dans la dernière chapelle, Langlois a peint l'*Extase de sainte Thérèse* et l'*Apparition de la Vierge à la sainte.*

SAINT-PIERRE DU GROS-CAILLOU

Le quartier desservi par cette paroisse s'étendait jadis jusqu'aux bords de la Seine et, comme les rives de la Seine

n'étaient qu'un vaste marécage ; on l'appelait la Grenouillère. Le nom de Gros-Caillou lui vint, par la suite, d'une ancienne borne de propriété qui se trouvait sur la place voisine et qui indiquait la limite de la paroisse.

Trois églises ont été bâties, puis démolies, avant la construction de l'édifice qu'on voit aujourd'hui.

La dernière avait été élevée sur l'emplacement actuel, d'après les plans de Chalgrin. Elle n'était pas terminée, quand survint la Révolution.

La Restauration entreprit sa reconstruction, sur les plans de l'architecte Godde. La première pierre du nouveau monument fut posée, en 1822, par la duchesse d'Angoulême.

C'est une petite basilique dont l'aspect est des plus modestes (Pl. 43). Elle s'ouvre, en retrait, sur la rue Saint-Dominique, par un porche bas, d'ordre toscan, dont la sobriété ne manque pas d'une certaine élégance. Quatre colonnes doriques supportent un fronton triangulaire. Un bâtiment de construction récente, déborde sur la droite et sert de chapelle annexe.

L'aménagement intérieur est très simple. La nef est séparée des collatéraux par une rangée de colonnes doriques supportant, non pas un entablement, comme à Saint-Philippe du Roule ou à Notre-Dame de Lorette, mais des arcades. Elle est couronnée par une voûte en berceau en bois, agrémentée de caissons à rosaces.

Le chœur, orné de peintures murales, est couvert par une voûte à rosaces dorées.

Quelques toiles modernes, sans grand intérêt, sont la seule décoration de cette église fort peu luxueuse.

NOTRE-DAME DE BONNE-NOUVELLE

Sur l'emplacement occupé par l'église actuelle, s'élevait anciennement une chapelle bâtie en 1551 et dédiée à saint Louis et à sainte Barbe. Il ne fut permis alors de lui donner que treize toises de long, sur quatre de large. On détruisit cette chapelle avec le bourg qui l'entourait, pour la construction des fortifications de la ville, lors du siège de Paris par Henri IV.

Elle fut reconstruite en 1624 : on a retrouvé, au siècle suivant, dans les fondations de ce monument, la première pierre qui fut posée par Anne d'Autriche. Cette pierre, qu'on a conservée, porte une médaille dorée, à l'effigie de la reine : la médaille qu'on voit aujourd'hui n'est d'ailleurs qu'une reproduction de la pièce originale qui a été dérobée pendant la Commune.

L'église était devenue trop petite pour le quartier, au xixe siècle : elle fut démolie une seconde fois et fit place à un nouveau monument, édifié de 1823 à 1830, sur les dessins de Godde. On ne laissa subsister, de l'ancienne église, que le clocher qui date du xviie siècle.

Notre-Dame de Bonne-Nouvelle est construite, elle aussi, dans le style des basiliques. Elle s'ouvre, à proximité des boulevards, sur la petite rue de la Lune, par un porche grêle que portent deux colonnes doriques. Cette architecture est des plus pauvres. Il faut d'ailleurs reconnaître que le voisinage des petites rues qui entourent l'église et l'emplacement très réduit dont on disposait se prêtaient mal à une ordonnance plus importante.

La même simplicité se retrouve à l'intérieur. La nef, voûtée en berceau, communique avec les bas côtés par des arcades retombant sur des colonnes doriques.

Sur les collatéraux, s'ouvrent des chapelles dont l'une, la quatrième du côté gauche, est plus profonde que les autres et présente quatre travées terminées par une abside.

Quelques œuvres d'art intéressantes décorent cette petite église. On remarquera, à l'entrée, deux tableaux italiens du xviie siècle : la *Flagellation du Christ* et le *Christ descendu de la croix*. Des peintures d'Auguste Hesse, d'une exécution assez médiocre, ornent les murs de la chapelle de la Vierge; elles représentent l'*Annonciation*, la *Visitation* et divers personnages de la famille de la Vierge.

Au fond du bas côté gauche, un tableau du xviie siècle montre *Henriette d'Angleterre présentant ses enfants à saint François de Sales*. Une peinture, placée vis-à-vis, dans le bas côté droit, représente *Anne d'Autriche* et *Henriette d'Angleterre*.

Le chœur est orné de panneaux de toile, sur lesquels se développe une grande frise peinte en gris, imitant le bas-relief. Cette composition d'Abel de Pujol, fort dégradée, évoque le *Père Éternel adoré par les rois et les vieillards*.

Signalons encore une toile intéressante de Schnetz : *Sainte Geneviève distribuant des vivres, pendant le siège de Paris ;* divers tableaux du xviie siècle : la *Pentecôte*, la *Présentation de la Vierge au temple*, *Saint Jean-Baptiste conduit au supplice ;* deux toiles italiennes, de la même époque : l'*Extase d'un saint*, et le *Ravissement de saint Bonaventure ;* un tableau du xviiie : *Saint Nicolas et sainte Agnès*.

Pl. **43**.

SAINTE-MARIE DES BATIGNOLLES.

Photo Neurdein.

(Page 173.)

SAINT-PIERRE DU GROS-CAILLOU.

Photo Marmuse

(Page 168.)

SAINT-JACQUES-SAINT-CHRISTOPHE DE LA VILLETTE.

Photo Neurdein.

(Page 182.)

Pl. **44**.

SAINT-DENIS DU SAINT-SACREMENT. NEF ET CHŒUR.
(Page 171.)

SAINT-DENIS DU SAINT-SACREMENT

Sur l'emplacement occupé par l'église s'élevait, au xvııᵉ siècle, l'hôtel de Turenne, où s'installèrent, en 1684, les religieuses bénédictines du Saint-Sacrement.

Leur monastère disparut sous la Révolution. Mais la chapelle fut conservée et devint, après le Concordat, une des paroisses de Paris. Elle ne tarda pas à paraître insuffisante pour la population du quartier et l'architecte Godde fut chargé de construire un monument de plus vastes proportions. La nouvelle église, achevée en 1835, a coûté 1 347 000 francs. On avait décidé de la consacrer à saint Denis ; mais l'ancien titre de la chapelle s'étant maintenu dans la tradition populaire, on réunit les deux vocables en un seul.

C'est encore une basilique, mais une basilique imposante, d'une exécution soignée et assez heureuse. Elle offre une architecture massive, pittoresque, bien qu'un peu lourde. L'édifice s'ouvre par un ample portique, encadré de colonnes ioniques et surmonté d'un fronton où se développe un bas-relief de Feuchères qui symbolise les trois vertus théologales.

L'ordonnance intérieure est correcte, mais froide (Pl. 44). Des colonnades, revêtues de stuc, supportent un large vestibule, une nef voûtée en berceau. L'entablement de la voûte, les rosaces des plafonds, les chapiteaux des colonnes sont rehaussés de dorures.

Certaines dispositions rappellent la distribution classique des temples grecs : ainsi les chapelles pratiquées aux extrémités des bas côtés, dans l'épaisseur du chœur et du vestibule, et la

sacristie ménagée à l'arrière du chœur, à l'imitation de l' « opis-
thonaos » antique.

On remarque, dans la nef, une chaire à prêcher, d'un beau
travail, ornée de bas-reliefs en bois sculpté.

La Ville de Paris a doté cette église de quelques œuvres d'art
de valeur. On s'arrêtera devant la *Pieta* qui décore la chapelle Sainte-Geneviève. C'est une des œuvres les plus célèbres
de Delacroix. Les personnages y apparaissent, groupés dans
des attitudes expressives et dramatiques ; on admirerait davantage l'éclat et la rareté des colorations, si cette peinture était
mieux éclairée. On avait songé à la transporter ailleurs ; mais
on a dû renoncer à cette idée, car elle a été exécutée sur la
paroi même du mur qui est faite de briques.

Une grande frise règne dans le chœur, sur laquelle Abel de
Pujol a représenté, en grisaille, *Saint Denis prêchant dans les
Gaules*. D'autres sujets, exécutés par le même artiste, dans la
partie supérieure, figurent le *Père Éternel*, *Jésus-Christ* et la
Vierge.

Signalons encore, dans la sacristie, un *Baptême du Christ*,
peint au xviie siècle, un *Saint Jérôme*, de l'école flamande, et
une *Sainte Cécile*, de l'école italienne, qui datent de la même
époque.

La chapelle des catéchismes, qui a été construite sur le flanc
droit de l'église, renferme une toile du xviie siècle qui représente l'*Adoration de l'Agneau pascal*.

SAINTE-MARIE DES BATIGNOLLES

Cette église, commencée en 1829, a été achevée en 1835. Au

cours des fouilles entreprises pour les fondations de l'édifice, on exhuma une petite statuette de la Vierge assise tenant sur ses genoux l'Enfant Jésus : c'est en souvenir de cette découverte que l'église fut placée sous l'invocation de la Vierge.

Les plans primitifs ne comportaient qu'un édifice, de dimensions fort restreintes, qui n'excédait pas l'emplacement occupé aujourd'hui par le chœur. Il parut bientôt nécessaire de donner au monument de plus vastes proportions.

Molinos fils fut chargé de cette restauration.

L'architecture de l'église est fort pauvre. Ses murs sont revêtus de plâtre. Du moins l'ensemble est bien conçu et d'une exécution correcte (Pl. 43).

C'est, dépouillé de toute ornementation, un petit temple grec, avec un porche réduit, d'ordre dorique, que couronne un fronton triangulaire ; les ailes de la façade sont légèrement en retrait et s'encadrent de pilastres doriques.

A l'intérieur, on trouve un vestibule, une nef assez large, avec des piliers rectangulaires, dans lesquels sont engagés des pilastres doriques.

Au-dessus s'étend un plafond plat, divisé en compartiments, suivant la mode qui régnait à l'époque.

On rencontre, dans cette église, d'une architecture très nue, quelques toiles modernes et quelques copies de tableaux anciens.

On remarquera, dans la première travée du bas côté droit, une statue en bois, du xvie siècle, qui figure le *Christ en croix*, et, dans le transept gauche, deux toiles du xviiie : le *Buisson ardent* et *Jésus guérissant les aveugles*.

SAINT-VINCENT DE PAUL

Une autre église ne tarda pas à s'élever, sur le type des basiliques latines, plus ou moins altéré par des réminiscences de
l'antiquité classique, mais présentant des dispositions plus originales et plus harmonieuses que Notre-Dame de Lorette.

L'église Saint-Vincent de Paul a succédé à une petite chapelle qu'un particulier avait fait construire, dans la rue Mon-
tholon, et dont le département payait le loyer. En 1824, on
entreprit la construction d'un édifice plus vaste. Les travaux,
conduits d'abord par l'architecte Le Père, puis par Hittorf, ne
furent terminés qu'en 1844.

Bâti au milieu d'un terrain bien dégagé, qui s'élève de plus
de huit mètres au-dessus du sol de la place Lafayette, dominant toutes les rues avoisinantes, Saint-Vincent de Paul occupe
une admirable situation qui met en valeur son architecture
majestueuse (Pl. 45). On y accède par un escalier de soixante
marches et par deux rampes en fer à cheval, bordées par des
balustrades en pierre qui contournent de petits jardins. Grâce à
cette disposition pittoresque, la perspective du monument se
trouve heureusement dégagée.

La façade principale, à laquelle conduit un escalier de seize
marches, se développe sur une largeur de 37 mètres. Elle est
précédée d'un ample portique, de belles proportions, que supportent douze colonnes cannelées d'ordre ionique, espacées sur
trois rangs.

Dans la façade s'ouvrent trois portes rectangulaires. La

porte centrale, en bronze antique, est fermée par deux vantaux dont les panneaux, légèrement creusés, en forme de niches, présentent douze figures d'apôtres. Dans la frise de l'imposte, se détachent les symboles des quatre évangélistes que domine une statuette du Christ. Les sujets qui composent cette décoration, finement ouvragée, ont été fondus sur les modèles du sculpteur Farochon.

Sur le tympan du fronton se développe un vaste bas-relief, d'un bel effet décoratif, qui évoque la *Glorification de saint Vincent de Paul*. Cette composition, due à Lebœuf-Nanteuil, montre le saint, accompagné de deux personnages ailés qui symbolisent la Charité et la Foi ; près de lui, se tiennent un prêtre de la Mission, un infidèle, un indigent et des sœurs de charité.

Cette architecture, d'un caractère sobre et majestueux, est heureusement complétée par les deux tours carrées qui s'élèvent à droite et à gauche du portique, à 54 mètres de hauteur. Ces tours, d'un style quelque peu disparate, mais d'un dessin élégant, comportent quatre étages : au deuxième étage, une statue apparaît, dans une niche creusée entre deux pilastres d'ordre corinthien qui soutiennent un fronton triangulaire : la tour de droite renferme une statue de *Saint Paul*, par Ramey ; la tour de gauche, une statue de *Saint Pierre*, du même artiste.

Entre les deux tours, à la hauteur du deuxième étage, règne un attique, qui couronne le fronton du portique. Il est entrecoupé de piédestaux sur lesquels se dressent les statues des évangélistes. La statue de *Saint Matthieu* a été sculptée par Foyatier.

Le mélange de styles qui apparaît dans la façade principale s'accuse encore dans les façades latérales. Elles comportent un rez-de-chaussée, orné de pilastres doriques, et un étage, en

deuxième plan, dont les travées s'encadrent de pilastres d'ordre corinthien.

L'intérieur du monument offre des dispositions intéressantes et originales que rehausse l'éclat d'une riche décoration. L'or qui brille dans les sculptures, les tons jaunes répandus sur les murs, les vastes peintures qui couvrent les parois de la nef et du chœur, les beaux vitraux qui garnissent les croisées, tout contribue à donner à cette église une ornementation éclatante qui a seulement l'inconvénient de paraître quelquefois un peu lourde et surchargée. Par ses fonds d'or rutilants, par sa décoration luxueuse, l'édifice évoque les somptueux sanctuaires byzantins, tandis que son ordonnance générale rappelle les anciennes et modestes basiliques latines.

A l'entrée, s'étend un vestibule rectangulaire dont les murs sont revêtus de stuc jaune de Sienne. Quatre rangs de colonnes accouplées divisent l'église, dans toute sa largeur, en cinq parties : au centre, la nef; de chaque côté, des galeries s'ouvrant à la circulation entre deux rangs de colonnes; puis les bas côtés renfermant les chapelles latérales.

La nef comporte deux étages. Le premier est formé par une colonnade d'ordre ionique que couronne un attique. Le second, d'ordonnance corinthienne, est dominé par une frise, enrichie de médaillons sculptés.

L'église n'a pas de voûte : nous n'avons même plus un plafond, comme à Notre-Dame de Lorette. La charpente est apparente, ainsi que dans certaines églises italiennes, comme Saint-Paul de Rome.

Onze fermes se rejoignent au-dessus des murs de la nef, surchargées de moulures et de décorations peintes.

Le chœur, isolé de la nef par une riche balustrade à jour, s'ouvre par un arc triomphal, au-dessus duquel planent deux

anges qui soutiennent une frise. Le revers de l'arc est décoré de médaillons sculptés de figures d'anges.

Derrière cette arcade, se développe un large hémicycle, encadré d'une belle colonnade d'ordre ionique, au-dessus de laquelle court une frise couverte de peintures murales. Les derniers entrecolonnements sont fermés par de grandes grilles à jour.

Le maître-autel, qui a la forme d'un calvaire, se dresse sous un élégant baldaquin formé de colonnes d'ordre corinthien qui supportent un arc plein cintre, couronné d'un fronton triangulaire. Les pilastres et les colonnes sont richement moulurés : leurs bases et leurs chapiteaux sont entièrement dorés.

Des bas-reliefs, sculptés par Bosio, ornent le tombeau de l'autel, au-dessus duquel s'érige un remarquable groupe de Rude qui représente le *Christ entre la Vierge et saint Jean.* Ce groupe, en bronze, exécuté en 1848, a été doré en 1899.

Sur chacun des bas côtés de l'église, s'ouvrent quatre chapelles qui, grâce à une ingénieuse disposition, ne sont séparées les unes des autres que par des grilles à jour. Cet aménagement original est d'un heureux effet dans la perspective de l'église.

Parmi tant de détails qui attirent l'attention, par leur style ou leur richesse, l'œil se repose avec plaisir sur les lignes souples et harmonieuses de la vaste composition qu'Hippolyte Flandrin a peinte le long de la frise de la nef.

La décoration de cette partie de l'édifice avait d'abord été confiée à Picot. Mais la commande lui fut retirée, en 1848, lors de la Révolution de février. La tâche fut alors dévolue à Flandrin qui n'accepta toutefois qu'à la condition d'être secondé par Picot : celui-ci resta chargé en définitive de la décoration du chœur.

La belle et vaste peinture qui couvre les murailles de la nef fait grand honneur au talent d'Hippolyte Flandrin. Ce maître avait déjà montré, dans ses premières décorations de l'église Saint-Germain-des-Prés, de Saint-Paul de Nîmes, et de l'église d'Ainay à Lyon « ce talent chaste, pur, noble et plein d'onction » auquel Théophile Gautier se plaisait à rendre hommage. Cependant c'est dans cette œuvre qu'il a su le mieux faire valoir une conception originale, servie par un goût très sûr et par un sens très exercé de la composition murale.

On a remarqué avec raison que la frise de Saint-Vincent de Paul rappelait celle de Phidias au Parthénon. Flandrin avait certainement ce modèle présent à l'esprit, lorsqu'il dessinait ces Panathénées chrétiennes qui se développent sur les parois de la nef, en un cortège solennel. Mais il était protégé contre une imitation servile par le principe même de son inspiration, où s'affirmait son âme de croyant. Si l'agencement des coiffures et des costumes, si le choix des attributs laisse apercevoir de larges et heureux emprunts à la grâce païenne, l'ordonnance générale de l'œuvre, le sentiment qui l'anime témoignent du caractère profondément religieux de cette décoration.

La partie de la frise qui domine la tribune des orgues évoque saint Pierre et saint Paul prêchant l'Évangile. Saint Pierre montre le ciel à un groupe de Romains et de barbares d'Occident qui se pressent à ses pieds, avec leurs femmes et leurs enfants. Saint Paul appelle à Dieu les peuples de l'Orient : derrière un groupe de femmes, on voit, près de lui, un Juif, un Grec, un Égyptien, un Perse, un Arabe, un Éthiopien.

Vis-à-vis de cette composition, une autre peinture murale, qui décore l'arc d'entrée du chœur, présente deux groupes d'anges tenant des couronnes.

Entre ces deux parties de l'œuvre, de chaque côté de la nef,

Pl. 45.

SAINT-VINCENT DE PAUL.

(Page 174.)

Photo Maleuit.

Pl. 46.

LES SAINTES PÉNITENTES

LES VIERGES MARTYRES

SAINT-VINCENT-DE-PAUL. FRISES DE FLANDRIN.

au-dessus des bas côtés et au-dessous des tribunes, se déroulent deux longues frises de cent vingt pieds de longueur. Ce sont les élus, qui s'avancent vers l'autel, en deux théories sacrées. En dépit du nombre et de la variété des personnages, ce défilé ne présente aucun désordre, aucune confusion. Les groupes se distribuent harmonieusement, séparés les uns des autres par un palmier peint au-dessus de chaque colonne, et l'on admire tout d'abord, dans cette œuvre, la clarté du plan, la netteté des divisions (Pl. 46).

Six groupes d'élus marchent de chaque côté. Sur la gauche, ce sont les vierges, les martyres, les saintes, qui comptent dans leurs rangs, à côté des religieuses de monastères, des reines : sainte Marguerite d'Écosse, sainte Élisabeth de Portugal, sainte Élisabeth de Hongrie, sainte Catherine de Suède. Puis viennent les pénitentes : sainte Madeleine, sainte Marie l'Égyptienne, sainte Pélagie, sainte Thaïs... enfin les femmes qui ont converti leurs époux, les mères qui ont consacré leurs enfants au Seigneur.

Sur la droite, les costumes brillants, aux couleurs vives, des grands personnages de l'Église voisinent avec les vêtements humbles des ordres monastiques.

En tête s'avancent les Apôtres, vêtus de tuniques aux nuances variées, suivis des martyrs, des Pères de l'Église, des papes, des évêques : derrière, marchent les fondateurs de monastères, les rois, avec saint Louis et saint Ferdinand de Castille.

Un même sentiment de piété, de calme et de douceur anime cette composition symbolique qui réunit, à travers les âges, tant de personnages, d'aspect et de conditions diverses ; les nuances se fondent en une harmonie sans éclat et le dessin, souple et léger, donne aux figures une apparence idéale et comme immatérielle.

Au-dessus de la peinture d'Hippolyte Flandrin, des médaillons encastrés le long de la frise de l'entablement supérieur sont ornés de figures d'anges et de saints évêques qu'on distingue d'ailleurs avec peine.

Parmi ces peintures murales, signalons, dans la partie gauche, un *Saint Martial*, un *Saint Rémy*, un *Saint Martin*, un *Saint Césaire* et un *Saint Julien*, œuvres de Gleyre.

La chaire à prêcher, de forme circulaire, est d'un dessin élégant. Elle est ornée d'une statue d'ange en bois et de bas-reliefs figurant la *Foi*, la *Charité*, l'*Espérance*, la *Prédication de saint Jean* et la *Prédication de Jésus*. L'ensemble de cette décoration fort intéressante est l'œuvre de Duseigneur.

On remarque la double rangée de stalles placées à droite et à gauche du chœur. Les dossiers des stalles sont ornés de riches panneaux, sculptés avec art, qui présentent des figures de saints et de saintes. Ce travail, d'une grande délicatesse, est dû au ciseau d'Aimé Millet.

Dans les figures qui décorent ces panneaux ainsi que la clôture boisée du chœur, on reconnaît les traits des princes de la famille d'Orléans, à l'époque de Louis-Philippe.

Une vaste composition murale se développe le long des bas côtés du chœur, sur lesquels Picot a symbolisé les *Sept sacrements*.

Une autre peinture, sur fond or, du même artiste, couvre la coupole du chœur ; elle montre *Jésus-Christ, entouré des prophètes, bénissant les enfants que lui présente saint Vincent de Paul*.

La chapelle de la Vierge renferme, sur les autels placés à droite et à gauche, deux statues intéressantes de Carrier-Belleuse : *Saint Joseph* et *Sainte Anne*. Cet artiste a également exécuté le groupe qui décore l'autel du fond et qui montre la

Vierge présentant le Messie au monde. Sur les murs de la chapelle, Bouguereau a peint des scènes de la vie de la Vierge.

Les collatéraux sont décorés de beaux vitraux où se détachent les images des saints et des saintes auxquelles sont dédiées les différentes chapelles. Ces vitraux, aux couleurs brillantes, ont été peints par Maréchal et par Gugnon, de Metz.

Toutes ces richesses décoratives contribuent à mettre en valeur les belles dispositions d'une architecture qui représente un des plus heureux essais de l'art du xixe siècle. On y retrouve, relevée d'une certaine originalité et d'une heureuse fantaisie, une imitation libre et ingénieuse des plus beaux types de l'antiquité et des premiers âges du christianisme.

SAINT-JACQUES-SAINT-CHRISTOPHE
DE LA VILLETTE

L'église actuelle a succédé à un édifice d'origine ancienne qui était placé sous le même vocable. Elle dépendait alors de l'hôpital Saint-Lazare dont le prieur nommait ses curés.

Cet édifice parut pendant longtemps suffisant pour les besoins d'une population très peu dense, puisqu'à la fin du xviiie siècle, elle ne comptait pas plus de mille habitants. Ce fut seulement au siècle suivant qu'on songea à ériger un monument plus important, pour remplacer la vieille église de la rue de Nantes.

Les plans de l'édifice furent dressés par Lequeux, architecte

du département de la Seine. Les travaux, commencés en 1841, étaient achevés en 1844.

L'église Saint-Jacques-Saint-Christophe est encore conçue dans le style des anciennes basiliques. Elle se recommande par une certaine harmonie de lignes et par une ordonnance sobre et correcte, sans grande originalité d'ailleurs.

La façade principale, qui borde la place de Bitche, forme un ensemble assez heureux, avec son rez-de-chaussée, percé de larges baies plein cintre qu'encadrent des pilastres corinthiens, et son premier étage, orné de rosaces, que couronne un fronton triangulaire, ajouré d'une grande rose (Pl. 43).

De chaque côté de la porte d'entrée, se dressent les statues de *Saint Christophe* et de *Saint Jacques*, sculptées par Dantan aîné.

On ne saurait louer par contre une petite tour qui a été construite hors œuvre, à l'arrière de l'édifice. Cette construction octogonale ressemble un peu trop à un phare.

A l'intérieur, on pénètre dans une nef qui s'étend entre des colonnes doriques cannelées. Les chapiteaux des colonnes, les moulures des corniches, les chambranles des croisées ouvertes dans la partie supérieure sont badigeonnés de peintures d'un effet assez discordant.

Le chœur, encadré d'un arc triomphal, se termine par un sanctuaire disposé en hémicycle qu'éclairent de larges baies séparées par des pilastres corinthiens.

L'édifice n'est pas voûté : il est recouvert d'un plafond sans ornement.

Le chœur, la nef et les collatéraux sont décorés de peintures murales de Jean-François Brémond, élève d'Ingres et de Couder. Des scènes religieuses alternent avec des sujets symboliques. Beaucoup de ces peintures sont fort dégradées et

on en distingue avec peine les contours. Sur les murs de la nef, court une frise qui représente, à gauche, l'*Entrée de Jésus-Christ à Jérusalem*, à droite, l'*Adoration des mages*.

C'est, dans le chœur, le *Martyre de saint Christophe* et le *Martyre de saint Jacques*. Dans la demi-coupole qui couronne le chœur se détachent des figures allégoriques sur un fond d'or.

A l'entrée de l'église, une toile peinte figure un *Ecce Homo* qu'on attribue à Annibal Carrache.

Il faut s'arrêter devant la chaire, en marbres de différentes couleurs. Elle est agrémentée de consoles et de pilastres doriques, et présente, sur sa face principale, un bas-relief intéressant, sculpté par Dantan aîné, qui montre *Jésus convertissant les peuples de la terre*.

SAINTE-CLOTILDE

La tentative, faite à Notre-Dame de Lorette et à Saint-Vincent de Paul, pour reconstituer le style des anciennes basiliques, n'avait pas satisfait tous les esprits. D'ailleurs nous sommes à une période où le sens archéologique se manifeste, où l'on s'éprend des vestiges d'un passé longtemps méprisé, où l'on remonte aux sources de notre art national. Chateaubriand, Victor Hugo mesurent l'effort artistique prodigieux qu'attestent les voûtes élancées, les flèches hardies de nos vieilles cathédrales. On juge sévèrement les décorations « jésuites » et ces adaptations antiques qui n'ont abouti qu'à de froides architec-

tures, bien ordonnées sans doute et souvent ingénieuses, mais
où la pensée semble prisonnière, au milieu de ces colonnades
symétriques, de ces voûtes plates, de ces lignes régulières, sans
imprévu et sans mystère. « Cette architecture bâtarde, écrit
un philosophe, Victor Cousin, à la fois lourde et maniérée, se
substitue peu à peu à la belle architecture des siècles précédents
et efface partout les vestiges de l'art français ».

Nos artistes s'éloignent donc des conventions classiques ; ils
se reportent vers ces voûtes au profil aigu, vers ces nefs et ces
absides, où les lignes, brisées et enchevêtrées, se joignent, se
séparent et se croisent à nouveau, dans des méandres sans
cesse renaissants qui semblent se perdre dans l'infini.

Aussi, lorsqu'il s'agit de remplacer l'humble et ancienne
chapelle de Saint-Valère, en plein faubourg Saint-Germain,
on décide la construction d'une église ogivale. Cette idée
heurtait plus d'un théoricien académique, élevé dans le culte
des ordres gréco-romains. Il fallut toute l'autorité du préfet
de la Seine, le comte Rambuteau, pour faire triompher cette
conception nouvelle qui fut adoptée, en 1845, par le conseil
municipal.

Restait à trouver l'artiste qui saurait faire revivre, dans une
conception architecturale, ce génie du christianisme dont Chateaubriand avait révélé la poésie et le charme. Gau fut chargé
de cette entreprise, bien que ses travaux antérieurs parussent
peu le désigner pour une innovation de ce genre. Il se mit à l'œuvre
consciencieusement, mais sans grand succès, si l'on en croit ses
contemporains eux-mêmes. Car partisans et adversaires s'accor-
dèrent à trouver la façade d'une « nudité glaciale » et l'édifice,
dans son ensemble, « d'une désespérante sécheresse de style ».

Il faut reconnaître d'ailleurs que le conseil municipal ne
s'était pas montré prodigue et les difficultés budgétaires que

l'architecte rencontra expliquent en partie la simplicité excessive de son style et la sobriété de sa décoration. Lorsqu'il
mourut, Ballu prit la direction des travaux et, plus heureux,.
obtint de nouveaux crédits qui élevèrent la dépense à plus de
cinq millions. Ballu ne se contenta pas d'achever le monument :
il remania les plans, afin d'introduire, dans cette architecture,
un peu de la fantaisie et de la grâce qui lui manquaient.

Le projet primitif comportait, pour la façade, des contreforts.
sévères, ornés de grêles frontons, des voussures sans profondeur et deux tours couronnées de terrasses. A cet ensemble
terne, Ballu substitua des contreforts plus puissants et plus décoratifs, portant des statues abritées par des baldaquins : il
augmenta les saillies et les ébrasements des portes dont les
archivoltes s'ornèrent de gâbles et de tympans : la grande rose
s'enguirlanda de feuilles et de rinceaux et deux flèches en
pierre, abondamment ajourées, s'érigèrent au sommet des
tours (Pl. 47).

Sainte-Clotilde dresse sa haute silhouette en arrière d'un
square dont les verdures encadrent les lignes blanches de la
façade. Dans le bas, se découpent les dentelures des trois portes,
aux voussures profondes, dont les archivoltes sont ciselées de
guirlandes et dont les tympans sont décorés de bas-reliefs, de
gâbles et d'élégants crochets. De nombreuses statues se dressent.
dans les colonnettes des portes et sous les baldaquins des contreforts. Perrey, Husson, Leharivel-Durocher, Lequesne,
Farochon, Dantan jeune ont contribué à cette décoration.

A l'étage supérieur, s'inscrit une grande rose, couronnée
d'un pignon qui répond aux combles de la grande nef. De
chaque côté, s'élancent deux tours octogones, d'un dessin un peu
lourd : elles se terminent par des flèches, percées de baies.
ogivales et bordées de crochets, sur toute leur hauteur.

L'ensemble est correct et reproduit à peu près les disposi-tions d'une église du xive. Mais, si le pastiche est conve-nable, il est loin d'être original : malgré les efforts louables de Ballu, dans cette froide conception, habilement traitée pour-tant, on ne retrouve ni la grâce ni la légèreté qui font le charme des belles cathédrales de cette époque.

Cette impression ne fait que s'accentuer si l'on fait le tour de l'édifice ; on n'y remarque aucune de ces saillies prononcées, aucune de ces audaces de structure, si fréquentes dans le style gothique, capricieux et hardi.

Un abus fâcheux des lignes verticales dont nulle courbe, nulle saillie ne vient rompre la monotonie, imprime à ce monu-ment un caractère de lourdeur et de sécheresse. Ces murs sévères, privés de gargouilles et de corniches, agrémentés seulement de maigres moulures, l'ornementation terne et grêle de l'ensemble ne donnent qu'une idée appauvrie et comme schématique d'un art qui a surtout brillé par l'invention et la fantaisie. Aussi Sainte-Clotilde semble-t-elle beaucoup moins proche des riches monuments gothiques de l'Ile-de-France ou de la Champagne, que des cathédrales d'outre-Rhin que Gau avait visitées avant de bâtir son église.

L'ordonnance intérieure de l'édifice ne manque pas d'ingé-niosité, malgré l'étroitesse fâcheuse du déambulatoire. Mais elle ne s'écarte pas non plus d'un style conventionnel et froid. Ballu a cependant fait preuve d'un goût très heureux dans l'or-nementation et dans l'ameublement.

La nef est large et d'une belle élévation. Elle est bordée de hauts piliers, d'où s'élancent de multiples colonnettes qui se ramifient et tapissent la voûte de leurs fines nervures. Il est regrettable que les triforiums que l'architecte a dessinés ne soient que simulés.

Au fond des transepts, qui se terminent par des chapelles, s'inscrivent deux roses d'un coloris brillant.

Le chœur, à peine éclairé d'un jour pâle, est séparé des collatéraux par une élégante clôture en pierre, où des hauts-reliefs se détachent, au-dessous d'une sorte de dais continu formé par de petits arcs à frontons, couronnés de bastilles et entremêlés d'animaux : décoration qui rappelle celle du chœur de Notre-Dame.

Derrière, rayonnent les baies multicolores des chapelles absidales. Ce sont de gracieux oratoires, avec leurs voûtes bleu de ciel, constellées d'étoiles d'or, et leurs riches verrières dont les légendes ont été dessinées par Auguste Hesse.

L'église a reçu une ornementation élégante. On remarque les grilles de l'abside, dont le style copie le XIIIe siècle, la chaire, d'un élégant dessin, dont le clocheton est couvert de contreforts, de pinacles et de fleurons; le maître-autel, avec ses consoles feuillagées et ses figurines dorées, sculptées par Barre, qui s'abritent sous de petites niches polychromes. Au-dessus du tabernacle, se dresse une exposition que couronne une flèche à jour, légère et gracieuse.

Cette décoration riche et soignée s'encadre partout de hautes verrières : grisailles de la nef, vitraux éclatants des collatéraux et de l'abside, où des figures légendaires apparaissent, sous des dais et sous des baldaquins. La lumière, qui baigne largement la nef, se fait plus discrète dans le chœur, où règne une demi-pénombre. Les teintes les plus variées agrémentent ces verrières, d'une polychromie un peu discordante.

Quelques œuvres d'art intéressantes ont trouvé place dans cette église, s'harmonisant d'ailleurs assez heureusement avec les lignes architecturales.

La plus remarquable est le beau chemin de croix qui se développe sur les collatéraux et dans les transepts : Pradier,

Lequesne, Francisque Duret et Guillaume en ont sculpté les stations. Les statues de *Sainte Clotilde* et de *Sainte Valère*, qui se dressent au fond des deux bras du transept, sont l'œuvre de Guillaume.

Cet artiste a été heureusement inspiré dans la décoration dont il a enrichi la balustrade du chœur. Des scènes symboliques se détachent en hauts-reliefs, représentant, à gauche : le *Mariage de Clovis*, la *Guérison de Clodomir*, le *Baptême de Clovis*, la *Mort de sainte Clotilde* ; à droite : la *Conversion de sainte Valère*, sa *Condamnation à mort*, son *Martyre*, son *Apparition à saint Martial*.

L'église est ornée de peintures murales qui sont malheureusement à peine éclairés par le faible jour qui perce à travers les riches verrières des collatéraux.

Dans la chapelle Saint-Louis, Bouguereau a peint des sujets symboliques et des épisodes de la vie de saint Louis.

Chapelle des catéchismes. — L'église Sainte-Clotilde eut d'abord, comme chapelle des catéchismes, l'ancienne église Sainte-Valère, dans la rue de Bourgogne. Quand cet édifice fut démoli, on construisit une nouvelle chapelle, rue Las-Cases. Ce bâtiment, d'aspect élégant, a été élevé sur les plans de Destailleur : cet architecte s'est inspiré avec beaucoup de bonheur d'un style dont la grande salle de l'abbaye de Westminster offre un des types les plus parfaits.

NOTRE-DAME-DE-GRÂCE DE PASSY

Cette église date du xviiᵉ siècle, mais elle a subi de profondes modifications au xixᵉ siècle. Lorsqu'elle fut bâtie,

Pl. **47**.

Photo Neurdein.

SAINTE CLOTILDE.

(Page 185.)

Pl. 48.

SAINT-EU... NEF ET CHŒUR.

(Page 191.)

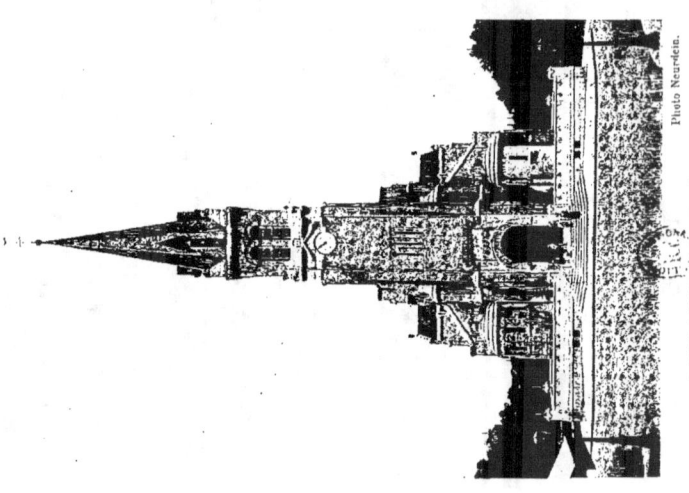

Photo Neurdein.

SAINT-LAMBERT DE VAUGIRARD.

(Page 190.)

en 1667, elle n'occupait guère que la moitié de son emplacement actuel.

D'importants travaux d'agrandissement furent entrepris, en 1846, sur les plans de l'architecte Debressenne. L'œuvre a été complété, en 1872, par la construction d'une chapelle des catéchismes qui vint s'adosser à angle droit, à l'arrière du monument.

L'église a gardé son ancien vocable de Notre-Dame-de-Grâce. On la désigne pourtant quelquefois sous le nom de Notre-Dame-de l'Annonciation, en souvenir d'un tableau qui décorait autrefois le maître-autel et qui se trouve aujourd'hui dans la chapelle Saint-Augustin.

L'édifice du xviie siècle ne présentait aucun caractère architectural : les remaniements qu'il a supportés n'ont pu lui donner une physionomie. L'église s'ouvre sur la rue de l'Annonciation par un petit porche dont le tympan est orné d'un bas-relief, sculpté au xviie siècle par Gumery, qui représente l'Annonciation. Une fenêtre s'encadre dans la partie supérieure avec une statue de la Vierge, du xviiie siècle.

Les dispositions intérieures sont des plus simples. L'église n'a pas de transept. La nef et le chœur communiquent avec les bas côtés par dix-sept arcades, dont huit sont en anse de panier et neuf en plein cintre. Les premières marquent l'emplacement de l'ancienne église. Une polychromie peu harmonieuse sévit sur les chapiteaux des colonnes et sur les arcades.

Quelques toiles se sont trouvées rassemblées dans la chapelle Saint-Augustin.

Ce sont surtout des copies de tableaux anciens. On remarque pourtant deux peintures françaises du xviiie siècle : l'*Annonciation*, *Saint Augustin en extase*, et une toile de l'école italienne, de la même époque : le *Sacrifice d'Isaac*.

SAINT-LAMBERT DE VAUGIRARD

La paroisse de Vaugirard fut longtemps desservie par une église d'origine fort ancienne. Cet édifice avait été placé, au xvᵉ siècle, sous le patronage de saint Lambert, lorsqu'il avait reçu les reliques du saint évêque.

L'église actuelle, commencée en 1848, a été achevée en 1856, peu avant l'annexion des communes suburbaines. Elle a été élevée aux frais de l'ancienne commune de Vaugirard, sur les plans de l'architecte Naissant.

Le terrain est en pente : cette déclivité a permis de creuser, sous l'édifice, une église souterraine. La crypte offre cette particularité assez rare d'être plus étendue que l'église elle-même.

Saint-Lambert est l'un des types les plus marqués et les plus purs du style roman qui a été imité dans un certain nombre des églises bâties au cours du siècle dernier.

La façade principale se dresse sur une petite place, en face de la rue Gerbert : elle ne manque pas de caractère, avec son perron, la balustrade en pierre qui la borde, son porche étroit, flanqué de deux tourelles, et son haut clocher carré, à deux étages, que surplombe une flèche octogonale couverte en ardoises (Pl. 48).

L'archivolte de la porte d'entrée est décorée de trois têtes sculptées en ronde bosse, qui représentent le Christ entre la Vierge et un ange.

A la base du second étage du clocher, on distingue les symboles des quatre Évangélistes.

Deux chapelles polygonales font saillie sur les côtés du porche.

L'intérieur n'est pas moins pittoresque, par son architecture en pierre nue, d'une sévère ordonnance : et l'on considère avec intérêt ces hautes et sombres murailles dont la froideur ne s'égaye d'aucune ornementation frivole, d'aucun motif de décoration. Un jour très atténué pénètre dans l'église, par les petites croisées ménagées dans les murs ; l'église est enveloppée d'une pénombre qui contribue à l'aspect austère et triste de cette architecture.

La nef, étroite et haute, s'étend entre des arcades séparées par des colonnes engagées et par des pilastres qui reçoivent les retombés d'une voûte d'arête. Au-dessus, règne un étage de triforiums ; la partie supérieure des murs est percée de fenêtres, garnies de vitraux en grisailles.

Cette sombre église romane ne semblait pas faite pour servir de cadre à une décoration artistique. Elle a pourtant été dotée de quelques œuvres d'art.

On remarque, dans la chapelle du Sacré-Cœur, sur le transept gauche, un tableau du xviiie siècle, de l'école de Lagrenée : la *Salutation angélique*.

Cette chapelle est décorée de deux toiles, de Brémond, qui figurent les trois *Vertus théologales* et le *Christ consolant les affligés*.

Le même artiste a peint, dans la chapelle du transept droit, le *Christ et les enfants* et les quatre *Vertus cardinales*. On voit aussi, dans cette chapelle, une *Résurrection du Christ*, du xviie siècle.

SAINT-EUGÈNE

Le fer apparaît, pour la première fois, à Saint-Eugène, dans notre architecture religieuse : et l'on est tout d'abord un peu surpris de le voir aussi largement utilisé dans un pastiche gothique. Les baies ogivales, les voûtes élancées, les ingéniosités et les dentelures de la décoration de nos vieilles cathédrales pouvaient-elles donc se combiner avec l'emploi d'un dur métal ? L'abbé Coquand, curé de la nouvelle paroisse, le pensait. Il posa ce problème aux architectes : construire une église, dans le style de la fin du XIIIᵉ siècle, mais en employant la fonte et le fer pour les piliers et les nervures. Le problème était d'autant plus ardu que la plus stricte économie était recommandée aux architectes ; les maigres crédits dont on disposait semblaient donc exclure à l'avance les fantaisies et les élégances de notre art gothique.

Lusson, puis Boileau, s'attachèrent à cette œuvre. En 1855, l'église était debout : Elle avait coûté 650 000 francs. Napoléon la plaça sous le patronage de saint Eugène, en commémoration de son mariage avec l'impératrice Eugénie.

L'essai est intéressant : il faut reconnaître que Lusson et Boileau se sont joués avec beaucoup d'habileté et d'audace des difficultés qu'ils rencontraient. Mais l'effet est plus étrange que pittoresque. L'extérieur est d'une simplicité qui touche à la nudité. Point d'arcs-boutants, point de ces hautes voûtes qui se croisent au-dessus de nos anciennes églises gothiques : l'emploi du fer, en supprimant la pesée des voûtes, en réduisant les

combles, a fait disparaître ces accessoires. Mais l'église n'a-t-elle pas perdu par là même tout le cachet du gothique rayonnant ? Représente-t-elle autre chose qu'un schéma appauvri des modèles les plus gracieux de notre architecture française ?

L'extérieur rappelle les dispositions de quelques-uns de nos plus vieux monuments, comme l'église Saint-Paul ou l'abbaye de Sainte-Geneviève. Des contreforts divisent la façade en cinq parties. Au centre, la porte principale, avec voussure, couronnée d'un gâble bordé de crochets. Au-dessus s'inscrit une rose que domine le pignon de la grande nef. De chaque côté, une petite porte, surmontée d'une galerie à jour.

Les façades latérales présentent une série de pignons, semblables à ceux qui accusaient les chapelles latérales, dans nos anciens édifices : chaque pignon est percé de deux fenêtres et d'une rosace.

Le plan de l'église est fort simple : la nef, sans transepts, est flanquée de collatéraux, surmontés de tribunes, en fonte, peintes et dorées.

L'emploi de la fonte et du fer a donné à l'intérieur une physionomie plus curieuse et plus originale (Pl. 48). Les forts piliers de nos vieilles cathédrales font place ici à de minces et élégantes colonnettes dont le modèle paraît emprunté à l'ancien réfectoire de Saint-Martin-des-Champs, aujourd'hui Bibliothèque du Conservatoire des arts et métiers, remarquable par la hardiesse de ses voûtes et la gracilité de ses supports.

Les matériaux employés semblaient commander à Saint-Eugène cette légèreté de base à laquelle l'architecte de Saint-Martin-des-Champs n'avait atteint que par un prodige d'audace. Les colonnettes et les arcs sont en fonte. Les nervures et les arêtes des voûtes sont en fer.

Dans un édifice de petites dimensions, cette disposition ne

13

manque pas d'attrait. Elle efface la division des nefs qui s'accuse même dans les vaisseaux élancés de nos cathédrales. L'œil embrasse d'un seul coup les différentes parties de l'édifice et, de quelque côté qu'on se place, le jeu des colonnes laisse entrevoir le maître-autel.

La décoration est d'un goût assez heureux. De belles verrières, enluminées avec art, distribuent dans l'église une lumière, plus pâle dans la nef, plus vive dans le chœur : combinaison inverse de celle qui fut adoptée à Sainte-Clotilde et qui paraît d'un effet plus pittoresque. Les vitraux de la chapelle Saint-Eugène ont été peints par Lusson.

Une riche polychromie couvre le monument, sans parvenir, d'ailleurs, à dissimuler la maigreur des motifs d'ornementation. Les voûtes sont semées d'étoiles: les colonnes, aux teintes bronzées ou bleuâtres, sont revêtues, ainsi que les murailles, de rinceaux et d'arabesques relevés d'or.

SAINT-JEAN-BAPTISTE DE BELLEVILLE

C'est encore un pastiche gothique qui porte la marque de la fin du XIIIe siècle : mais c'est un pastiche élégant, traité avec beaucoup de soin et de méthode. L'ensemble est pittoresque et se recommande par l'harmonie des proportions, par une heureuse simplicité qui n'exclut pas la grâce, ni même l'originalité.

Cette œuvre, exécutée entre 1854 et 1859, est due à Lassus qui avait déjà fait, à Saint-Nicolas de Nantes, une tentative pleine de goût, et qui a montré, dans sa restauration de la Sainte-Chapelle, un réel talent de reconstitution. Cet architecte a su

s'approprier, avec un rare bonheur, non seulement les modèles, mais le goût même de nos anciens maîtres des œuvres.

Saint-Jean-Baptiste de Belleville forme un ensemble riche et complet, avec clochers, flèches, transepts, ambulatoires : et pourtant, il n'a coûté que 900 000 francs. C'est un exemple d'économie, en même temps qu'un des modèles les plus réussis d'architecture gothique (Pl. 49).

La façade s'ouvre par trois baies ogivales, encadrées de colonnettes et enrichies de sculptures dues au ciseau de Perrey. Une statue de saint Jean-Baptiste s'adosse au trumeau de la porte centrale.

La partie supérieure comporte, au-dessus d'une galerie d'arcatures, une grande rose, délicatement sculptée dans un arc ogival, décoré de fleurons.

De hautes tours carrées, percées de fenêtres géminées et reliées par une galerie à jour, se dressent sur les côtés de la façade. Elles portent deux flèches, d'un dessin gracieux, qui s'élèvent à 58 mètres de hauteur. Moins chargées d'ornementation que les flèches de Sainte-Clotilde, elles sont plus légères et plus hardies.

Cette riche et imposante façade donne à cette église de faubourg des allures de cathédrale.

La même correction élégante se retrouve dans les ailes de l'édifice que sillonnent des contreforts et des arcs-boutants, agrémentés de clochetons, de pinacles, de fleurons et de gargouilles. Les transepts, qui dessinent des pignons avec des roses, sont décorés de bas-reliefs de Perrey. Sur la porte latérale de gauche on voit une perspective de l'édifice que l'archevêque de Paris offre à saint Jean-Baptiste.

A l'intérieur, la nef est d'une belle élévation. Des faisceaux de colonnettes se ramifient jusqu'aux nervures des voûtes dont

les arcs reposent sur des têtes sculptées. On remarque, dans le chœur, une tête qui est le portrait de l'architecte Lassus.

Une combinaison originale a remplacé, dans la nef, le triforium classique par une suite de petites roses.

Sur les bas côtés, s'ouvrent une série de chapelles latérales et de chapelles absidales qui rayonnent autour du chœur.

L'édifice est tout en pierre nue. Son architecture, aux lignes sévères, ne s'agrémente que d'une décoration très sobre. Tous les détails de cette ornementation, tribune des orgues, chaire, stalles et grilles, sont traités dans le style du xiiie siècle. On s'arrêtera devant la chaire, d'un dessin élégant, fort habilement sculptée par Perrey.

SAINT-HONORÉ D'EYLAU

ET CHAPELLE DE NOTRE-DAME DE LA CITÉ PAROISSIALE

C'est une ancienne chapelle de secours qui a été bâtie, en 1855, pour la commune de Passy, par l'architecte Debressenne. Elle a été transformée en succursale, peu après l'annexion des communes suburbaines.

La façade est précédée d'un petit porche qui s'ouvre sur la place Victor-Hugo. Au reste, l'architecture de cet édifice n'offre aucun intérêt et l'on est même surpris de trouver, dans ce quartier élégant, un monument qui n'attire l'attention, ni par ses proportions, ni par son caractère artistique (Pl. 5o).

L'église, malgré les agrandissements qu'elle a reçus en 1886, est restée très insuffisante pour les cérémonies du culte. Aussi

Pl. 49.

SAINT-JEAN-BAPTISTE DE BELLEVILLE.

(Page 195.)

Pl. 50.

Photo Le Deley.

NOTRE-DAME DE LA GARE.

(Page 197.)

SAINT-HONORÉ D'EYLAU.

(Page 196.)

SAINT-HONORÉ D'EYLAU. CHAPELLE DE NOTRE-DAME DE LA CITÉ PAROISSIALE, NEF.

(Page 197.)

a-t-on dû construire, en 1894, dans l'avenue Malakoff, une vaste chapelle qui répond mieux aux besoins de la population : elle est connue sous le titre de Notre-Dame de la Cité-Paroissiale.

Cette construction, où se mélangent des éléments romans et gothiques, est surtout intéressante par la simplicité de son ordonnance et par son agencement pratique (Pl. 50). Elle comporte cinq nefs qui se développent sur une grande longueur, entre des colonnades en fer. L'emploi du métal a permis de diminuer l'épaisseur des colonnes, si bien que les fidèles, placés dans l'une ou l'autre des nefs, peuvent suivre de partout les cérémonies du culte.

L'édifice présente d'ailleurs un ensemble assez élégant, avec ses vitraux clairs, avec ses voûtes dont les arcades encadrent des motifs sculptés.

NOTRE-DAME DE LA GARE

Cette église a été bâtie en 1855, aux frais de l'ancienne commune d'Ivry. Les travaux, conduits par l'architecte Claude Naissant, furent achevés en 1864.

Elle occupe, sur la place Jeanne-d'Arc, une situation élevée qui met en valeur son architecture imposante (Pl. 50). L'édifice, d'une belle ampleur, présente des dispositions intéressantes, d'une simplicité un peu sévère, où l'on retrouve une libre imitation du style du xiie siècle.

La façade principale s'ouvre par un porche encadré de colonnes qui portent, sur leurs chapiteaux, des figures d'anges

scupltées. Une rose s'inscrit dans la partie supérieure que domine une tour carrée, de bonnes proportions, couronnée par une flèche en ardoises.

L'architecture intérieure est toute en pierre nue et d'une ornementation très sobre.

L'église comprend trois nefs qui communiquent par des arcs plein cintre reposant sur de grosses colonnes à chapiteaux feuillagés. De petites colonnes engagées supportent les arcs doubleaux de la nef, voûtée en arêtes. Des triforiums sont percés au-dessus des arcades.

Chacune des trois nefs se termine par une abside demi-circulaire, dont le fond est peint.

La froideur romane de l'édifice ne s'égaie d'aucune richesse décorative. Peu de sculptures, peu de peintures et des vitraux presque tous en simple grisaille. On remarquera, près de la porte d'entrée, deux tableaux du XVIIe siècle, signés de Villalpando, qui représentent l'*Adoration des bergers* et l'*Adoration des rois*.

SAINT-BERNARD

L'antique église de Saint-Denis de la Chapelle devint, au siècle dernier, tout à fait insuffisante pour le vaste quartier qu'elle desservait. On décida la construction d'un nouvel édifice dont les plans furent dressés par l'architecte Magne. Les travaux, entrepris en 1858, ont été achevés en 1861.

L'ancienne commune de la Chapelle affecta un million à

cette entreprise : la Ville de Paris vota un crédit supplémentaire de 600.000 francs.

Ce monument, de forme agréable et d'aspect pittoresque, se recommande par ses proportions heureuses et par son exécution soignée. C'est un pastiche gothique, mais élégant et réussi, qui reconstitue d'une façon curieuse la physionomie d'une église du xve siècle (Pl. 51).

Cette architecture n'a pas la raideur et l'austérité froide de Sainte-Clotilde : ses lignes s'infléchissent et se brisent sans effort, relevées de contreforts, d'arcs-boutants, de gargouilles et de motifs d'ornementation, dessinés avec beaucoup de goût et de fantaisie.

L'église occupe un très vaste emplacement. Elle se dresse sur une petite élévation, en arrière d'un square dont les verdures encadrent sa silhouette gracieuse et finement découpée.

Le monument s'annonce par un fort beau portail, agrémenté d'un petit porche, d'un dessin élégant, de clochetons et de galeries ajourées, que couronne une flèche en plomb, d'un style très pur, qui s'élève à 60 mètres de hauteur.

Les niches de la porte d'entrée renferment des statues de sainte Geneviève et de saint Bernard, œuvres de Perrey.

Les transepts dessinent de faux portails, avec des sculptures simulant des portes. Des bas-reliefs se développent sur les tympans et figurent, à gauche, le *Couronnement de la Vierge*, à droite, la *Résurrection du Christ*. Ces sculptures ont été exécutées par Perrey, ainsi que les statues des saints qui les encadrent.

Le chevet présente trois constructions polygonales. Celle du centre est surmontée d'un petit campanile.

A l'intérieur, on pénètre dans une nef, d'une belle élévation, qui s'étend entre des arcades et des murs percés de triforiums (Pl. 51).

Des tribunes règnent dans la nef et dans le chœur. La chapelle de la Vierge s'ouvre derrière le chœur. Elle est décorée de panneaux peints qui alternent avec des vitraux.

L'ensemble de cette architecture est d'un bon effet et d'une ornementation très sobre.

On remarque la chaire à prêcher, toute en pierre et en menuiserie, d'un dessin gracieux; la balustrade de l'escalier, sculptée à jour, n'a que 7 centimètres d'épaisseur.

Dans le fond de chaque transept, se dresse un retable en pierre, d'un beau travail, qui se divise en compartiments encadrés de motifs d'ornementation dans le style du xve siècle. Sur ces retables se développent des scènes de la vie de sainte Geneviève et de saint Bernard.

Saint-Bernard possède une composition de Le Brun : *La Flagellation*, et un tableau, peint par Jeaurat, en 1789, qui évoque *Saint Bernard et ses compagnons*.

Parmi les toiles modernes qui décorent les murs de l'église, il faut signaler, dans la chapelle des Ames-du-Purgatoire, deux toiles de Tony Robert-Fleury : le *Sacrifice offert pour les morts d'Israël, par ordre de Judas Macchabée*, et *Saint Bernard disant la messe pour les trépassés*.

NOTRE-DAME DE CLIGNANCOURT

La population du quartier de Clignancourt augmenta beaucoup, au cours du xixe siècle. L'église Saint-Pierre de Montmartre se trouvait à la fois trop petite et trop éloignée : aussi se décida-

t-on à construire, dans ce quartier, une église nouvelle dont les plans furent fournis par Lequeux. Les travaux, entrepris en 1859, ont été achevés en 1863.

L'église Notre-Dame-de-Clignancourt, conçue dans le style roman, occupe une vaste superficie. L'architecture en est correcte, mais sans grande originalité (Pl. 51).

La façade principale, qui comporte deux étages, d'un dessin très simple, est décorée de quelques sculptures. Sur ses côtés, un peu en retrait, se détachent deux petites constructions pentagonales qui abritent des chapelles.

Les transepts et le chevet sont également construits sur un plan pentagonal.

L'édifice se termine par un bâtiment polygonal dans lequel est ménagée la chapelle de la Vierge.

Entre cette construction et le chevet, se dresse une tour à trois étages, coiffée d'une flèche pyramidale.

L'église, à l'intérieur, affecte la forme d'une croix très allongée. L'architecture ne présente aucune particularité remarquable. Le chœur, qui s'ouvre par un arc triomphal, est décoré de peintures murales. Les bas côtés qui entourent le chœur donnent accès, au fond, à la chapelle de la Vierge dont la voûte, semée d'étoiles sur un fond bleu, est couverte d'ogives, avec des nervures et des colonnes peintes.

Dans les travées de cette chapelle se développent des peintures de Félix-Joseph Barrias : l'*Annonciation*, la *Visitation*, la *Glorification de la Vierge*, l'*Assomption*, la *Vierge au pied de la Croix,*

SAINT-JOSEPH

La paroisse de Saint-Joseph eut d'abord pour siège une modeste église en bois, construite en 1852 dans la rue Corbeau.

La nouvelle église, bâtie en 1860, sur les plans de l'architecte Ballu, est un vaste et bel édifice, traité dans le style des églises du XIIᵉ siècle. La façade qui ne manque pas de caractère, est précédée d'un large porche dans lequel s'ouvrent des baies plein cintre. L'ensemble est surmonté d'une tour carrée, avec une flèche octogonale en pierre, flanquée, à sa base, de quatre clochetons cylindriques (Pl. 51).

Les tympans des portes d'entrée sont ornés de peintures, sur lave émaillée, exécutées par Paul Balze, en 1874. On voit, dans la porte centrale, la *Glorification de saint Joseph*.

Les façades latérales, épaulées par des contreforts, présentent, à la hauteur des transepts, des murs pignons flanqués de clochetons, dans lesquels se découpe une grande rose.

L'architecture intérieure paraît lourde et massive; elle manque d'élévation.

La nef s'étend entre des arcades basses qui reposent sur d'énormes piliers, en pierre noire de Belgique, dont les chapiteaux sont sculptés de feuillages. Au-dessus des arcades, règne un étage de triforiums.

La décoration de l'église est intéressante par ses nombreux cuivres et ses bois peints, d'origine ancienne.

Un banc, placé dans la chapelle des fonts baptismaux, porte, sur son dossier, deux peintures sur cuivre : un *Saint Jérôme*, de l'école byzantine du XVIIᵉ siècle, un *Hérodiade*, de l'école fla-

Pl. **51.**

Photo Neurdein.

SAINT-BERNARD DE LA CHAPELLE.

(Page 199.)

SAINT-BERNARD DE LA CHAPELLE. NEF.

(Page 199.)

Photo Neurdein.

NOTRE-DAME DE CLIGNANCOURT.

(Page 201.)

SAINT-JOSEPH.

(Page 202.)

Pl. 52.

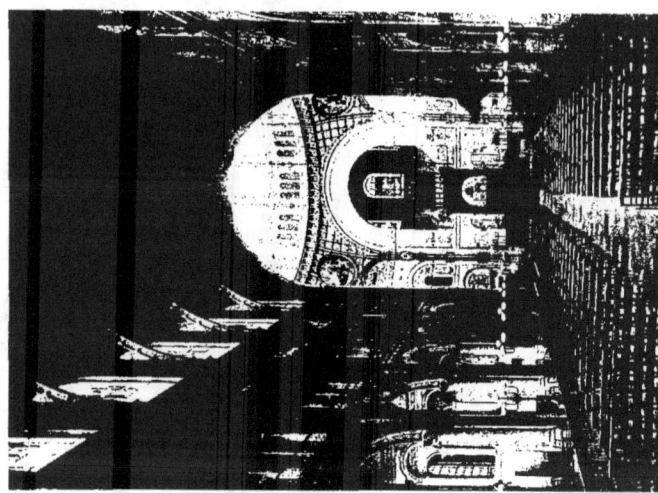

Photos Neurdein.

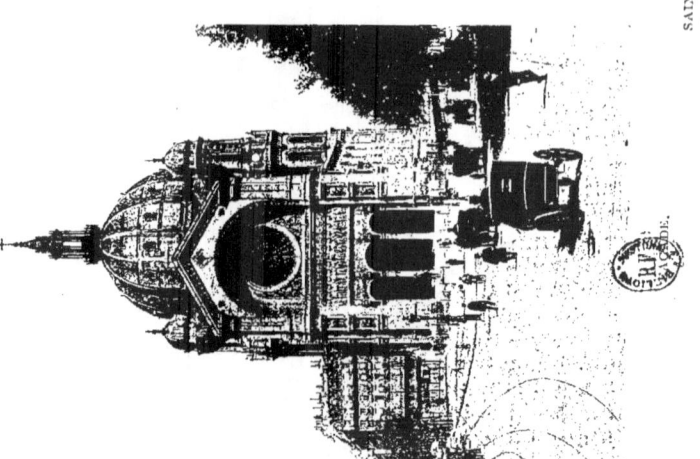

SAINT-AUGUSTIN.
(Pages 204 et 206.)

mande de la même époque, avec un bas-relief en bois, du XVIIe, figurant le *Baptême du Christ*.

On voit encore, dans cette chapelle, deux tableaux sur cuivre, de l'école flamande du XVIIe siècle : *Saint Jean enfant* et *Saint Jean dans le désert ;* deux statuettes en bois, du XVe : *Saint Pierre* et *saint Paul ;* un bas-relief, de la même époque, qui représente *Saint Jean et un donateur*, et une statuette de la *Vierge* et de l'*Enfant Jésus*, du XVIe siècle.

La chapelle des Ames-du-Purgatoire renferme, à gauche, un bas-relief en marbre, du XVIe siècle, qui montre *Jésus dans les limbes ;* à droite, un tableau sur cuivre, du XVIIe : les *Saintes Femmes au tombeau*. Dans le retable de l'autel est encastrée une *Déposition du Christ*, tableau sur bois, de l'école italienne du XVIe siècle.

Dans le transept gauche, sur le tombeau de l'autel, une toile de l'école flamande du XVIIe siècle figure *Jésus enfant ;* elle est encadrée de deux tableaux sur cuivre de la même école : l'*Éducation de Jésus* et *Jésus parmi les docteurs*. Le pilier de droite est orné d'une *Nativité*, en bronze, du XVIe siècle.

La salle des mariages renferme une toile du XVIIe siècle : le *Mariage de la Vierge*. Sur les piliers du chœur, deux toiles de même époque : les *Martyres de saint Étienne et de saint Paul*.

Le tombeau du maître-autel est décoré d'une *Nativité*, en bois peint, du XVIe siècle. Un autre bas-relief en bois, de l'école byzantine, placé derrière le chœur, évoque la *Mort de la Vierge*.

On remarque encore, sur le pilier de gauche qui se dresse à l'entrée de la chapelle de la Vierge, un groupe en bois, du XVIe siècle : la *Présentation de la Vierge au temple*.

SAINT-AUGUSTIN

Le quartier où s'élève cette église ne comprenait guère, au commencement du siècle dernier, que des terrains vagues ; son aspect misérable lui avait valu le surnom de Petite-Pologne. Il devint nécessaire d'y créer une paroisse en 1850. On éleva d'abord une chétive église en planches ; puis on dut songer à édifier un monument qui, par son étendue et ses dispositions, fût en rapport avec la richesse du quartier, très florissant depuis le Second Empire. Victor Baltard fut chargé de la construction de cet édifice dont les travaux, commencés en 1860, furent achevés en 1871.

L'église s'élève sur un rond-point ; elle offre une belle pers-perspective qui se détache vigoureusement sur les hautes maisons qui l'environnent (Pl. 52). Son plan dessine un triangle irrégulier qui s'étend sur une vaste superficie.

Construite dans un style renaissance, agrémenté de réminis-cences byzantines dans certains détails de son ornementation, elle présente une physionomie originale. Le portail majestueux qui se développe sur la façade principale, masque des tourelles élégantes, entourant un dôme, d'un aspect pittoresque. Tout cela forme un ensemble curieux, bien ordonné, d'une heureuse élé-gance de lignes, que rehausse une riche décoration. L'édifice, monumental, est loin cependant de paraître massif, et cette archi-tecture, composite et recherchée, est exempte de lourdeur et de surcharge.

La structure du monument se caractérise par un judicieux emploi du fer qui a été utilisé dans les différents éléments de la

charpente. Le métal se combine très heureusement avec la pierre et forme un ingénieux appareil qui contribue tout à fait à la fois à la solidité et à la légèreté des diverses parties de l'édifice.

La façade présente une ordonnance sobre et harmonieuse. Elle est percée de trois grandes arcades donnant accès à un porche ; au-dessus, règne une belle frise de sculpture due au ciseau de Jouffroy, où se détachent les figures du Christ et des Apôtres : au sommet, rayonne une grande rose, en fonte de fer dorée, inscrite dans un grand arc plein cintre.

De nombreuses statues ornent les niches disposées dans le porche, sur la façade centrale et sur les façades latérales. Sur les côtés de la façade centrale, on remarque quatre statues exécutées par Cavelier : à gauche, *Élie* et *Saint Thomas d'Aquin* ; à droite, *Moïse* et *Saint Augustin*. La façade latérale de gauche renferme un *Isaïe* et un *Saint Léon le Grand*, sculptés par Farochon. Au-dessus du tympan de l'arcade, apparaissent trois figures en haut-relief, de Bonnassieux : *Saint Ambroise, Saint Augustin, Sainte Monique*.

La façade de droite présente, au-dessus du tympan de l'arcade, trois hauts-reliefs, de Lequesne : *Saint Dominique, Saint Louis, Saint François d'Assise*. Au-dessus des pilastres accouplés de la nef, on voit d'élégants groupes d'enfants avec des candélabres, sculptés par Carrier-Belleuse.

De chaque côté de la grande rose se détachent deux bas-reliefs de Le Père qui symbolisent l'*Ancienne* et la *Nouvelle Alliance*.

Les tympans des portes qui donnent accès dans l'édifice sont ornés de médaillons symboliques, sur lave émaillée, qui ont été exécutés par Paul Balze en 1862. C'est un des premiers essais qu'on puisse citer du nouveau procédé de peinture sur faïence que cet artiste inventa pour la décoration extérieure des monu-

ments. Dans ce procédé, la composition est peinte, avec des couleurs vitrifiables, sur un assemblage de carreaux mobiles qui n'ont encore reçu que le premier émail : une fois mise en place, elle est recouverte d'un vernis qui, remplissant les interstices des carreaux, lui donne une surface unie et indélébile.

A l'arrière de l'église, on aperçoit, à moitié masqué par cet imposant portail, un dôme d'une belle ampleur, percé de larges baies encadrées de colonnettes, que surmonte une lanterne ajourée en fonte. Le dôme est flanqué de quatre tourelles, de forme gracieuse, qui comportent trois étages garnis de baies étroites et couronnés de petites coupoles.

L'intérieur offre également de belles dispositions, d'un style large et aisé (Pl. 52).

L'église n'a pas de bas-côtés. La nef, haute et vaste, s'étend entre des arcades qui reposent sur des chapiteaux corinthiens. Au-dessus, règnent des arcatures, supportées par des colonnettes.

Des colonnes en fonte peinte et dorée, au sommet desquelles se dressent des anges sculptés, reçoivent les nervures métalliques et ajourées qui supportent la voûte.

Sur la nef, s'ouvrent directement des chapelles latérales qui vont en s'élargissant vers le chœur.

Le transept affecte la forme d'un polygone irrégulier. Les grands côtés de ce polygone correspondent, dans le grand axe, aux vides de la nef et de l'abside, et, dans l'axe transversal, à des chapelles qui s'ouvrent par trois arcades encadrées de colonnes en marbre rouge. Les quatre petits côtés constituent les supports des pendentifs de la coupole.

Aux huit points d'intersection du polygone, se dressent huit piles en fonte ornée, supportant toutes les armatures métalliques des pendentifs, de la coupole et du dôme extérieur.

Sur les pendentifs, agrémentés de médaillons peints sur fond d'or, s'élève une vaste coupole, de belles proportions, percée de larges baies plein cintre et décorée, dans sa partie supérieure, de figures peintes, à peine visibles.

Le sanctuaire est installé dans la partie centrale du transept : un ciborium élevé et richement décoré protège le maître-autel, orné de colonnes en marbre vert et de mosaïques de Lyon.

Cette architecture s'agrémente, dans ses différentes parties, d'une décoration élégante. Elle renferme quelques sculptures et quelques peintures dignes d'intérêt. On remarquera, dans le côté gauche du transept, une statue de *Saint Félix*, par Maniglier, et deux statues de *Saint Athanase* et de *Saint Hilaire*, du même artiste.

La chapelle du Sacré-Cœur, ménagée dans le fond, est ornée de peintures de Bouguereau dont les motifs sont empruntés à la vie de saint Pierre et de saint Paul.

On voit, dans le côté droit du transept, une statue de *Saint Jean de Matha*, par Maniglier, un *Saint Bonaventure*, de Doublemard, deux anges sculptés par Aimé Millet, et deux statues d'Aizelin : *Saint Cyrille* et *Saint Grégoire de Nysse*.

La chapelle Saint-Joseph renferme une statue du saint, en bronze, exécutée par Chapu, et des peintures de Bouguereau : la *Prédication de saint Jean-Baptiste*, le *Baptême de Jésus-Christ* et la *Tête de saint Jean-Baptiste apportée à Hérodiade*.

Signalons encore, dans la chapelle de la Vierge, une *Sainte Marthe*, de Perrey, et une *Sainte Madeleine*, de Leharivel-Durocher

SAINT-FRANÇOIS-XAVIER

Cette église a été construite pour remplacer l'ancienne chapelle des Missions Étrangères, de la rue du Bac, que la Ville de
Paris louait pour l'exercice du culte. Son orientation, qui ne
concorde pas avec la direction des voies qui l'entourent, s'explique par ce fait qu'au moment de sa construction on songeait à percer un boulevard qui, partant du pont des Saints-
Pères, aurait longé la façade droite de l'église.

L'église s'éleva sur les plans de l'architecte Lusson : les
travaux, commencés en 1861, se poursuivirent sous la direction
d'Uchard. Quand ce dernier fut chargé de cette entreprise,
l'édifice était bâti jusqu'à la naissance des arcs ; il se composait
de piliers et d'arcades disposés suivant les règles du style
roman. Uchard, tout en respectant l'ordonnance du plan de son
prédécesseur, l'agrémenta d'une ornementation empruntée à
l'art de la renaissance italienne.

L'architecture extérieure est d'un dessin sobre et élégant
(Pl. 53). L'édifice dont la façade est tournée vers le boulevard
des Invalides, s'annonce par un portail de belles proportions,
d'un goût correct, sinon très original.

La partie centrale, qui fait légèrement saillie, comporte, au
rez-de-chaussée, une grande baie, encadrée de deux baies plus
petites, ornées de motifs sculptés. Dans la partie supérieure,
s'inscrit une grande rose.

Le portail, surmonté d'un fronton triangulaire, sur lequel
se développe un bas-relief, est flanqué de deux tours. Ces

Pl. 53.

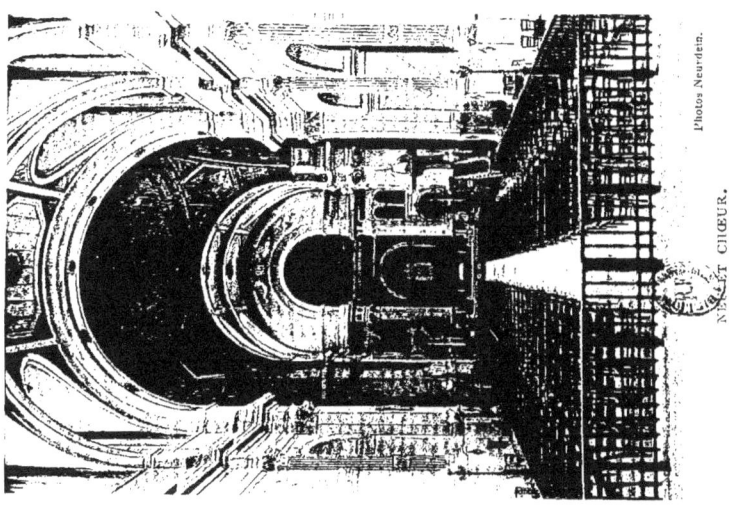

Photos Neurdein.

NEF ET CHŒUR.

FAÇADE.

SAINT-FRANÇOIS-XAVIER.
(Pages 208 et 209.)

Pl. 54.

LA TRINITÉ FAÇADE.

(Page 210.)

tours sont coiffées de coupoles à quatre pans, recouvertes en plomb et en ardoise.

Les façades latérales présentent, à la hauteur des transepts, deux portails dont le style se rapproche de celui de la façade principale, avec une grande rose, à la hauteur du deuxième étage.

L'intérieur offre de belles dispositions ; la décoration est brillante de peintures et de dorures (pl. 53). L'église n'a pas de bas côtés. La nef, haute et large, s'étend entre de larges arcades qui reposent sur des colonnes. Elle est couronnée par une voûte en berceau, chargée d'ornements dorés.

Au croisement de la nef et des transepts, sur quatre pendentifs, s'élève une coupole, recouverte de peintures sur fond d'or.

Le chœur, pavé en mosaïque de marbre, est bordé d'une belle rampe de communion, en marbre de Sienne.

Au fond du chœur, entre deux colonnes qui supportent un arc peint, le maître-autel se dresse, dans un sanctuaire que rehausse l'éclat des dorures. On entrevoit derrière la chapelle de la Vierge, dont le plafond est richement décoré d'arabesques dorées, se détachant sur un fond bleu, dans le goût Renaissance.

Saint-François-Xavier renferme quelques sculptures et quelques peintures, parmi lesquelles il faut mentionner, dans les pendentifs de la coupole, les figures des prophètes *Isaïe, Jérémie, Daniel, Ézéchiel*, peintes par Elie Delaunay, et deux anges gracieux, de Falguière, qui surmontent les deux colonnes engagées encadrant le sanctuaire.

La chapelle de la Vierge renferme une *Vierge*, sculptée par Bonnassieux.

LA TRINITÉ

La rue de la Chaussée-d'Antin, dans laquelle s'élève l'église, n'était encore, au XVIIᵉ siècle, qu'un chemin tortueux et marécageux, frayé à travers des terrains vagues et des prés qui devinrent, sous la Régence, un nouveau Pré-aux-Clercs, rendez-vous pour les viveurs et les duellistes. La rue, ouverte en 1720, reçut, sous la Révolution, le nom de Mirabeau ; en même temps que la mémoire de l'illustre tribun, elle évoque le souvenir de Necker, de Mᵐᵉ de Staël, dont l'hôtel appartint ensuite à Mᵐᵉ Récamier, de Joséphine de Beauharnais qui habitait en cet endroit, avant son mariage avec Bonaparte.

La création des nouveaux quartiers qui se construisirent à l'extrémité de cette rue nécessita la construction d'une église. Une petite chapelle fut ouverte à la population, en 1850, dans le bas de la rue de Calais ; elle fut bientôt remplacée par une église plus grande élevée, dans la rue de Clichy, sur les plans de Devrez.

Mais il devenait nécessaire de construire un édifice plus vaste et plus riche qui fût en harmonie avec l'élégance des rues avoisinantes. Les plans du nouveau monument furent dressés par l'architecte Ballu. Les travaux, autorisés en 1861, furent achevés en 1867. La dépense s'était élevée à 3.950.000 francs.

L'église, qui couvre une vaste surface de 3.000 mètres, se présente d'une façon pittoresque, derrière un cadre de verdure, dans lequel se découpe sa silhouette élégante (Pl. 54). Elle offre une heureuse harmonie de lignes, agrémentée d'une décoration très

riche. Sur un portail majestueux, mais d'un dessin savant et léger, se dresse une tour dont l'architecture ingénieuse rehausse, sans l'écraser, la luxueuse ordonnance de la façade.

Tout autour du square qui précède l'église, court une balustrade en pierre qui forme comme la base du monument et l'enveloppe de ses courbes gracieuses. Cette rampe à double circonvolution rappelle celle qui conduit à l'église Saint-Vincent de Paul.

Le porche présente, en façade, trois amples baies, dans les axes desquelles s'érigent des fontaines à triple vasque, d'où l'eau s'échappe par des mascarons en bronze. Au-dessous de ces fontaines, se détachent trois groupes, sculptés par Francisque Duret et Lequesne : la *Foi*, l'*Espérance* et la *Charité*.

Le porche est couronné d'un étage élégant, avec une galerie, une grande rose et deux larges fenêtres géminées : disposition imitée des églises italiennes du xvie siècle. Le tout est dominé par un joli clocher, à quatre étages percés de baies, que surplombent deux dômes superposés. Il est flanqué, sur les deux côtés de la nef, de deux lanternes d'un agréable effet.

La coupole qui domine la tour centrale, ainsi que celles des clochetons latéraux, sont en pierre, avec des parties dorées accusant les écailles de la couverture.

De forts piliers sillonnent la façade principale, creusés de niches qui abritent des statues. On remarque, sur ces piliers, à la hauteur des arcades du porche, quatre statues de Guillaume : *Saint Augustin, Saint Grégoire de Naziane, Saint Hilaire de Poitiers, Saint Athanase* ; à la hauteur de la rose : un *Saint Félix de Valois*, un *Saint Jean de Matha*, par Maniglier, et deux statues de *Saint Thomas d'Aquin* et de *Saint Bonaventure*, par Doublemard. Les deux piliers qui s'élèvent aux extrémités de la façade sont couronnés, à la hauteur de la balustrade à jour

qui domine le premier étage, par des groupes sculptés, dont l'un, exécuté par Cavelier, figure la *Justice*.

Sur les parties en retour du porche, signalons, à gauche, au premier étage, deux statues d'Aizelin : *Saint Cyrille* et *Saint Grégoire de Nysse*. A droite, au rez-de-chaussée, un *Saint Ambroise* et un *Saint Bernard*, de Dubray, et, sur la balustrade de couronnement, un très beau groupe de Carpeaux qui symbolise la *Tempérance*.

On remarque également les peintures sur lave émaillée dont Paul Balze a décoré les portes de l'église.

L'intérieur répond à la majesté de l'extérieur (Pl. 55).

A l'entrée, au-dessus de la porte principale, se dressent trois jolies tribunes, que supportent des colonnes d'ordre ionique.

La nef, de vastes dimensions, flanquée de bas côtés étroits, est partagée en quatre travées par d'épais piliers, ornés de statues des apôtres, qui reçoivent les larges arcs doubleaux formant les principales nervures de la voûte. Entre chaque travée, au rez-de-chaussée et au premier étage, se développent des arcs plein cintre, reposant sur de belles colonnes monolithes, en pierre du Jura, surmontées de chapiteaux composites. Sur ces colonnades s'ouvrent, dans le bas, des chapelles latérales, richement décorées, avec des boiseries incrustées de dorures. Au-dessus des arcades du rez-de-chaussée, règne un étage de tribunes, couronné par une balustrade.

Les vitraux, peints en grisailles de ton clair, laissent abondamment pénétrer la lumière. La voûte est partagée en compartiments qu'encadrent des rinceaux dorés. Sur les tympans et les pénétrations des voûtes de la nef et du chœur, se détachent des peintures décoratives sur fond d'or.

Cet ensemble gracieux est complété par un chœur d'une dis-

Pl. 55.

Photo Neurdein.

LA TRINITÉ. NEF ET CHŒUR.

(Page 212.)

Pl. **56.**

Photo Fleury.

NOTRE-DAME DE LA CROIX DE MÉNILMONTANT.
(Page 216.)

Photo Neurdein.

SAINT-PIERRE DE MONTROUGE.
(Page 214.)

osition pittoresque : élevé de dix marches au-dessus du sol, il
st contourné par une galerie, portant des tribunes que sou-
ennent des colonnes en stuc, imitant le marbre vert. Cette
alerie de circulation aboutit, derrière le chœur, à la chapelle
e la Vierge dont la coupole est richement ornée.

Sous le chœur et sous la chapelle de la Vierge, s'étend une
ypte dont la décoration est très simple.

L'église de la Trinité renferme de nombreuses œuvres d'art.

Elles sont heureusement aménagées, dans un jour favo-
able. Un tel agencement fait honneur à notre architecture
ligieuse moderne. Il surprendra agréablement le visiteur, au
ortir de nos églises anciennes, où tant de richesses artistiques
étiolent, dans la poussière et dans l'obscurité.

Parmi les sculptures qui ornent la nef, on remarque un *Saint
Pierre*, par Dantan jeune, un *Saint André*, de Bosio jeune; un
Saint Philippe, sculpté par Camille Demesmay. Dans la cha-
elle de la Vierge, au-dessus de l'autel, un beau groupe, œuvre
e Dubois, représente la *Vierge et l'Enfant Jésus*.

Le tympan de la voûte de la nef est décoré, au-dessus des
ravées de droite, de figures peintes par Félix Barrias.

La chapelle des fonts baptismaux renferme deux toiles
ssez médiocres de Louis Français, qui représentent *Adam et
Ève chassés du paradis* et le *Baptême du Christ*.

Deux peintures de Barrias ornent la chapelle Sainte-Gene-
iève. On voit, à droite, *Sainte Geneviève distribuant des vivres
endant le siège de Paris par Clovis;* à gauche, la *Foule en
rière devant le tombeau de sainte Geneviève*.

Le même artiste a décoré les tympans de la voûte du chœur
u côté droit, ainsi que l'arc qui encadre le fond du chœur.

Signalons encore, dans la chapelle de la Vierge, deux toiles
d'Elie Delaunay qui représentent l'*Assomption, Isaïe et Jéré-*

mie ; et deux tableaux d'Emile Lévy : la *Présentation au temple* et *Daniel et David.*

SAINT-PIERRE DE MONTROUGE

Cette église, qui occupe l'angle formé par l'avenue du Maine et l'avenue d'Orléans, a été élevée, en 1863, sur les plans d'Émile Vaudremer.

La configuration du terrain a commandé, dans une certaine mesure, les dispositions de l'édifice. Sur cet emplacement de forme triangulaire, offrant peu de profondeur et aussi exigu sur sa face que large dans la partie supérieure, l'architecte a construit un porche élevé, mais très étroit, derrière lequel se développent des transepts de dimensions considérables.

Saint-Pierre de Montrouge présente un des types les plus marqués d'un genre qui combine le style roman et l'art byzantin : c'est un genre mixte, qui s'est maintenu, dans notre architecture moderne, à côté des pastiches romans et des imitations gothiques. On le retrouve, plus ou moins apparent, dans plusieurs églises qui ont été construites dans ces temps derniers.

La façade principale comprend un petit porche, surmonté d'un haut clocher : si la base paraît manquer d'ampleur, pour un campanile qui s'élève à 58 mètres de hauteur, il faut convenir toutefois que l'ensemble se recommande par ses bonnes proportions et par la sévérité de son ornementation (Pl. 56).

Sur les côtés de la nef, assez étroite, se détachent deux transepts très allongés : ils sont flanqués chacun d'une construction basse, de forme polygonale.

L'église se termine par trois chapelles polygonales.

L'intérieur est simple, comme l'extérieur, et d'une grande sobriété. Les arcades en plein cintre reposent sur de belles colonnes en granit. La nef est coupée par de larges transepts, de forme rectangulaire, dont l'extrémité, voûtée en cul-de-four, est décorée de peintures sur fond d'or.

Le chœur s'ouvre, à l'intersection des transepts, par quatre grands arcs plein cintre. Il est construit sur plan quadrangulaire et renferme un ciborium élevé, d'une disposition assez curieuse.

Ce ciborium est formé par quatre colonnes qui supportent des arcs plein cintre : aux extrémités se détachent des anges ailés, sculptés par Maniglier. Au-dessus, règne une galerie de colonnettes surmontées d'un fronton triangulaire.

Sur le tombeau du maître-autel, se développe un bas-relief figurant la *Cène*, œuvre de Maniglier.

L'église n'est pas voûtée : les différentes parties de l'édifice sont revêtues d'un comble, à charpente apparente, que recouvrent des peintures.

La décoration est assez pauvre. On remarque cependant une chaire à prêcher, en pierre, d'un dessin assez original et d'une belle exécution. La partie avancée de cette chaire repose sur une colonne en pierre polie. La face centrale est ornée d'un aigle sculpté. Dans les triangles formés par les rampants des escaliers, se détachent des rinceaux de feuilles d'olivier qui se découpent sur un fond d'or. Le dossier présente les armes de saint Pierre, enguirlandées de feuillages.

Il faut signaler également la statue en bronze de *Saint Pierre*, par Maniglier, qui se dresse à droite de l'entrée.

La chapelle de la Vierge, qui occupe l'abside, renferme un groupe en marbre, consacré à Notre-Dame-de-Bon-Secours, et

un bas-relief figurant la *Nativité* qui décore le tombeau de l'autel. Ces sculptures sont dues à Leharivel-Durocher.

NOTRE-DAME DE LA CROIX
DE MÉNILMONTANT

Cette église doit son origine à une chapelle qu'un des curés de Belleville avait fait bâtir en 1833, pour suppléer à l'insuffisance de l'église Saint-Jean-Baptiste. L'édifice actuel, dont les plans ont été dressés par l'architecte Héret, a été commencé en 1863 et terminé en 1880.

Le monument, dont la façade principale s'ouvre dans l'axe de la rue Étienne Dolet, occupe une situation élevée qui met en valeur l'ampleur de son plan et la masse de son architecture.

Cet édifice, d'une exécution très soignée, est conçu dans le style roman du xie au xiie siècle. C'est une des plus belles églises qui aient été construites à Paris au cours du siècle dernier. Elle forme une perspective majestueuse, avec son vaste perron, son large portail, d'où s'élance une flèche dont la pointe s'élève à 78 mètres de hauteur (Pl. 56).

Un triple perron de cinquante marches, bordé par une balustrade en pierre, accède à la façade principale. L'église s'ouvre par un porche, percé de trois baies plein cintre encadrées de colonnettes.

Le portail est d'une belle élévation. Au centre, se détache une grande rose. Au sommet, se dresse un pignon dont les rampants reposent sur des arcatures.

Au-dessus s'élève une tour octogonale, épaulée par des contreforts et percée de larges baies. Elle supporte une flèche
pyramidale, ornée, sur chacun des quatre pans principaux,
d'une croix sculptée en pleine pierre qui rappelle le vocable de
l'église.

A la base de cette flèche, se détachent des lanternons portés
par des colonnettes.

L'ensemble est correct et d'un heureux effet. Les façades
latérales s'encadrent de baies séparées par des contreforts, au-
dessus desquelles règne une balustrade. A la hauteur des transepts s'élève un mur en pignon, dans lequel une grande rose est
inscrite.

L'intérieur de l'église, tout en pierre nue, est d'une ordonnance sobre et sévère. La nef, haute et large, est divisée par
des arcades qui reposent sur des colonnes massives. Les bas
côtés se prolongent au delà du chœur, jusqu'à l'abside, où s'ouvrent trois chapelles rectangulaires.

La structure et le style de l'édifice se trouvent modifiés d'une
façon assez originale par l'emploi du fer dans la charpente. Le
métal apparaît dans les arcs doubleaux et les nervures des voûtes
cintrées de la nef.

Cette architecture un peu froide n'a reçu qu'une ornementation des plus sommaires. L'attention des visiteurs n'est solli-
citée que par quelques toiles modernes, sans grand intérêt. Il
faut pourtant s'arrêter devant deux bonnes peintures de Machard
qui représentent la *Visitation* et *la Vierge au pied de la croix*
et devant un tableau intéressant, de Granger, qui montre *Jésus
guérissant les malades*.

On remarquera également les peintures sur cuivre dont Paul
Balze a décoré les autels de l'église.

Le maître-autel présente, dans une série de niches encadrées

de colonnettes, les images de *Saint Louis*, de *Saint Jean*, de la *Vierge*, de *Sainte Madeleine* et de *Sainte Hélène*.

La déclivité du terrain a facilité l'aménagement d'une vaste crypte qui règne sous le monument.

TEMPLE DE LA VICTOIRE

Ce temple israélite est le plus grand qui ait été bâti en France et l'un des plus considérables d'Europe. Construit en bordure de la rue de la Victoire, il occupe une très vaste superficie. La synagogue s'étend sur 2.400 mètres dont 2.100 sont couverts par les constructions.

Les plans de l'édifice ont été dressés par l'architecte Aldrophe ; les travaux, commencés en 1865, mais interrompus à diverses reprises, ne furent achevés qu'en 1876.

L'architecture, de genre néo-roman, est d'un aspect monumental et d'un effet assez lourd.

L'édifice s'annonce par un portail ample et massif. La partie centrale de cette façade est percée de trois arcades plein cintre, formant un porche intérieur, qu'encadrent des colonnettes engagées. Le premier étage comporte également trois arcades flanquées de grosses colonnes. Au-dessus, règne une galerie de petites arcades portées par des colonnettes. Le pignon de la partie centrale est ajouré d'une grande rose et couronné d'un large fronton dessinant un demi-cercle.

L'ensemble est correct, mais sans originalité.

A l'intérieur, on pénètre dans un vestibule bordé par des

colonnes en stuc vert, puis dans la nef haute et vaste, avec deux étages dont l'un s'encadre de faisceaux de colonnes et dont l'autre est percé de triforiums.

Le chœur s'ouvre au fond, par un grand arc plein cintre.

En outre du temple proprement dit, l'enceinte de l'édifice renferme des bâtiments annexes. C'est d'abord un sanctuaire, auquel on accède par le chœur, où sont déposés les « sepher » ou parchemins contenant des extraits de l'histoire d'Israël. Dans le prolongement du bas côté droit, s'ouvre une petite pièce, appelée petit temple, où se disent les prières quotidiennes.

Une salle d'attente réservée aux mariages prend jour sur la soucka, sorte de cour, où se célèbre une partie de la fête des feuillages.

Une fontaine a été aménagée dans le grand préau, pour les ablutions prescrites par le rite.

TEMPLE DES TOURNELLES

Sur l'emplacement occupé par cette synagogue s'élevait jadis l'hôtel Dangeau, qui devint propriété nationale sous la Révolution, lors de l'émigration de M. de Villedeuil, maître des requêtes sous Louis XVI. Une partie des bâtiments primitifs, donnant sur la place des Vosges, fut conservée et, pour respecter l'ordonnance de la place, la façade principale du temple fut édifiée en bordure de l'étroite rue des Tournelles.

Le monument a été érigé sur les plans de Marcellin Varcollier : les travaux, autorisés en 1865, en même temps que ceux

du temple de la rue de la Victoire, ne furent achevés qu'en
1875.

L'édifice présente, avec des dimensions plus petites, des dispositions sensiblement analogues à celles du temple de la
Victoire.

NOTRE-DAME DES CHAMPS

Dès le vii⁰ siècle, il existait une église Notre-Dame des Champs;
elle s'élevait au milieu d'un terrain compris entre les hauteurs
du quartier Saint-Jacques et le plateau de Sainte-Geneviève; ce
terrain était connu sous le nom de Champ de Sépulture, à cause
des nombreux tombeaux romains qu'on y avait découverts. La
légende veut que saint Denis, arrivant à Lutèce, se soit d'abord
fixé en cet endroit.

Cette église, après avoir appartenu au monastère de Marmou-
tiers, de l'ordre de saint Benoît, devint, au xvii⁰ siècle, la propriété de la duchesse d'Orléans-Longueville qui y installa les
Carmélites.

C'est dans ce couvent que se retirèrent tour à tour Mˡˡᵉ de la
Vallière et Mᵐᵉ de Montespan.

Le monastère disparut, sous la Révolution. Mais l'ancien
vocable de Notre-Dame des Champs s'attacha à la paroisse
nouvelle. On construisit d'abord, en 1858, dans la rue de Rennes,
une petite église en bois qui dut à sa pauvre apparence son
surnom de Notre-Dame des Planches.

L'église actuelle, entreprise en 1867, sur les dessins de l'architecte Ginain, fut achevée en 1876.

L'architecture du monument, de genre roman, ne présente rien de remarquable (Pl. 57). L'édifice s'ouvre par un portail sans caractère, percé au rez-de-chaussée de trois baies rectangulaires et décoré d'une rose inscrite dans un grand arc cintré, reposant sur des pilastres. A l'arrière de l'église et sur la droite, s'élève une tour rectangulaire qui comporte deux étages de baies couronnés par une pyramide en pierre.

Rien d'original non plus dans l'ordonnance intérieure du monument dont les arcades s'encadrent de pilastres et de demi-colonnes d'ordre ionique.

Une crypte s'étend sous les trois dernières travées de la nef et des collatéraux.

L'église renferme quelques œuvres d'art anciennes. On trouvera dans la sacristie des mariages une toile de François Verdier : la *Sainte Famille*, et un tableau attribué à Vincent, élève de Vien : le *Martyre de saint Thomas Becket*.

Dans la sacristie des messes, on voit un *Christ en croix*, peint par Louis de Boullongne.

Parmi les œuvres modernes qui ornent l'édifice, on remarquera les toiles peintes par Aubert. Cet artiste, qui avait déjà exécuté dans l'abside, en 1894, une vaste composition consacrée à Notre-Dame des Champs, a poursuivi, dans ces dernières années, une décoration d'ensemble, d'un effet très heureux.

La chapelle de la Vierge renferme, au-dessus de l'autel, un groupe sculpté par Le Père : la *Vierge et l'Enfant Jésus*.

SAINT-AMBROISE

Dans cette paroisse s'élevait jadis une ancienne église qui datait de 1659 et qui servait de chapelle aux Annonciades du Saint-Esprit. Ces religieuses occupèrent à Paris une maison de la rue Popincourt, où les calvinistes avaient tenu des réunions que le connétable de Montmorency dispersa, en faisant jeter les bancs au feu : ce qui lui valut son surnom de capitaine Brûle-Bancs.

Les Annonciades achetèrent des terrains voisins et construisirent une église, placée sous le vocable de Notre-Dame de Protection.

Devenue propriété nationale, lors de la Révolution, l'ancienne chapelle des Annonciades fut vendue, puis érigée, en 1802, en succursale de l'église Sainte-Marguerite. La Ville de Paris la racheta en 1811 et la fit agrandir, sur les plans de l'architecte Godde.

Cet édifice, sans intérêt d'ailleurs, a été démoli, en 1869, lorsque la nouvelle église construite par Ballu, s'est trouvée terminée. Il contenait des statues, qui n'ont pas été conservées, et quelques toiles de maîtres dont la plupart, reprises par la Ville de Paris, ont été placées dans d'autres églises.

Ballu avait une prédilection pour le genre roman qui l'avait déjà assez heureusement inspiré dans la construction de Saint-Joseph. La nouvelle église est un vaste et bel édifice, dans le style du XIIe siècle, qui couvre une superficie de 2.900 mètres ; la dépense nécessitée par les travaux s'est élevée à 2.217.000 francs.

Pl. 57.

SAINT-AMBROISE.
(Page 223.)

Photos Neurdein.

NOTRE-DAME-DES-CHAMPS.
(Page 221.)

Pl. 58.

SAINTE-ANNE DE LA MAISON-BLANCHE.

(Page 228.)

Photos Neurdein.

NOTRE-DAME D'AUTEUIL.

(Page 225.)

Le monument, qui donne sur le boulevard Voltaire, n'est pas orienté : il a dû suivre la direction de la rue Saint-Ambroise qui le longe d'un côté.

Il s'annonce par une belle façade, d'aspect majestueux et pittoresque, bien qu'agrémentée d'une ornementation un peu surchargée (Pl. 57). Elle présente, au rez-de-chaussée, un porche percé de trois arcades en plein cintre, sur la face, et d'une arcade, sur chaque côté en retour.

Au-dessus, règne une galerie de petites arcades, encadrées de colonnettes, qui porte, à chaque angle, un pinacle coiffé d'une pyramide en pierre. Une grande rose décore le pignon, flanqué de deux clochetons.

De chaque côté de la façade et en retrait du porche, s'élève une tour carrée, d'un dessin élégant, avec ses trois étages percés de baies que couronne une flèche octogonale, flanquée à sa base de clochetons.

Les façades latérales s'encadrent de contreforts et d'arcs-boutants qui soutiennent la poussée des voûtes de la nef. Au chevet s'accusent trois absides de forme circulaire.

L'intérieur de l'église présente des dispositions régulières, mais sans particularité remarquable.

Les arcades de la nef reposent sur des colonnes massives, avec des chapiteaux ornés de feuillages, d'où se détachent des colonnettes supportant les arcs doubleaux de voûte. Au-dessus, règne un étage percé de triforiums.

NOTRE-DAME D'AUTEUIL

Jusqu'en 1877, Auteuil eut pour paroisse une vénérable église dont les origines remontaient au XIIe siècle. Ce monument offrait un type intéressant de l'art roman, avec un beau portail, une tour gracieuse, surmontée d'une flèche octogonale, d'un style très pur. L'église s'élevait dans un cadre de verdure, précédée d'une allée d'acacias. Un cimetière s'étendait auprès. On voit encore aujourd'hui, sur la place, une pyramide, vestige d'un monument consacré aux d'Aguesseau, paroissiens d'Auteuil avant la Révolution.

Sans doute, l'édifice avait subi, au cours des siècles, des remaniements regrettables qui avaient plus ou moins altéré sa physionomie primitive ; la nef avait été reconstruite ; un lourd bâtiment sans caractère était venu masquer la porte, d'un travail fort curieux.

Il est cependant fâcheux que lorsqu'on se résolut à transformer l'église, pour lui donner des dimensions plus vastes, on n'ait pas adopté d'autre solution qu'une démolition totale.

Dès 1845, la question s'était posée. On avait d'abord songé à élever sur la gauche un bas côté parallèle à celui qui existait déjà. Mais les anciennes murailles se trouvaient dans un état de vétusté tel qu'on préféra faire de nouvelles constructions.

En 1874, on se mit à l'œuvre, malgré les plaintes des archéologues. On jeta bas plusieurs bâtiments qui obstruaient les alentours de l'ancienne église.

Le conseil municipal approuva les plans dressés par Vaudremer, l'architecte de Saint-Pierre de Montrouge. Le devis

des travaux se montait à 844 000 francs. L'église put être consacrée en 1892.

En perdant son ancienne église, le quartier d'Auteuil n'a
pas gagné au change. A la place de ce pittoresque édifice, agréablement situé et bien disposé, se dresse une église ingénieusement ordonnée, sans doute, mais qui ressemble plus à une forteresse qu'à un temple.

Ce monument, qui manque surtout d'harmonie et d'unité,
affecte une forme irrégulière. La distribution des différentes
parties de l'édifice, dont l'emplacement occupe un rectangle
allongé, a été commandé d'ailleurs par l'exiguïté et la configuration spéciale des terrains, et aussi par la pente rapide des
rues qui le bordent et qui descendent vers la Seine.

La déclivité du sol a nécessité la construction d'un soubassement qui règne sous toute l'église. Ce soubassement, qui a
moins d'un mètre de hauteur derrière la façade, atteint trois
mètres à l'abside. Cette disposition a facilité l'aménagement de
la crypte qui s'étend sous le chœur.

Notre-Dame d'Auteuil est conçue dans un style roman,
mélangé de byzantin, et rappelle beaucoup l'architecture
de Saint-Pierre de Montrouge. La façade, trop étroite pour
le clocher imposant qu'elle supporte, s'annonce par un petit
porche, encadré de deux colonnes de granit, que surmonte
un fronton dont les rampants reposent sur des colonnettes
(Pl. 58). Le trumeau de la porte est décoré d'une *Vierge mère*,
sculptée par Maniglier. Le même artiste a exécuté, dans le
tympan, un bas-relief qui représente le *Christ dans une gloire,
entouré des symboles des quatre Évangélistes.*

Au-dessus de la façade, se dresse un clocher singulier qui a
des airs de pagode. Il comporte deux cônes de pierre, en forme
de tiare, couverts d'écailles, et portés chacun par une rangée

de colonnes disposées en cercle. On a voulu voir, dans cette construction, le symbole de la tiare pontificale. Quoi qu'il en soit, l'effet est plus bizarre qu'élégant.

A l'intérieur, l'église est traitée dans un style byzantin adultéré qui s'inspire de Sainte-Sophie de Constantinople, de Saint-Front de Périgueux, et se rapproche assez d'un type très répandu dans les églises du Périgord. Ce genre comporte essentiellement une succession de coupoles, supportées par des piles disposées sur un plan carré ou rectangulaire.

A Notre-Dame d'Auteuil, huit coupoles, construites sur ce modèle, couvrent le vaisseau principal, qui se termine par une petite absidiole voûtée en cul-de-four. De chaque côté de la nef, règne une étroite galerie dont les voûtes, disposées perpendiculairement au grand axe de l'église, sont destinées à contrebuter la poussée des coupoles.

La sixième travée de la nef est élargie de façon à former une manière de transept.

L'architecture de l'édifice, bien qu'un peu nue, se recommande pourtant par la correction de ses lignes et par une certaine sobriété qui ne manque pas d'élégance.

L'église est abondamment éclairée par les vitraux qui s'espacent sur les bas côtés. De beaux piliers, surmontés de consoles, supportent les arcs doubleaux de la voûte, d'une grande élévation.

Au fond, entre de grands arcs qui le séparent de la nef et des transepts, le chœur se présente dans une heureuse perspective, entouré d'une imposante colonnade que couronnent des vases décoratifs.

Mais, si le vaisseau principal paraît assez ample, le reste de l'édifice semble fort resserré, avec ses bas côtés étroits où l'on circule avec peine, avec ses transepts embryonnaires qui

n'offrent qu'une retraite insuffisante aux fidèles qui se groupent devant les autels.

La décoration est fort pauvre. Elle ne comporte que des frises d'un dessin très simple, des bandes portant des inscriptions et des attributs symboliques. Aucune œuvre d'art n'est à signaler.

Sous la chapelle de la Vierge et le chœur règne une crypte qui sert de chapelle des catéchismes. Elle renferme une Mater Dolorosa, en plâtre, de Carpeaux. On descend à cette crypte par trente-cinq marches : l'abus des marches ménagées dans les différentes parties du monument a d'ailleurs valu à l'église le surnom populaire de Notre-Dame des Marches.

SAINTE-ANNE DE LA MAISON-BLANCHE

Avant 1860, le territoire de la Maison-Blanche dépendait de la commune de Gentilly. Mais, comme les habitants de ce quartier se trouvaient éloignés de l'église paroissiale, on construisit, dans l'avenue d'Italie, une chapelle de secours qui fut bientôt érigée en paroisse, sous le vocable de Saint-Marcel.

C'est dans un corps de garde attenant à cette chapelle que le général Bréa fut tué, en 1848, pendant les journées de Juin. La famille du général acheta cet immeuble et le consacra à l'agrandissement de l'église. L'édifice était malgré tout insuffisant pour les besoins de la population, lorsqu'on entreprit en 1894, la construction d'un monument plus vaste. La nouvelle église, dont les plans ont été dressés par l'architecte Bobin, fut

dédié à sainte Anne, car l'ancien vocable de Saint-Marcel se trouvait déjà porté par une église voisine.

L'édifice est traité dans un style roman très altéré.

La façade principale, qui dessine des arcades en plein cintre, comporte, au centre, un petit porche, encadré de colonnettes à chapiteaux romans fleuris (Pl. 58). On remarquera la porte d'entrée, d'un dessin curieux, qui rappelle beaucoup la porte de l'église Saint-Trophime à Arles.

La façade se termine par un mur pignon, sur les côtés duquel se détachent deux clochers octogones, percés de baies plein cintre et flanqués chacun de deux lanternons. Ces clochers portent une tourelle pyramidale, de laquelle s'élance, portée par des colonnettes, une pyramide plus petite.

L'ensemble est assez disparate et cette architecture, d'un dessin plus bizarre qu'élégant, manque de légèreté et d'harmonie.

L'intérieur se recommande surtout par l'élévation des voûtes et la sobriété de son ornementation.

La nef est portée par de grosses colonnes dont les chapiteaux, de style ionique, sont richement ornés. De chaque côté, s'étendent deux collatéraux que séparent des colonnes à chapiteaux fleuris. Le second collatéral forme comme une chapelle continue, sans divisions, où s'espacent des autels.

SACRÉ-CŒUR DE MONTMARTRE

Pendant la guerre de 1870, MM. Legentil et Rohault de Fleury prirent l'initiative de l'érection d'un sanctuaire en l'honneur du Sacré-Cœur de Jésus, pour obtenir la délivrance

du Souverain Pontife et le salut de la France. Ce vœu, approuvé par les évêques, béni par le pape, fut sanctionné, en 1873, par l'Assemblée nationale, non sans de vives oppositions; on déclara d'utilité publique la construction de l'église que le cardinal Guibert se proposait d'élever sur la colline Montmartre, par souscription nationale.

L'emplacement choisi, tout proche de l'antique église Saint-Pierre, avait déjà tenté jadis Napoléon Ier qui, en 1809, projetait d'y édifier le *Temple de la Paix*.

La position était, certes, admirable. Mais on n'avait pas réfléchi tout d'abord aux difficultés de l'entreprise. Quand on voulut asseoir les fondations, on s'aperçut que la butte, d'où l'on avait extrait, au cours des temps, de grandes quantités de pierre et de plâtre, menaçait de s'affaisser avec le monument qu'elle devait supporter. Il fallut creuser le sol, y construire, à plus de 38 mètres de profondeur, 83 puits qu'on remplit de colonnes de maçonnerie et qu'on relia par des arcs en pierre de taille.

Les travaux avancèrent donc lentement : ils nécessitaient d'ailleurs des sacrifices considérables. En 1905, la dépense se montait déjà à 35 millions ; elle n'était couverte que par des quêtes et des offrandes.

Les plans de la basilique ont été dressés par Abadie, à la suite d'un concours auquel 78 architectes prirent part. Abadie mourut en 1884: il eut pour successeurs M. Daumet, puis M. Rauline.

A l'heure actuelle, les travaux ne sont pas encore achevés, puisqu'il reste à terminer le clocher qui doit s'élever à vingt-cinq mètres au-dessus du dôme. On peut cependant apprécier dans son ensemble cet important édifice.

La basilique, qui couvre les hauteurs de la butte Montmartre,

forme une perspective grandiose dont la silhouette massive couronne d'une architecture imposante la colline qu'elle surplombe (Pl. 59). Le sommet de la croix s'élève à 84 mètres au-dessus du sol de la rue et à 209 mètres au-dessus du niveau moyen de la Seine.

Le Sacré-Cœur se dresse au-dessus de Paris, comme Fourvières au-dessus de Lyon, comme Notre-Dame de la Garde au-dessus de Marseille. Par sa seule ordonnance monumentale et par sa belle élévation, il mériterait l'attention des visiteurs. Quand on entrevoit son profil majestueux, à travers l'échappée d'une rue ou d'une avenue, on ne peut qu'admirer le bel ensemble formé par ces masses blanches, d'où émergent de vastes coupoles, et qui, par un temps clair, se découpent d'une façon pittoresque au-dessus des verdures des jardins.

De près, l'église paraît plus lourde, trop resserrée peut-être pour des constructions qui s'enchevêtrent et se heurtent sur un front peu étendu. Pourtant cette vaste enceinte de bâtiments ne manque pas de caractère.

En dressant les plans de la basilique, Abadie s'inspirait du style de l'église Saint-Front de Périgueux qu'il restaura. On a voulu voir dans son œuvre un nouveau genre d'architecture dont il faudrait faire honneur à notre art contemporain. Malgré quelques innovations heureuses, il semble plus juste d'y reconnaître une ingénieuse adaptation de styles divers, harmonisés avec une certaine fantaisie, où dominent pourtant des réminiscences byzantines.

L'édifice s'ouvre par un portail assez majestueux, flanqué de deux clochetons et précédé d'un porche avancé percé de larges baies plein cintre encadrées de colonnettes.

Au centre des bâtiments, se dresse le dôme principal, d'aspect monumental. Sa haute silhouette se profile entre quatre

Pl. 59.

Photo Maleuit.

SACRÉ-CŒUR DE MONTMARTRE.

(Page 250.)

Pl. 60.

SAINT-JEAN-BAPTISTE DE GRENELLE.

(Page 236.)

Photos Neurdein.

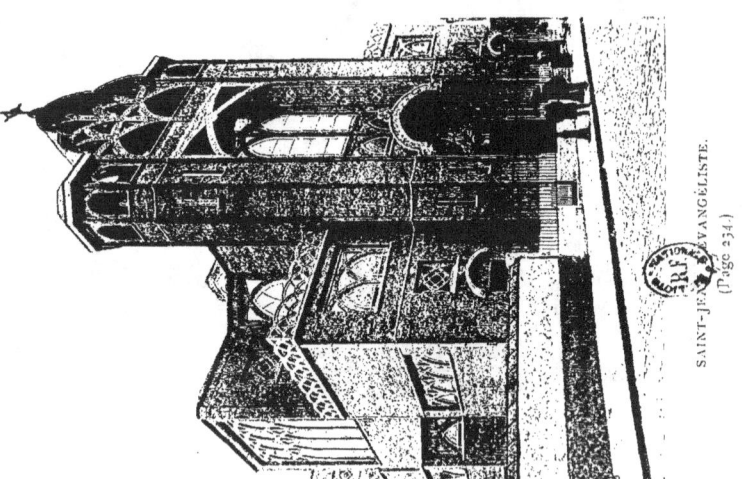

SAINT-JEAN-L'ÉVANGÉLISTE.

(Page 234.)

dômes de moindres dimensions, offrant des dispositions analogues. Il comporte un étage d'arcades élevées et un étage de petites arcatures, coiffés d'une ample coupole que surplombe un petit dôme porté par des colonnettes.

Cet ensemble doit être complété par une tour carrée, inachevée encore, qui sera couronnée d'un dôme analogue aux autres. Il ne comprend actuellement que deux étages, dont le premier, percé de larges arcades, est orné de motifs sculptés, d'un goût médiocre.

L'intérieur, tout en pierre nue, est sévère et d'une grande sobriété. Mais le vaisseau est spacieux ; la coupole ne manque pas de grâce et de légèreté.

La basilique n'a encore reçu qu'une décoration très sommaire.

On remarquera, dans la chapelle de Saint-Benoît Labre, le monument du publiciste Louis Veuillot, œuvre de Fagel. Sous les traits de la religieuse, l'artiste a sculpté le portrait de la fille de Veuillot.

L'autel de la chapelle Saint-Joseph renferme d'intéressants bas-reliefs, sculptés par Barrias : le *Mariage de saint Joseph*, la *Sainte Famille*, la *Mort de saint Joseph*.

En face de la chapelle de la Vierge, se dresse la statue du cardinal Guibert, offrant à Dieu le plan de l'église votive.

Sous la basilique s'étend une belle et vaste crypte. Une des curiosités que l'on montre aux visiteurs est l'énorme cloche de l'église qui pèse 17.735 kilogrammes ; on l'appelle la Savoyarde, parce qu'elle a été offerte par les quatre diocèses de la Savoie.

CHAPELLE EXPIATOIRE DU BAZAR DE LA CHARITÉ

Les terrains où s'élevait le Bazar de la Charité furent achetés par souscription, peu après l'incendie de mai 1897 qui fit un si grand nombre de victimes ; on décida d'y élever une chapelle expiatoire, dont l'architecte Guilbert dressa les plans.

L'édifice s'ouvre sur la rue Jean-Goujon par une petite façade peu étendue, mais élégante. L'ensemble est sobre et d'un heureux effet.

Entre deux ailes qui dessinent un hémicycle, se dressent quatre grosses colonnes ioniques qui supportent un fronton triangulaire, orné de figures allégoriques.

Au-dessus du portail, se détache un petit dôme, de bonnes proportions, rehaussé d'ornements dorés.

Deux rampes gracieuses accèdent au parvis de la porte d'entrée, autour de laquelle s'enroulent des guirlandes sculptées.

L'intérieur offre moins d'intérêt, en dépit d'une luxueuse ornementation dont quelques morceaux d'ailleurs paraissent bien traités. Le plan même de la chapelle, de forme circulaire, avec ses deux petits sanctuaires creusés à droite et à gauche, eût produit un meilleur effet, si l'édifice avait reçu des dimensions moins exiguës.

Ces magnifiques colonnes en marbre et en porphyre, aux nuances variées, que surmontent des chapiteaux dorés, ces grandes urnes funéraires ciselées de dorures, ces moulures et ces incrustations dorées qui surchargent la coupole, tous les détails de cette décoration éclatante et souvent indiscrète,

écrasent l'architecture. On contemple avec quelque surprise la statue colossale en cuivre qui se dresse, derrière l'autel, et qui figure la *Vierge des Sept-Douleurs.*

L'œil ne se repose guère que sur la vaste peinture dont Albert Maignan a décoré le plafond de la coupole. C'est une belle composition, d'un mysticisme vigoureux et original, d'un coloris brillant, où l'artiste a symbolisé le *Christ recevant dans sa gloire les victimes de la charité.*

A la suite de la chapelle, s'étend une galerie circulaire, d'une ornementation plus simple, où s'espacent, entre de belles colonnettes de marbre noir, des monuments et des inscriptions rappelant les noms des victimes de la catastrophe.

SAINT-JEAN L'ÉVANGÉLISTE

Cette église, bâtie entre 1894 et 1904 par M. de Baudot, offre un caractère particulier qu'elle doit à sa structure, toute en briques creuses et en ciment armé. Cette architecture surprend, à première vue, surtout dans un édifice religieux, et certains visiteurs seront sans doute choqués par le parti pris utilitaire de cette construction qu'ils trouveront plus appropriée à une usine ou à une gare qu'à une église.

L'essai est pourtant intéressant ; il faut rendre justice en tout cas à l'ingéniosité réelle avec laquelle l'architecte a résolu le problème que semblait poser la combinaison des matériaux mis en œuvre.

Il a réussi à faire œuvre originale et cela suffirait à assigner

une place à cette église dans l'histoire de notre architecture. L'église, conçue dans un style byzantin, présente à l'extérieur un ensemble de constructions d'un dessin fort simple, avec des clochetons curieux. (Pl. 60).

Les murailles, faites de briques, sont revêtues, en certains endroits, d'un ciment armé qui accuse les motifs d'ornementation.

La décoration est des plus sobres ; elle ne comporte que des vitraux incolores et des arcades qui s'enchevêtrent, incrustées de mosaïques. On remarque néanmoins à la porte principale et au maître-autel des œuvres intéressantes du sculpteur Pierre Roche.

L'intérieur comprend une nef, avec une galerie, et des bas côtés sur lesquels s'ouvrent, à droite et à gauche, deux petites chapelles latérales. La voûte, sillonnée par des nervures qui se détachent des piliers, présente une série de coupoles réduites. Toute cette architecture est fondue dans une teinte neutre et terne que lui donne le ciment dont elle est entièrement recouverte.

ÉGLISES DIVERSES

La ville de Paris compte un certain nombre d'églises dont l'architecture ne présente qu'un intérêt fort médiocre. Elles ne retiendront guère le visiteur. Aussi nous suffira-t-il de les mentionner succinctement.

Chapelle du séminaire des missions étrangères. — C'est une modeste construction, du xviiᵉ siècle, où le style « jésuite » a sévi sous une forme particulièrement ingrate.

L'édifice, dessiné par l'architecte Dubuisson, a été construit en 1683. Il fut loué, après le Concordat, par la ville de Paris, et servit d'église paroissiale jusqu'au moment où Saint-François-Xavier put être ouvert au culte.

Les visiteurs ne s'attarderont guère à contempler cette façade en bas-relief, avec ses deux ordres ionique et corinthien que couronne un fronton triangulaire.

Aucune ornementation n'égaie ce portail plaqué, où de maigres pilastres n'encadrent que des niches vides et une large baie vitrée.

La fantaisie de l'architecte ne s'est affirmée que par la construction d'un petit porche avancé que décorent quelques pilastres cannelés d'ordre composite.

La même monotonie et la même froideur de style se retrou-

vent à l'intérieur. On remarquera la grande profondeur donnée au chœur : disposition caractéristique de la plupart des chapelles monastiques.

L'église n'a pour toute décoration que quelques tableaux. A l'entrée, une peinture italienne, du xvi⁰ siècle, qui semble inspirée de l'école de Caravage, évoque la *Déposition du Christ*, dans une scène assez expressive et pathétique. Une peinture française, de la même époque, montre le *Christ guérissant un lépreux*.

Au fond du sanctuaire, on entrevoit une vaste composition d'Auguste Couder : l'*Adoration des Mages*. Le dessin est correct, mais l'inspiration est pauvre et sans éclat. Une vaste crypte s'étend sous la chapelle. Elle est ornée d'une série de toiles modernes et d'inscriptions funéraires gravées à la mémoire des missionnaires morts en pays lointains.

Saint-Jean-Baptiste de Grenelle. — La duchesse d'Angoulême posa, en 1827, la première pierre de cette petite église qui fut construite par l'architecte Léonard Violet.

Cet édifice, traité dans un style pseudo-grec, s'ouvre sur la rue des Entrepreneurs par un petit porche que couronne un clocher roman, sans base (Pl. 60).

Le maître-autel, en marbre, a été construit avec des fragments de l'ancien autel érigé par Louis XIV à Notre-Dame, en exécution d'un vœu fait par Louis XIII. Cet autel disparut de la cathédrale, lors des restaurations entreprises en 1865. Le curé de Saint-Jean-Baptiste de Grenelle en retrouva des morceaux chez un revendeur et les utilisa pour l'autel de son église.

On remarquera une *Résurrection du Christ*, peinte au xviii⁰ siècle.

Pl. 61.

Photo Neurdein.

SAINT-FERDINAND DES TERNES.

(Page 237.)

Photo Marmuse.

IMMACULÉE CONCEPTION.

(Page 239.)

Photo Marmuse.

SAINT-GEORGES DE LA VILLETTE.

(Page 239.)

Photo Neurdein.

SAINT-ANTOINE.

(Page 241.)

Pl. 62.

NOTRE-DAME DE BERCY.
Photo Marmuse.

(Page 238.)

NOTRE-DAME DU TRAVAIL. NEF.

(Page 241.)

Saint-Ferdinand des Ternes. — Cette église a été construite, en 1842, par l'ancienne commune de Neuilly, sur les plans de Lequeux. Elle a été placée sous le vocable de Saint-Ferdinand, en souvenir du fils de Louis-Philippe qui mourut d'un accident de voiture, dans ce quartier.

L'édifice, qui fut agrandi, en 1877, par Vaudremer et De Bray, s'ouvre, en face de l'avenue des Ternes, par une façade étroite, avec un porche et une tourelle surmontée d'un campanile (Pl. 61).

Les arcades de la nef sont encadrées de pilastres doriques.

L'église renferme quelques œuvres d'art, parmi lesquelles une *Mise au tombeau*, de l'école italienne du XVIIᵉ siècle.

Saint-Martin des Marais. — Cet édifice a été construit, en 1854, par l'architecte Gallois. Il a été placé sous l'invocation de saint Martin, en souvenir de l'ancien prieuré de Saint-Martin-des-Champs qui s'élevait autrefois en cet endroit et qui a disparu, sous la Révolution, pour faire place au Conservatoire des Arts et Métiers.

C'est une construction fort pauvre, faite de moellons et de charpente et traitée dans le style romano-byzantin. Le mur de la façade est décoré de deux sculptures, qui résument la vie du saint : un casque et une mitre.

On remarquera dans la sacristie, un petit tableau d'Abel de Pujol qui représente *les Funérailles de la Vierge*.

La sacristie des mariages renferme un *Baptême du Christ*, peint au XVIIIᵉ siècle, et un buste de l'abbé Bruyère, par Chapu.

Saint-Marcel. — Dans le quartier que dessert cette église, s'élevait jadis une collégiale dont les origines remontaient au

ixe siècle. Elle disparut malheureusement en 1806. L'école des Beaux-Arts et le musée de Cluny en ont recueilli quelques vestiges.

En 1856, l'architecte Blot a édifié l'église actuelle : modeste édifice, qui n'a toujours qu'un caractère provisoire. C'est une bâtisse faite de bois et de plâtre, imitant le style du xiiie siècle.

On y voit une toile du xviie siècle qui figure *Saint Jean-Baptiste*.

Saint-Michel des Batignolles. — Cette chapelle, élevée par l'architecte Boileau, en 1857, lorsqu'on divisa l'ancienne paroisse des Batignolles, a été achetée par la Ville de Paris, pour une somme de 158.000 francs. C'est un bâtiment sans caractère, conçu dans le style gothique.

On y voit quelques tableaux espagnols, du xviie siècle : la *Sainte Famille*, l'*Annonciation*, la *Visitation*, la *Présentation au temple*, *Jésus au milieu des docteurs*.

Notre-Dame de Bercy. — Une première église avait été construite en 1824, pour la commune de Bercy, sur les dessins de Châtillon. Elle fut incendiée pendant la guerre.

L'architecte Hénard la reconstruisit en 1873, en conservant les murs qui étaient restés debout. La façade comporte un petit porche, d'un dessin correct, avec quatre colonnes doriques supportant un fronton triangulaire. A l'arrière se dresse une tour, coiffée d'une flèche en ardoises (Pl. 62).

On remarquera, à l'intérieur, une intéressante toile peinte par Hallé en 1659, qui représente l'*Annonciation*.

Saint-François de Sales. — Cette paroisse a pour siège une modeste chapelle de secours qui fut construite, en 1873, par

Delebarre de Bay. L'édifice, fort simple, est traité dans un style roman, mélangé de gothique.

Saint-Georges de la Villette. — Elle occupe, dans la rue Bolivar, l'emplacement où s'élevait jadis le gibet de Montfaucon, de sinistre mémoire. Achevée en 1875, elle a été placée sous le vocable de saint Georges, en mémoire de l'archevêque de Paris, Georges Darboy, victime de la Commune.

Édifice modeste, où se combinent le roman et le gothique.

La façade porte une tour carrée, avec une pyramide en ardoises (Pl. 61).

La nef est voûtée en plein cintre et repose sur des chapiteaux à larges feuilles ; les bas côtés sont voûtés en ogives.

Immaculée Conception. — Petit édifice construit en 1875, dans le style roman, par Delebarre de Bay.

La façade porte une tour carrée et une flèche octogone en pierre, flanquée de lanternons carrés (Pl. 61).

La nef repose sur des colonnes monolithes et massives, à chapiteaux feuillagés.

On remarque, dans la chapelle des fonts, une *Adoration des Bergers*, de l'école espagnole du xvie siècle.

Saint-Éloi. — L'église actuelle, édifiée en 1880, a remplacé une première église, bâtie en 1856, qui avait été frappée par la foudre en 1878.

C'est une bâtisse sans caractère. La façade seule est en pierre. Le reste de l'architecture est en charpente et en moellons.

On remarque, à l'intérieur, quelques toiles qui datent du xviiie siècle.

La salle des catéchismes, qui est séparée du monument

par un passage, renferme un curieux tableau de Jean Restout : l'*Apparition de Jésus-Christ sur le Mont-Thabor*.

Saint-Charles de Monceau. — La paroisse a pour siège une petite chapelle bâtie, il y a vingt ans, dans la rue Legendre, par la congrégation des Barnabites. Cet édifice, de style roman, a été restauré et agrandi dans ces dernières années. On pénètre, par un porche, dans une large nef, sans transepts, qu'encadrent des piliers, flanqués de colonnettes. De grosses colonnes, à chapiteaux feuillagés, bordent le chœur, en hémi-cycle, que contourne une étroite galerie.

Saint-Alexandre de Javel. — Cette paroisse, qui date de 1907, a pour siège une chapelle, faite de bois et de moellons, qui n'offre aucun caractère architectonique.

Sainte-Geneviève des Grandes Carrières. — Cette église, de construction récente (1907) et d'aspect fort simple, comporte une nef en plein cintre, supportée par de grosses colonnes, et un seul bas côté, à gauche.

Notre-Dame du Travail. — Dès 1848, on avait élevé, pour les habitants de Plaisance, dans la rue du Texel, une chapelle de secours, bientôt érigée en paroisse, sous le nom de Notre-Dame de l'Assomption. Dans ces derniers temps, on l'a remplacée par une église nouvelle, placée sous le vocable de Notre-Dame du Travail.

L'édifice, dont les plans ont été fournis par l'architecte Astruc, s'ouvre dans la rue Vercingétorix ; au-dessous s'étend une vaste crypte.

L'architecture en est fort simple et ne présente d'intérêt que par un large emploi du fer qui apparaît dans toute la structure de la charpente (Pl. 62).

Ce charpentage exclusivement métallique, avec ses nervures et ses ramifications hardiment projetées, donne à ce monument un aspect fort curieux, mais peu conforme, il faut bien l'avouer, au caractère d'une église.

Saint-Antoine. — Le culte de cette paroisse, qui fut célébré pendant longtemps dans la petite chapelle des Quinze-Vingts, a été transféré, en 1903, dans une nouvelle église, construite par l'architecte Roy, sur l'avenue Ledru-Rollin (Pl. 61).

Ce monument, tout en pierre nue et sans ornementation, comporte une nef spacieuse, avec des arcades basses et de forts piliers. Au-dessus règne un étage de tribunes, divisées par des colonnettes. Un plafond peint forme la voûte. Le chœur s'ouvre par quatre grands arcs plein cintre. Un mur droit ferme l'abside.

CULTES ÉTRANGERS

La plupart des colonies étrangères, en résidence à Paris, ont élevé, pour leur usage, des édifices religieux. Ce ne sont souvent que de simples chapelles. Nous signalerons pourtant quelques-unes de ces églises qui présentent des particularités intéressantes.

Église Anglicane. — Construite en 1833, elle s'élève dans la rue d'Aguesseau, à côté de l'Ambassade d'Angleterre.

C'est un édifice assez bas, traité dans le genre gothique. On remarquera le porche, d'un dessin gracieux, de pur style ogival (Pl. 64). Les portes sont richement sculptées. Dans le haut du porche s'inscrit une grande rose, flanquée de contreforts saillants, que couronnent des pinacles.

L'intérieur est d'aspect plus modeste.

Église Russe. — Ce vaste monument a été construit, entre les années 1859 et 1861, sur les plans de l'architecte Kouzmine.

L'église, qui s'élève rue Daru, est traitée dans un style byzantin et moscovite. Disposée en forme de croix grecque, elle forme un ensemble élégant et pittoresque.

La façade est d'un agréable dessin et s'agrémente d'une décoration brillante (Pl. 63).

Pl. 63.

ÉGLISE RUSSE.

(Page 342.)

Pl. 64.

CHAPELLE AMÉRICAINE.
(Page 244.)

Photos Neurdein.

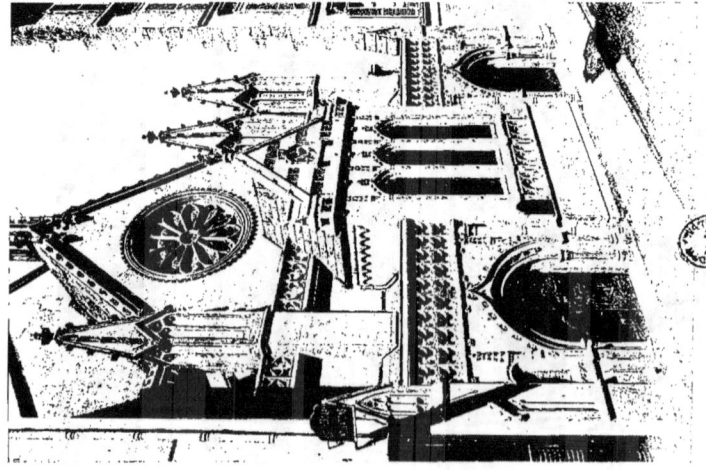

ÉGLISE ANGLICANE.
(Page 242.)

Au-dessus d'un parvis, fermé par des portes vitrées, se détache un dôme de belles proportions, coiffé d'une flèche qui se termine par un petit dôme bulbeux.

Sur les quatre bras de la croix, s'élèvent des tourelles octogonales, avec un campanile et une flèche analogue à celle de la coupole principale.

L'éclat des dorures répandues sur ces constructions rehausse heureusement toute cette architecture.

L'intérieur est de dimensions assez restreintes, mais ingénieusement aménagé et richement décoré.

La nef affecte la forme d'un carré, encadré de piliers qui portent les pendentifs d'une ample coupole. Sur les piliers et la coupole se développent des peintures murales.

La nef s'ouvre, par de grands arcs plein cintre, sur les quatre bras de la croix, ornés de motifs peints, de dorures, de peintures murales sur fond d'or.

Le sanctuaire, installé dans le bras du fond, est isolé par une cloison en bois, l'iconostase, qui comporte sept travées. La travée centrale, plus large que les autres, encadre la porte Sainte ou Royale dont les vantaux sont décorés de rinceaux sculptés encadrant des médaillons. Les autres travées présentent des arcs trilobés, avec des colonnes torses et des peintures sur fond d'or.

L'iconostase est couronné d'un attique, dont les travées correspondent aux précédentes et sont également couvertes de peintures.

Plusieurs artistes ont concouru à la décoration de l'église. On remarquera, dans les transepts, deux toiles de Bogoluboff : *Jésus-Christ marchant sur les flots* et la *Prédication de Jésus sur le lac de Tibériade*.

Sous le monument règne une crypte, construite sur un plan

analogue à celui de l'église. L'iconostase est orné de médaillons peints par Rubio qui a également exécuté la décoration des voûtes.

Chapelle Américaine. — C'est une vaste chapelle bâtie, en 1884, par l'architecte Street. Elle est traitée dans le style gothique : l'ensemble est correct, mais sans grande originalité (Pl. 64).

La façade, qui borde l'avenue de l'Alma, présente une grande arcade avec vitrail, au-dessus de laquelle s'inscrit une rose. Le mur en pignon est flanqué de deux clochetons. Un petit porche s'ouvre sur la droite, encadré de colonnettes.

On a construit un peu plus bas, il y a quatre ans, une haute tour, à trois étages percés de baies. Cette construction, d'un dessin assez heureux, est couronnée, par une flèche élégante avec quatre lanternons.

On pénètre, sous la tour, dans un porche intérieur qui s'ouvre sur l'église par une porte richement moulurée.

L'intérieur, de style ogival, comporte une nef élevée, séparée des bas côtés par de grosses colonnes.

Une galerie étroite, bordée d'arcatures et de colonnettes, longe une petite cour et conduit aux dépendances de l'église.

Église Arménienne. — L'église arménienne, bâtie en 1903, s'élève dans la rue Jean-Goujon, tout près de la chapelle du Bazar de la Charité. L'architecte Guilbert en a dressé le plan qui n'est pas, d'ailleurs, sans offrir quelque analogie avec celui de l'édifice voisin.

Le monument forme un ensemble assez élégant, avec son porche étroit et avancé, richement mouluré, que domine un

petit clocheton porté par des colonnettes, et son campanile, de forme gracieuse, tout incrusté de dorures.

L'intérieur, de dimensions très exiguës, dessine quatre grands arcs qui s'entrecroisent autour d'un petit dôme ; les entablements des arcs reposent sur de grosses colonnes noires en porphyre. Au fond du sanctuaire, se dresse l'autel, abrité par un ciborium élevé que supportent des colonnettes.

CHRONOLOGIE DES ÉGLISES DE PARIS

XVIIᵉ, XVIIIᵉ, XIXᵉ SIÈCLES

XVIIᵉ SIÈCLE

Saint-Joseph des Carmes.	1613-1620.
Oratoire.	1621-1630.
Portail.	1745.
Saint-Jean-Saint-François.	1623.
Agrandissement.	1828-1832.
Porche.	1855.
Saint-Paul-Saint-Louis.	1627-1641.
Sainte-Élisabeth.	1628-1646.
Temple Sainte-Marie.	1632-1634.
Restauration et agrandissement.	1871-1874.
Eglise de la Sorbonne.	1635-1653.
Église du Val-de-Grace.	1645-1665.
Saint-Jacques du Haut-Pas.	1630-1684.
Sainte-Marguerite, *chapelle primitive.*	1625.
Agrandissements successifs.	1637-1638-1669-1724-1764.
Assomption.	1670-1676.
Chapelle du Séminaire des Missions étrangères.	1683.
Notre-Dame des Blancs-Manteaux.	1685.
Agrandissement, portail.	1863.
Chapelle de la Salpétrière.	1687.
Notre-Dame des Victoires.	1629-1740.
Portail.	1740.
Saint-Roch.	1653-1736.
Portail.	1736.
Saint-Nicolas du Chardonnet.	
Tour.	1625.
Nef et chœur.	1656-1763.
Abside.	1862.

SAINT-THOMAS D'AQUIN.	1682-1683.
Portail.	1770.
SAINT-LOUIS DES INVALIDES.	
ÉGLISE DES SOLDATS.	1671-1674.
EGLISE DU DÔME.	1675-1706.

XVIIIᵉ SIÈCLE

SAINT-SULPICE. *Premier plan.*	1646-1655.
Deuxième plan.	1655-1675.
Façade et tours.	1719-1733.
	1733-1777.
SAINT-LOUIS EN L'ILE.	1764-1726.
Clocher.	1765.
SAINT-PIERRE DE CHAILLOT, *chapelle primitive.*	1654.
Reconstruction.	1740.
Agrandissement.	1886.
TEMPLE DE PANTHEMONT.	1747-1756.
SAINT-PHILIPPE-DU-ROULE.	1769-1784.
Agrandissements.	1845-1853.
SAINT-LOUIS D'ANTIN	1781-1782.
LA MADELEINE.	
Projet de Contant d'Ivry.	1764.
Projet de Guillaume Couture.	1777.
Projet de Vignon.	1806-1842.

XIXᵉ SIÈCLE

CHAPELLE EXPIATOIRE.	1816-1826.
NOTRE-DAME DE LORETTE.	1823-1836.
SAINT-PIERRE DU GROS-CAILLOU.	1823-1826.
NOTRE-DAME DE BONNE-NOUVELLE.	1823-1830.
SAINT-DENIS DU SAINT-SACREMENT.	1826-1835.
SAINTE-MARIE DES BATIGNOLLES.	1829-1835.
SAINT-VINCENT DE PAUL.	1824-1844.
SAINT-JEAN-BAPTISTE DE GRENELLE.	1827-1828.
ÉGLISE ANGLICANE.	1833.
SAINT-JACQUES-SAINT-CHRISTOPHE DE LA VILLETTE.	1841-1844.
SAINT-FERDINAND DES TERNES.	1842.
Agrandissement.	1877.
SAINTE-CLOTILDE.	1846-1856.
NOTRE-DAME-DE-GRACE DE PASSY, *chapelle primitive.*	1667.
Agrandissement.	1846-1849.

Saint-Lambert de Vaugirar	1848-1856.
Saint-Eugène.	1854-1855.
Saint-Jean-Baptiste de Belleville.	1854-1859.
Saint-Honoré d'Eylau.	1855.
Saint-Martin des Marais.	1854-1856.
Saint-Marcel.	1856.
Notre-Dame de la Gare.	1855-1864.
Saint-Michel des Batignolles.	1857-1858.
Saint-Bernard.	1858-1861.
Église Russe.	1859-1861.
Notre-Dame de Clignancourt.	1859-1863.
Saint-Joseph.	1860-1877.
Saint-Augustin.	1860-1871.
Saint-François-Xavier.	1861-1874.
Trinité.	1861-1867.
Saint-Ambroise.	1863-1869.
Saint-Pierre de Montrouge.	1863-1870.
Notre-Dame de la Croix de Ménilmontant.	1863-1880.
Temple de la Victoire.	1865-1876.
Temple des Tournelles.	1867-1875.
Notre-Dame des Champs.	1867-1876.
Saint-François de Sales.	1873-1875.
Restauration.	1896.
Notre-Dame de Bercy.	1873.
Saint-Georges de la Villette.	1873-1875.
Immaculée-Conception.	1875.
Notre-Dame d'Auteuil.	1877-1880.
Saint-Éloi.	1880.
Chapelle Américaine.	1884.
Sainte-Anne de la Maison-Blanche.	1894-1898.
Sacré-Cœur de Montmartre	1876-...
Notre-Dame de la Cité Paroissiale.	1896-1897.
Saint-Jean l'Évangéliste.	1894-1904.
Chapelle Expiatoire du Bazar de la Charité.	1900-.901.
Église Arménienne.	1903.
Saint-Antoine.	1903-1904.

BIBLIOGRAPHIE

OUVRAGES GÉNÉRAUX

BAZIN (Hippolyte). *Les Monuments de Paris.* 1904, grand in-8°.

BERTY (A.), LEGRAND (H.), TISSERAND (L.-M.)... *Topographie historique du vieux Paris.* 1866-1897, 6 vol. in-4° pl. (collection de l'Histoire générale de Paris).

BLONDEL (J.-F.). *Architecture française.* 1752, in-f°.

BONNARDOT (A.). *Iconographie du vieux Paris,* dans la *Revue universelle des arts.* t. II, XII et XIX, 1855-1861 et 1864.

BOUILLET (abbé A.). *Les églises paroissiales de Paris. Monographies illustrées.* 1897-1904, gr. in-8° (publication interrompue par la mort de l'auteur).

BRICE (Germain). *Nouvelle description de Paris...* 1752, 4 vol. in-12, grav., 8° édition.

CHAMPEAUX (A. de). *Les Monuments de Paris.* 1899, in-8°, fig.
— *Chroniques et légendes des églises de France, sous Napoléon III.* Guyot édit. 1859.
— *Les curiosités de Paris.* Paris, Saugrain, 1766, réimprimées d'après l'édition originale par A. de Montaiglon. 1883. gr. in-8°.

[DEZALLIER D'ARGENVILLE]. *Voyage pittoresque de Paris,* 4° édit.. 1765, in-12. — 1778, in-8°.

DULAURE (J.-A.). *Nouvelle description des curiosités de Paris...* 2° édit. 1787, 2 vol. in-12.
— *Histoire physique, civile et morale de Paris.* Édit. J.-L. Belin, 1845-1847, 4 vol. in-8°, grav.

DUPLESSY (abbé E.). *Paris religieux, guide artistique, historique et pratique...* 1900, in-12, grav.

FÉLIBIEN (Dom M.) et LOBINEAU (Dom C.-A.). *Histoire de la Ville de Paris.* 1725, 5 vol. in-f°, grav.

FLAMAND-GRETRY. *Itinéraire de la vallée de Montmorency.* 1835.

GRÉGOIRE. *Itinéraire de l'artiste et de l'étranger dans les églises de Paris.* 1833, in-8°.

GUILHERMY (F. de). *Inscriptions de la France du V⁰ au XVIII⁰ siècle.*
    — *Description archéologique des monuments de Paris.* 1856, in-12, grav.
    — *Inventaire général des richesses d'art de la France. Paris, Monuments religieux.* 1876-1901, 3 vol. in-8°.
    — *Inventaire général des œuvres d'art appartenant à la Ville de Paris. Édifices religieux,* 1878-1886, 4 vol. in-8°.

GUIFFREY (Jules). *Comptes des bâtiments du roi,* publiés dans la collection des documents inédits sur l'Histoire de France.

HÉBERT. *Dictionnaire pittoresque et historique ou description des monuments de Paris.* 1766, 2 vol. in-12.

HOFFBAUER (F.). *Paris à travers les âges.* 1885, 2 vol. in-f°, pl.

HURTAUT et MAGNY. *Dictionnaire historique de la Ville de Paris et de ses environs.* 1779, 4 vol. in-8°.

JAILLOT. *Recherches critiques, historiques et topographiques sur la Ville de Paris.* 1782, 5 vol. in-8°.

LAGIER DE VAUGELAS. *Soixante vues des plus beaux palais, monuments et églises de Paris...* Paris, s. d., in-8°.

LEBEUF (abbé). *Histoire de la ville et de tout le diocèse de Paris.* 1754-1758, 5 vol. in-12. — Nouv. édit. par Adrien Augier, 1883, 6 vol. in-8°. — Edit. de Cocheris avec additions et bibliographie, 1863-1875, 4 vol. in-8°. — *Rectifications et additions avec bibliographie,* par F. Bournon, 1890-1901, 4 fasc. in-8°.

LE FÈVRE (Antoine-Martial). *Description des curiosités des églises de Paris et des environs.* 1759, in-12.

LEGRAND (S.-G.) et LANDON (C.-P.). *Description de Paris et de ses édifices.* 1818, 2 vol. in-8°, grav. (2⁰ édit.).

LE MAIRE (C.). *Paris ancien et nouveau.* 1685-1698, 3 vol. in-12.

LENOIR (Albert). *Statistique monumentale de Paris.* 1867, 2 vol. in-f° de pl. et 1 vol. in-4° de texte.

MARTINET (F. N.). *Description historique de Paris et de ses plus beaux monuments.* 1779-1781, 3 vol. in-4°. grav.

MEINDRE (A.-J.). *Histoire de Paris et de son influence en Europe.* 1855, 5 vol. in-8°.

MILLIN (A.-L.). *Antiquités nationales.* 1790, an VII, 5 vol. in-4°, grav.

NORMAND (Ch.). *Nouvel itinéraire, guide artistique et archéologique de Paris.* 1889-1894, 2 vol. in-16°, fig.

PALUSTRE (Léon). *La Renaissance en France.* 1879-1885, in-f° pl.

Paris dans sa splendeur..., s. n., 1861, 3 vol. in-fol., fig.

PIGANIOL DE LA FORCE. *Description historique de la Ville de Paris et de ses environs,* 1765, 10 vol. in-12. grav.

PIGEORY (Félix). *Les monuments de Paris au XIX⁰ siècle.* 1849, in-4°.

Riat (Georges). *Paris*, dans la collection des *Villes d'art célèbres*. Laurens édit. 1904, grand in-8°, fig.

Rouvières (de) et O'Clark. *Les églises et monuments religieux de Paris*. 1834, in-12.

— *Les églises de Paris*. Précédées d'une introduction de M. l'abbé Pascal. 1843, in-8°, grav. (2ᵉ édit. publiée en 1854).

Saint-Foix (G.-F. Poullain de). *Essais historiques sur Paris*. 1766-1777, 7 vol. in-12.

Saint-Victor (de). *Tableau historique et pittoresque de Paris depuis les Gaulois jusqu'à nos jours*. 1808, 3 vol. in-4°.

Sauval (Henri). *Histoire et recherche des antiquités de la Ville de Paris*. 1733, 3 vol. in-f°.

Thiéry. *Guide des amateurs et des étrangers voyageurs à Paris*. 1786-1787, 2 vol. in-12.

Viollet-le-Duc. *Les églises de Paris avec le Panthéon*, E. Quinet, édit. 1890, in-16.

Vitu (A.). *Paris*. s. d. (1890) grand in-4° fig.

PÉRIODIQUES

La Cité (depuis 1902).

Comité d'histoire et d'archéologie du diocèse de Paris. Bulletin (de 1883 à 1885 seulement).

Commission municipale du Vieux-Paris. Procès-verbaux des séances (depuis 1898).

Société des Amis des monuments parisiens. Bulletin (depuis 1885).

Société de l'Histoire de Paris et de l'Ile-de-France. Mémoires et bulletin (depuis 1874).

OUVRAGES OU ARTICLES SPÉCIAUX

XVIIᵉ SIÈCLE

CARMES

Lalanne (abbé J.-P.-A). *Notice historique sur le couvent des Carmes déchaussés*, depuis sa fondation jusqu'à nos jours. Paris, 1856, in-8°.

ORATOIRE

Houssaye (abbé). *Le Cardinal de Bérulle et l'Oratoire de Jésus*, 3 vol. 1873-1876.

SAINT-PAUL-SAINT-LOUIS

Clairefontaine (Henri P.-T. de). *Monographie de l'église Saint-Paul-Saint-Louis* (*Églises de Paris*. 1843, in-4°).

VAL-DE-GRACE

BERTRAND DE BEUVRON (H. de). *Notice sur le monastère du Val-de-Grâce.* 2° édit. 1867, in-12.

RUPRICH-ROBERT (V.). *L'église et le monastère du Val-de-Grâce 1645-1665.* 1875, in-4°, grav.

SAINTE-MARGUERITE

Description d'une chapelle funéraire nouvellement érigée dans l'église paroissiale de Sainte-Marguerite. Paris, 1762, in-8°.

LAMBEAU (Lucien). *Le cimetière Sainte-Marguerite et la sépulture de Louis XVII.* Paris, Daragon édit. in-8°.

NOTRE-DAME DES BLANCS-MANTEAUX

Notice sur l'église paroissiale des Blancs-Manteaux, au Marais. Paris, 1832 ; broch. in-12.

NOTRE-DAME DES VICTOIRES

Histoire de l'église de Notre-Dame des Victoires, depuis sa fondation jusqu'à nos jours. Paris, 1872, in-8°.

SAINT-ROCH

COUSIN (Jules). *Notice historique sur les monuments de sculpture anciens et modernes de l'église de Saint-Roch.* Revue universelle des Arts, 1851, tome IX, p. 123.

SAINT-NICOLAS DU CHARDONNET

COUSIN (Jules). *L'église Saint-Nicolas du Chardonnet*, dans la *Revue universelle des Arts*, 1862, 2° sem., p. 359.

SAINT-LOUIS DES INVALIDES

CAYLA (J.-M.). *Histoire des Invalides*, 1852 et 1858, p. in-4°.

FÉLIBIEN DES AVAUX. *Description de la nouvelle église de l'Hostel royal des Invalides.* 1706, in-8°. *Description du Dôme des Invalides*, par le même. Paris, 1706, in-f°.

GÉRARD. *Les Invalides, grandes éphémérides de l'Hôtel impérial des Invalides.* 1862, in-12.

GRANET (Jean-Joseph). *Histoire de l'Hôtel royal des Invalides.* 1736, in-f°.

PÉRAU (abbé). *Description historique de l'Hôtel royal des Invalides.* 1756, in-f°.

RIANCEY (Ch. de). *Notice sur l'église Saint-Louis des Invalides.* Paris, 1843, in-8°.

L'église royale des Invalides. Recueil d'estampes dessinées et gravées d'après les originaux peints à fresque au dôme et aux chapelles de cette église, avec les ornements qui les accompagnent et une explication de chaque tableau. Paris, s. d., gr. in-f°.

AUBERT (Ed.) *Chapelle Saint-Jérôme aux Invalides.* Paris, 1841, in-f°.

XVIIIᵉ SIÈCLE

SAINT-SULPICE

CALLY (J.-P.). *Description exacte du monument élevé sur la place de Saint-Sulpice, du grand portail de cette paroisse et de l'intérieur de l'église.* Paris, 1818, in-12.

VITET. *La chapelle des Saints-Anges, à Saint-Sulpice,* par Eugène Delacroix. *Revue des Deux Mondes,* 1862, tome XXXVIII, p. 703.

— *Peintures à fresque exécutées à Saint-Sulpice dans la chapelle de Saint-Maurice,* par Auguste Vinchon. Paris, 1823, in-fᵒ.

SAINT-LOUIS EN L'ILE

COLLIGNON (abbé). *Histoire de la paroisse Saint-Louis en l'Ile.* 1888, in-8ᵒ.

SAINT-PHILIPPE DU ROULE

Plans, coupes et élévations de l'église Saint-Philippe du Roule. In-fᵒ de 16 pl. gravées par Taraval.

LA MADELEINE

GRANIER DE CASSAGNAC. *Histoire de l'église de la Madeleine.* Paris, 1838, in-8ᵒ.

HALBERT (d'Angers). *Description exacte de l'extérieur et de l'intérieur de l'église de la Madeleine.* Paris, 1843, in-18.

HITTORF. *Considérations sur l'église de la Madeleine.* Paris, 1832, 1 vol. in-8ᵒ.

LUTHEREAU. *Notice historique et archéologique sur l'église de la Madeleine,* 1842, in-12.

Description du fronton de l'église de la Madeleine, contenant l'explication exacte du fronton et du bas-relief qui le décore, exécuté par M. Lemaire; sa hauteur et sa longueur. Paris, 1834, in-12.

XIXᵉ SIÈCLE

CHAPELLE EXPIATOIRE

Monuments commémoratifs projetés en l'honneur de Louis XVI et de sa famille, par Pierre Vignon, architecte. Paris, 1816, in-4ᵒ.

NOTRE-DAME DE LORETTE

DUPLESSY (abbé E.). *Notre-Dame de Lorette, le quartier, la paroisse, l'église.* Paris, Lethielleux, 1894, in-18.

MARTIN-DAUSSIGNY (E.-C.). *Peintures des litanies exécutées par Victor Orsel dans la chapelle de la Vierge à l'église de Notre-Dame de Lorette.* Lyon, 1851, broch. in-8ᵒ.

PÉRIN (Alphonse). *Œuvres diverses de Victor Orsel (1795-1850).* 1852-1877, in-4ᵒ.

ORSEL (Victor). *Explication des peintures de la chapelle de la Vierge.* 1852, in-4°.

LENORMANT (Ch.). *Chapelle de l'Eucharistie à Notre-Dame de Lorette*, par A. Périn. 1852, in-8°.

SAINT-VINCENT DE PAUL

HALBERT (d'Angers). *Description de l'extérieur et de l'intérieur de la nouvelle église de Saint-Vincent de Paul.* Paris. 1844, broch. in-12.

— *L'église de Saint-Vincent de Paul.* Paris, 1844, in-8°.

JOUIN (H.). *Hippolyte Flandrin et son œuvre.*

LOUDUN (Eugène). *Peintures de MM. Picot et Hippolyte Flandrin, à Saint-Vincent de Paul.* Paris, 1853, broch. in-8°.

SAINTE-CLOTILDE

Description de l'église Sainte-Clotilde. Paris, Ducessois, 1857.

SAINT-EUGÈNE

Plans, coupes, élévations et détails de l'église... Paris, Lusson, 1855, petit in-f°.

DELBROUCK. *L'église Saint-Eugène, à Paris, vues et description.* Paris, Lebrun, 1856, in-8°.

BEAUPRÉ (de). *Vie et culte de Saint Eugène suivis de la description de la nouvelle église.* Paris, Chaix, 1856, in-8°.

SAINT-JEAN-BAPTISTE DE BELLEVILLE

TROCHE (N.-M.). *Notice historique sur l'ancienne commune de Belleville annexée à Paris et sur sa nouvelle église.* Paris, 1864.

TRINITÉ

Monographie de l'église de la Trinité. Paris, A. Dupuis édit. 1868.

SAINT-AMBROISE

BALLU. *Monographie de l'église de Saint-Ambroise érigée par la Ville de Paris.* Ducher, 1874, in-f° avec planches.

ÉGLISE RUSSE

Description de l'église russe de Paris. Imprimerie Paul Dupont, 1861, in-4°.

INDEX DES NOMS CITÉS

———

N.-B. — Les noms d'artistes sont en *italiques*. Abréviations : arch. = architecte ; p. = peintre ; c. = sculpteur ; gr. = graveur ; entr. = entrepreneur ; orf. = orfèvre ; orneman. = ornemaniste ; .-v. = peintre-verrier ; men. = menuisier ; tap. = tapissier ; ser. = serrurier ; fond. = fondeur ; ct. d'orgues = facteur d'orgues.

TABLE DES PLANCHES

TABLE DES MATIÈRES

TROISIÈME PARTIE

XIXᵉ SIÈCLE

ÉVREUX, IMPRIMERIE PAUL HÉRISSEY